대한민국
환율의 비밀

대한민국 환율의 비밀

최기억 지음

이레미디어

이 책의 주제인 환율은 범위를 좀 넓히자면 돈, 화폐에 대한 이야기다. 돈 문제는 인생의 중대사다. 살아가는 동안 이에 대해 공부를 어찌 게을리 할 수 있을까?

대외에 개방된 경제체제에서 돈의 메커니즘을 이해하는 중요한 축은 '환율'이다. 환율이 '돈'이라는 쉬운 개념 속에 포함되는 것임에도 어렵게 느껴지는 것은, 이것이 두 개 돈의 '교환비율'이라는 개념이기 때문이다. 국가 간 화폐를 바꿀 때 적용하는 데다, 고정된 게 아니라 24시간 전 세계 모든 곳에서 쉬지 않고 움직이기 때문이다.

이러한 돈의 교환비율이 개인의 경제적 삶과 어떻게 비밀스럽게 연결되어 있는지, 교환비율의 작동에는 어떤 메커니즘이 작동하는지, 두 가지가 이 책의 큰 주제다. 결혼하랴, 주택 구입하랴, 애 키우랴, 부모 봉양하랴, 노후대책 세우랴, 모든 세대가 멍들고 있다. 주거비 등 생활물가는 뛰고, 소득은 제자리이고, 주택담보로 빚더미에 빠져들고 있다. 모두가 일개미처럼 일해도 남는 건 빚밖에 없다는 자조가 퍼져 있다. 100세 시대 도래로 인생의 불확실성은 더 커졌다. 이런 한국인들의 삶에 가장 넓고 깊게 영향을 주는 경제변수는 무엇일까? 눈치 빠른 독자들은 예상하겠지만 '향후 중장기 환율의 움직임'이다.

어째서 그럴까? 자원이라고는 사람 밖에 없고, 경제규모가 작고, 특히 대외에 완전 개방된 체제Small Open Economy이기 때문이다. 상품의 교역과 자본의 이동 등 모든 경제여건이 전적으로 외국에 의존해, 내부요인보다는 외부여건에 의해 경제활동이 결정된다. 상당기간 수출입에 의존하는 경제구조는 변화가 없을 전망이고, 내수시장 비중은 통일 이전까지는 작은 수준에 머물 것이다.

따지고 보면 지구상에서 경제적으로 완전히 독립적인 국가는 없다. 국가 간 상호의존은 더 심화될 것이다. 물론 트럼프의 등장과 영국의 브렉시트 결정으로 반세계화 조짐이 확산할 것이라는 전망이 있고, 무역 보호주의가 비등해지고 각국 중앙은행들이 자국의 이익을 위해 환율전쟁에 몰두하고 있기는 하다. 하지만 설사 부분적인 되돌림 현상이 있을지라도, 이미 돌이킬 수 없을 지경으로 진행되어 한 덩어리가 된 세계자본주의 추세가 멈추거나 과거로 회귀할 수는 없다.

우리나라는 특히 대외개방을 추진하고 국제주의에 기반해 번영을 추구해온 만큼, 세계화의 큰 방향 안에서 이해관계를 따져가며 기회를 모색하는 기민함이 필요하다. 우리는 환율이 치명적인 가격Price변수라는 것을 과거에 몇 차례 경험했다. 국가경제가 거덜 날 뻔한 IMF 위기, 서브프라임 모기지발 글로벌 금융위기, 유럽의 재정위기에 이르기까지 그때마다 환율은 요동치면서 우리 경제에 많은 도전과 과제를 안겨줬다.

위기 때마다 거시변수인 환율이 늘 문제였다. 환율은 주가나 금리와는 비교할 수 없을 정도로 정부, 기업, 개인을 압도했다. 일자리, 자녀의 취업, 소득, 소비, 저축, 연금, 집값과 부동산을 비롯한 보유자산 가격에 큰 변동을 줬다. 누구는 직장을 잃고, 누구는 큰돈을 벌었고, 어떤 회사는 망했다. 어떤 종목의 주가는 폭락했고, 기업의 회사채금리는 신용상태에 따라 양극화됐다. 심지어 교육, 문화의 미래조차 국경을 넘나드는 자본의 질서에 종속변수에 불과했다. 이는 앞으로도 마찬가지다. 환율은 우리 경제 지하층에서 항상 부글거리는 마그마처럼 언제든지 튀어나올 수 있는 외생변수로 대기 중이다.

환율은 또 경제영역을 벗어나 국제정치, 외교문제의 핵심사안이 됐다. 각국 화폐주권Currency Sovereign의 갈등과 조정이 국제 정치경제 문제 그 자체가 됐다. 원-달러 환율도 정부의 환율정책뿐만 아니라 미국을 비롯한 일본, 유로존, 중국과 기타 개도국의 정치외교 질서에서 결정된다. 각국의 국내 및 국제 정치가 환율에 상호영향을 주고, 반대로 결과물로 나타나기도 한다. 단순한 가격변수에만 머물지 않고 국가 간 이익을 좌우하는 수단 또는 지렛대 역할을 하며, 동시에 이를 결정하는 중요한 상수가 됐다.

환율을 공부하고 이해하면 전 세계의 정치, 경제, 사회 이슈가 한국인의 경제적 삶에 어떤 영향을 주는지를 파악할 수 있다. 또한 미래를 예측하는 시야를 배울 수 있을 것이다. 지난 1999년에《알기 쉬운 환율 이야기》책을 냈을 때, 과분하게도 문화관광부 우수도서에 선정됐었다. 이후 2005년에 펴낸《환율지식은 모든 경제지식의 3분의 1》이라는 책도 중쇄를 거듭하며 사랑을 받았다. 이후 10여 년이 지났다. 환율지식이 많이 일반화됐지만 여전히 전문가의 영역에 머물고 있다. 이 책에서는 외환시장의 메커니즘과 수많은 참여자의 행동을 관찰하고, 무미건조한 사실의 나열이 아닌 살아 있는 시장 참가자의 행동과 흐름을 파악하려 한다.

현재를 살피고, 다가올 미래의 삶에 대비하려는 노력에 대해 독자들의 가감 없는 질정을 바란다.

2017년 11월
최기억

차례

3장 일본 : 엔화의 과거와 현재

4장 중국 : 위안화의 과거와 현재

5장 미국 : 달러는 어떻게 세계를 지배했나?

6장 유럽 : 유로화의 앞날은 어떻게 될 것인가?

7장 대한민국 : 원화를 움직이는 다양한 변수들

8장 서울외환시장을 움직이는 다양한 사람들

9장 기업과 개인의 환율

1장

대한민국 :
환율 트라우마

Preview

Q1. 환율이란 무엇인가?

Q2. 달러가 뭐길래 북한도 목숨을 걸까?

Q3. 대한민국 환율 사이클과 미국의 환율 사이클은 어떤 관계인가?

Q4. IMF 이후 대한민국의 화폐주권이란?

Q5. 남북한 통일이 환율에 미치는 영향은?

Q6. 통일 가능성이 있는 한반도의 의미는?

환율, 항상 알쏭달쏭

본격적으로 시작하기 전에 왜 환율이 어렵게 느껴지는지 생각해본다. 경제학을 전공하거나 전문가적인 식견을 가진 독자들도 환율 얘기가 나오면 자신 없어 한다. 왜 그럴까? 기본개념 정립이 헷갈리기 때문이다. 기본기 하나만 기억하면 환율은 쉬워진다.

먼저 교환비율에 대한 개념이다. 교환이라는 말 자체는 상대가 존재한다는 의미다. 혼자만 있다면 단순하고 쉽다. 그러나 상대가 있다는 것, 더 중요한 것은 상대가 움직인다는 것이다. 뿐만 아니라 나도 같이 움직이고, 어떨 때는 같은 템포로 또 어떨 때는 각각 다른 방향으로 움직인다. 혼란스러워진다. 상대가 존재하며, 움직임 자체도 상대적이라는 것이 환율의 출발점이자 종착역이다.

이 책에서 가장 많이 언급할 대한민국 '원화'와 미국 '달러화'의 교환비율을 예로 들어 보자. 신문이나 방송에서 달러의 '강세' '약세', 달러가 '올랐다' '내렸다', 또는 원화의 '강세' '약세', 원화가 '올랐다' '내렸다'라는 말이 나온다. 어려운 한자를 쓴 표현도 나온다. 평가절상評價切上, Appreciation과 평가절하評價切下, Depreciation라는 단어다.

달러가 원화에 대해 '강세'를 보였다, 달러화가 원화에 대해 '올랐다' '상승했다'의 경우를 생각해보자. 이는 우리나라 기업들, 외환딜러, 외국인 투자가들이 원화보다 달러를 더 사고 싶어 했고 더 좋아했다는 뜻이다. 일반적으로 '강한 것'과 '오르는 것'은 좋은 것이라 생각한다. 약하고 비실비실한 것보다는 강하고 센 것, 오르는 것을 좋아한다. 갖고 싶은 사람이 많아지니 값은 올라가고 강해진다는 얘기다. 달러강세는 달러가 원화나 다른 통화와 비교해 인기가 높고 많이 좋아한다는 뜻이다.

무슨 이유인지 모르겠지만 사람들이 달러를 원화보다 더 좋아해 너도 나도 달러를 가지려하고, 이를 사려하니 달러값이 '상승'한다. 두 개 통화를 교환할 때 달러선호가 강해지는 것을 '강세'라고 표현한다. 달러는 사고 원화는 판다는 얘기다. 인기가 좋으니 당연히 달러의 가치, 즉 달러값이 '오르는 것'이다. 이 오르는 모습을 그래프로 그리면 우상향하며 솟구치니 '강하다'고 표현한다. 또 오르는 것은 위쪽, '상ㅏ'을 의미하며 '평가절상'이라는 단어를 쓴다. 예를 들어 위안화가 달러에 대해 '평가절상'됐다는 말은, 위안화가 달러화 등에 대해 '오름세', '강세'를 보인다는 의미다.

그럼 달러 '약세'는 무슨 뜻인가? 반대의 의미다. '약하다' '약세'라는 말은 일반적으로 좋지 않다는 인식이 있다. 사람들이 좋아하지 않고 외면당하니, 가격이 '하락'하고 아래쪽으로 떨어진다. 그래프 모습은 아래쪽로 향하고, 이를 '약세'라고 표현한다. 평가절상ㅏ과는 반대인 아래쪽, '하ㅏ'자를 쓰는 '평가절하ㅏ'라고 표현한다.

달러가 아닌 원화를 중심에 놓고 '강세' '약세'라고 할 때도 마찬가지다. 원화가 '강세'다 , 원화가 '상승한다'는 것은 국내외 시장참가자들이 원화를 달러보다 더 좋아했다는 것이다. 원화를 중심에 놓고 원화의 평가절상이라고 하는 것과 같은 의미다. 반대로 원화의 '약세', 원화가 '하락한다'는 말은 원화가 평가절하되는 것으로 이해하면 된다.

북한도 목숨 거는 미국 달러

달러강세 현상이 생겼다 치자. 사람들이 왜 달러를 좋아할까? 아마도 여러 가지 복합적인 이유가 있을 것이다.

금세기 들어 전반적으로 달러강세Strong, 즉 달러선호가 지속된 이유 중 하나는 무엇보다 미국의 정치가 안정된 덕분이다. 물론 절대적인 안정이 아니라 다른 나라들과 비교했을 때 '상대적인' 것이다. 또한 미국이 지속적으로 경제성장을 하고 성공적으로 인플레이션을 억제했기 때문에 가능했다. 이 역시 다른 나라와 비교해서 상대적인 것이다. '환율'에서는 미국 경제가 실제로는 변변치 않더라도 유럽이나 일본 같은 다른 국가들보다 상대적으로 나은 점이 중요하며 이것이 반영된다.

외환시장에서 상대적인 개념은 매우 중요하다. 두 개 통화의 교환비율에서는 두 나라만의 상대적 비교가 중요하다. 절대적인 개념이 아니다. 예컨대 달러가 원화에 대해서는 강세를 보이는데, 동시에 스위스 프랑에 대해서는 약세를 보일 수도 있다. 이는 미국과 한국, 스위스의 각종 경제 및 환율에 영향을 주는 재료들의 강약과 정도에 대해 상대개념이 작동한다는 얘기다.

한국의 경제상황과 미국의 경제상황은 수시로 변한다. 이에 따라 양국 통화의 교환비율도 수시로 변한다. 대체로 세 개의 시나리오가 가능하다. 첫 번째, 한국의 경제상황이 그대로인데 미국의 경제상황이 변하는 경우다. 두 번째, 반대로 미국의 경제상황은 불변인데 한국의 경제상황이 움직이는 경우다. 마지막 세 번째는 한국의 경제상황과 미국의 경제상황이 동시에 각자 같은 방향으로, 또는 반대 방향으로 변하는 경우다. 이 세 가지 시나리오 중 첫 번째와 두 번째는 교과서에서만 가능하며, 현실세계에서는 발생하기 어렵다.

현실세계에서는 양국의 경제상황이 각각 변하는 세 번째 경우가 대부분이다. 경제사정이 따로, 또는 같은 방향으로 변하는 경우에도 가격변동에 영향을 준 변수들의 크기와 강약과 정도는 다르다. 이로 인해 양국통화의 교환비율 정도는 여러 가지 변동 시나리오로 전개가 가능하다.

한국경제가 무역이나 자본이동 등에 변화가 생기면, 미국경제가 거의 고정되어 있더라도 달러-원 환율은 움직인다. 이는 미국경제에 변화가 생기는 반대의 경우도 마찬가지다. 달러가 강세, 약세, 또는 원화가 강세, 약세라는 단순한 두 가지 시나리오도 수많은 변수가 영향력을 행사한 결과물이다. 예를 들어 원화는 가만히 있어도 달러 쪽 경제변수가 움직일 수 있다. 무역이나 자본의 이동 등 원화에는 영향을 주지 않는 다른 변수의 영향으로 원화 스스로 약세가 되어, 무역이나 자본이동을 앞에서 끌고 가거나 또는 뒤에서 밀어주는 경우도 생긴다.

환율은 서로 다른 2개의 통화 간에만 존재하는 것이지 절대적인 개념의 가격변수가 아니다. 상대통화가 분명히 존재하기 때문에 '절대적으로 상대적인 개념'이다. 세상에 원화만 존재한다면 절대적인 가치를 유지할 수 있을지 모르겠다(이 경우에도 가격이라는 변수이기에 절대 고정불변이라는 개념은 적용하기 힘들다). 하지만 전 세계에는 원화뿐만 아니라 달러, 유로, 엔이라는 기축통화Major Currency와 준기축통화, 수백 개의 기타통화Minor Currency들이 동시에 함께 춤춘다.

어떤 통화는 리듬에 맞춰 같은 방향으로 춤을 추기도 하지만, 또 어떤 통화는 완전히 별개로 논다. 이 기타통화들은 기축통화에 영향을 주기도 하고 개별적으로 영향을 받기도 한다. 때와 장소에 따라 서로 다른 방향이나 또는 같은 방향으로 영향을 주고받는다. 각국 통화 간의 움직임에는 서로에 대한 영향력을 측정하는 '동조화계수'라는 게 있다. 숫자 0과 1 사이에 소수점 한 자리 숫자(0.1부터 0.9 사이의 숫자)로 나열되는데, 1에 근접할수록 동조화되는 비율이 높다고 얘기한다. 이 동조화계수도 시시각각 동조화되다가 비동조화되는 등 항상 일정하지 않다.

앞에서 잠깐 언급했지만 달러가 강세이고 상승하며 인기를 끈다면 인플레이션의 통제, 즉 물가의 안정이 중요하다. 물가는 화폐가치에 가장 중요하다. 달러라는 화폐의 내재가치가 불안정하다면 누가 달러를 매입하고 보유하려 들겠는가? 불안해서 다른 통화로 갈아탈 것이다. 달러가 인기를 끄는 가장 중요한 이유 중 하나는 미국 주식시장과 자본시장이 대단히 효율적이고 개방적이라는 점도 중요하다. 달러가 마지막 도피수단^{Safe Heaven}(안전한 천국의 최종 도피처)이 될 수밖에 없는 이유다.

북한조차도 미국달러라고 하면 껌벅 죽는다. 외화벌이에 혈안이다. 미사일과 핵위협에 대응해 미국이 북한을 금융제재로 옥죄는 것은 달러의 유입을 차단하기 위한 것이다. 북한에게 달러 조달은 그만큼 절박한 사안이다. 개도국이나 후진국의 암시장에서는 미국 달러화 인기가 여전히 '캡'이다. 아르헨티나는 아예 자국의 공용화폐를 미국달러로 바꾸겠다고 수시로 안달이다. 정치적으로는 미국을 싫어하면서 세상에 불확실성이 고조되면 미국 달러를 좋아하는 것이 시장의 심리다.

화폐 경제학자들은 미국의 달러화가 2020년까지는 유로화와 위안화의 일부 도전이 있더라도, 세계에서 강자 통화로서 위치가 확고부동할 것이라고 한다. 이는 얼마 전에도 증명된 바 있다. 영국이 브렉시트를 결정하자 전 세계 투자자들이 사정없이 파운드화를 내동댕이치고, 달러화를 사자고 줄을 선 모습을 떠올려보자. 바로 이런 예상을 뒷받침하는 현상 중 최고가 아닐 수 없다. 기억하라. 달러강세니 달러 오름세니 하는 말은 달러를 좋아하는 현상이다.

햄버거 1개가 20만 원?

　경제활동에서 환율이 왜 중요할까? 한국 같이 작고 개방된 경제체제에서 환율은 모든 경제영역과 개인의 삶에 가장 큰 영향을 주는 가격변수다. 환율은 평소에는 크게 움직이지 않는다. 대내외적인 큰 격변이 생길 경우에 크게 등락한다. 그런데 이게 문제다. 추세적으로 중장기 동안 서서히 움직인 환율이, 어느 기간을 지나면 큰 변화로 뒤늦게 자각되기도 한다. 단기간이 아니더라도 계절의 변화를 인식하는 것처럼, 현재의 환율이 1년 전보다 또는 3년 전보다 어떻게 변하고 있는지 파악하는 것이 중요하다.

　환율이 경제 모든 영역에 치명적인 영향을 주는 사례는 세계적으로 많다. 가장 최근인 2016년 여름, 석유 부국 베네수엘라 볼리바르화의 폭락과 국가 디폴트 사태를 보자. 외환위기를 겪은 우리에게 남일 같지 않다. 베네수엘라 국민이 겪는 고통을 우리가 겪는다고 한번 가정해보자.

　어느 날 회사 근처 햄버거 가게에 갔더니 햄버거 1개 가격이 20만원으로 적혀있다. 밀가루 가격과 고기값, 채소가격이 급등했기 때문이다. 해외에서 수입하는 모든 원자재는 달러로 결제해야 하는데, 이 달러값이 초강세로 폭등했다. 밀을 비롯한 식량을 해외에서 수입하는데, 원자재 가격이 오르자 생필품 가격이 천정부지다. 석유를 수입하고 결제할 달러가 없으니 휘발유가 동났다. 거리의 자동차는 멈춰 섰다. 일부 군용차와 경찰차만 부분 운행 중이다. 생필품 사재기가 만연하고 슈퍼마켓과 동네가게가 수시로 습격당한다. 무장경찰과 군이 동원되어 거리를 지키고 있지만, 이들도 월급을 못 받은 지 오래되었다.

　전기공급이 통제되면서 서울의 모든 아파트 엘리베이터는 멈췄다. 노인과 어린이들이 계단으로 힘겹게 다닌다. 가스 공급 역시 마찬가지다. 모든 가정이 제한된 시간에만 취사를 할 수 있다. 시간제 정전과 가스공급으로 각 가정이 고통을 겪는다. 약국에 들러 감기약을 사려면 긴급 환자 증명서를 보여야 한다. 의료보험이 작동하지 않아 항생제 가격이 암시장에서 10만원을 넘어섰다. 한국은 4계절이 뚜렷한 나라다. 여름은 어찌 견딜지 몰라도 겨울이 다가오면 이대로는 모두 얼어 죽을지도 모른다.

베네수엘라 경제위기는 전형적인 외환위기다. 모든 국민에게 무상복지 차원에서 석유를 거의 공짜로 공급했다. 베네수엘라에서는 석유가 물값보다 싸다. 국가부채는 천정부지로 쌓여갔다. 해외기업과의 거래에서 결제할 경화Hard currency, 즉 미국 달러가 부족하고 국가의 빚에 대한 원금과 이자를 경화로 갚을 수 없는 어려움에 직면하면서 촉발된 것이다. 달러화에 대한 볼리바르화 가치의 초약세가 진행됐다. 국제금융시장에서 볼리바르화는 화폐가치를 상실할 지경이다.

석유를 수출해 각종 원자재와 식량을 수입하는 해외 의존적인 경제시스템이 제대로 작동되지 않자, 볼리바르화로 표시된 생필품 값이 폭등하고 전기와 가스 공급이 끊기고, 전 국민의 생활이 나락으로 떨어지고 있다. 초인플레이션(하이퍼인플레이션, 1개월~1년에 수백% 이상 물가상승이 일어나는 상황)의 나락에 빠진 것이다. 대낮에 식료품점이 약탈당하고, 햄버거 1개 값이 우리나라 돈으로 20만원이나 하는 기막힌 일이 일어나고 있다. 2016년 6월 기준으로 베네수엘라에서 판매 중인 햄버거 1개 가격은 1,700볼리바르이다. 공식환율은 달러당 10볼리바르, 1,700볼리바르는 170달러, 우리 돈으로 약 20만원에 해당한다. 호텔 1박 요금 역시 6만9천볼리바르로 6,900달러, 우리 돈으로는 약 822만원이다.

베네수엘라 정부는 경제위기가 촉발되자 환율통제에 들어갔다. 문제는 정부의 공식환율로 상품의 가치를 매기고 있는 상인이 거의 없다는 점이

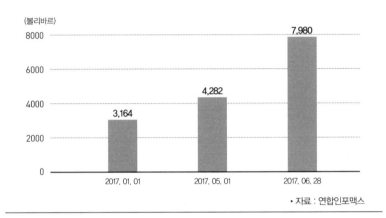

도표 1 1달러 대비 베네수엘라 볼리바르화 환율

(볼리바르)

날짜	볼리바르
2017. 01. 01	3,164
2017. 05. 01	4,282
2017. 06. 28	7,980

• 자료 : 연합인포맥스

다. 실제로 암달러시장에서는 1,000볼리바르를 줘야만 1달러를 구할 수 있다. 경제 대부분을 수입품과 원료에 의존하고 있는 베네수엘라에서는 하이퍼인플레이션으로 치솟은 생필품 가격 때문에 모든 이가 고통받고 있다. 특권층, 중산층조차 예외가 아니다.

국민 대다수가 저녁이 되면 상점이 내놓은 쓰레기 더미에서 먹을 것을 찾고 있다. 상인들이 낮 동안 판매하다가 내다 버린 채소나 과일 속에서 그나마 상태가 괜찮은 것을 찾기 위해서다. 가족을 위해 음식을 주워온다. 노숙자, 실업자뿐만 아니다. 이들 중에는 중소기업 경영자, 자영업자, 대학생, 연금수급자 등 스스로를 중산층이라고 여기는 사람도 다수 포함되어 있다. 그렇다면 베네수엘라를 사지로 몰아넣은 디폴트와 모라토리엄이란 무엇일까?

디폴트와 모라토리엄, 뭐가 다른가?

디폴트Default란 한마디로 공사채나 은행융자 등에 대해 원리금의 지불채무가 이행될 수 없는 상태를 말한다. 계약상 원금의 변제시기, 이율 및 이자의 지불시기 등이 확정되어 있으나 채무자의 사정에 의해 원리금 지불채무를 계약에 정해진 대로 이행할 수 없는 상황이다. 채무자가 기업인 경우 경영부진, 도산 등이 디폴트의 원인이 된다. 채무자가 국가인 경우 전쟁, 내란, 외화준비금의 고갈에 의한 지불불능 등이 원인이 된다. 우리나라가 겪은 IMF 위기는 디폴트가 되기 바로 직전, 외화준비금이 고갈나기 바로 직전에 IMF로부터 구제금융을 받은 경우다. 디폴트가 발생하는 위험성을 디폴트 리스크라고 하며, 국가와 관련된 디폴트 리스크를 '컨트리 리스크'라고 한다.

모라토리엄Moratorium은 디폴트와 비슷하지만 다르다. 국가가 경제 또는 정치적인 이유로 외국에서 빌려온 자금에 대해 일시적으로 상환을 연기하는 것이다. 상환할 수 없는 디폴트와는 완전 다르다. 상환할 의사가 있으므로 지급을 거절하는 것이 아니다. 단지 상환기간을 연기하는 것이다. 하지만 외채를 유예 받는다고 해도 국제적으로 신용이 하락하는 것을 피할 수는 없다. 그래서 대외거래에 막대한 어려움이 발생한다.

무엇보다 환율이 폭등한다. 해당국가의 화폐가치가 폭락한다는 의미다. 외국에서 원자재나 식량을 들여오는데 지불할 외화가 말라버리니 신용경색이 일어나고 물가가 급등한다. 전반적으로 심각한 경제적 혼란이 일어난다. 모라토리엄을 선언한 채권국은 채무국과 채무조정 작업을 하게 된다. 이게 바로 2011년 유럽의 재정위기 때 그리스가 택한 길이다.

이때 해당 국가는 만기를 연장하거나 다양한 형태의 구조조정 작업을 통해 신뢰도를 높이려 애쓴다. 또는 모라토리엄 선언 이전에 상환연기나 금리 재협상, 원리금을 추가 대출금으로 돌리는 재융자, 원금삭감 또는 탕감 등의 방법으로 협상을 하기도 한다. 그리스 집권층이 유럽의 채권국을 상대로 벼랑 끝 협상을 벌였던 것이 그렇다. 그리스는 2011년 국제채권단과의 협상이 깨지면서 디폴트에 대한 불안감으로 하루에 수천억원이 넘는 예금이 인출되는(뱅크런) 사태가 발생하기도 했다. 그리스 정부는 이때 은행업무를 중단시켜 예금인출을 막았다.

역대 정부 경제정책은 환율 사이클이 쥐락펴락했다

베네수엘라 같은 극단적인 예가 아니라도, 대외의존도가 높은 국가의 국내 정치·경제는 가격 변수들(환율, 금리, 주가)에 의해 절대적인 영향을 받는다. 우리나라는 특히 환율에 민감하다. 지난 30년간의 환율 그래프를 살펴보면 역대 정부의 국내 정치·경제 정책은 대외여건에 압도당했음을 알 수 있다. 심하게 말해 국내정치를 아무리 잘해도, 국내 경제정책을 아무리 잘 운용해도, 대외여건이 받쳐주지 않으면 말짱 도루묵이었다. 이는 미국과 일본 등 기축통화 국가와 준기축통화 국가들도 정도의 차이는 있지만 사정은 마찬가지다.

지난 30년간의 달러환율 차트를 펼쳐놓고, 역대정권의 기간을 대입해보자. 박정희(1963~1979), 전두환(1980~1988), 노태우(1988~1993), 김영삼(1993~1997), 김대중(1998~2021), 노무현(2002~2007), 이명박(2008~2013), 박근혜(2014~2017), 그리고 2017년에 출범한 문재인 정권…. 기간마다 국제수지 규모가 달라진 것을 볼 수 있다. 각 대통령의 집권기간마다 대외변수는 크게 변했다. 대외경제 여건도 달랐다. 국내 경제정책 대응만으로는 아무리 용을 써도 역부족인 상황이 수시로 발생했다.

박정희 대통령 재임기간이 좋은 사례다. 이 기간 동안 정부를 내내 괴롭혔던 대외이슈는 석유파동이다. 1973년 10월 6일부터 10월 17일 아랍과 이스라엘 간에 전쟁이 터졌다. 당시 석유수출국기구는 배럴당 5달러하던 유가를 배럴당 11달러로 급격하게 인상했다. 단번에 2배가 넘는 무시무시한 가격을 달라고 일방적으로 선언했다. 석유의 정치 무기화였다. 서방의 석유 의존 산업체계는 큰 충격에 빠진다. 자원 민족주의 강화는 세계적 불황과 인플레이션을 촉발시켰다.

모든 산업에 원가로 작용하는 연관 효과가 가장 큰 석유라는 원자재 가격이 단박에 2배 이상 뛰었을 때의 쇼크는 상상 이상이었다. 당시 대한민국은 중화학공업을 육성시키기 위한 경제개발 5개년 계획의 초기로, 국가적 노력을 집중하기 시작할 즈음이었다. 석유 대외의존도가 높던 시기에 국가경제가 총체적 위기에 빠졌다. 바로 제1차 석유파동이다. 이게 끝이 아니다. 1978년 12월부터 1979년 3월 5일까지 이란은 전격적으로 석유 수출 정지를 결정한다. 유가는 다시 배럴당 30달러로 폭등했다. 세계 모든 경제가 숨을 죽인 제2차 석유파동이다.

이 기간 한국의 달러-원 환율은 고정환율제였기에 변동이 없었지만, 대외지불에서 비중이 크던 유가폭등은 가격변수인 환율인상과 같은 충격을 주었다. 경제개발 계획은 대외변수의 작동으로 수시로 어려움을 겪어야 했다. 당시 오죽 답답했으면 영일만에서 석유를 시추하는 노력까지 기울였겠는가. 대한석유공사를 설립하고, 석유기금을 마련하는 등 자원 없는 국가의 위기관리 필요성을 절감시키는 계기이기도 했다. 박정희 정권의 몰락에 대해 경제학자들은 부가가치세의 강행과 대외유가 급등에 따른 경제성장세 급제동이 큰 요인이라고 꼽고 있다.

유가파동의 충격은 전두환 정부가 들어서 조금씩 잦아들었지만, 1980년대 초반까지 3고 시대가 국민들의 삶을 짓눌렀다. 이른바 고유가, 고금리, 국제금융시장에서의 달러강세(달러고)다. 이후 석유 소비 국가들의 불황으로 수요가 줄어들면서 유가상승세는 잦아들게 된다. 1985~1986년에는 3저로 바뀐다. 유가는 떨어지고, 달러가치도 하락하고, 국제금리도 하락한다. 이때 국내 경제는 탄력을 받는데, 정부정책은 또 다른 3고를 위해 노력했다. 이른바 저축률, 기술수준, 경영능력 향상이다.

국내 경제정책은 3고, 3저 시대의 반복적인 등장과 쇠퇴 속에서 흐름을 잘 잡아타는 게 중요했다. 노태우 정부 때까지는 이러한 상황이 오락가락 반복된다. 대외경제 변수가 3저 체제로 어느 정도 안정세를 보이자 국내정치도 안정되는 모습을 보인다. 하지만 이후 김영삼 정부가 출범하고

도표 2 30년간 원-달러 환율 추이

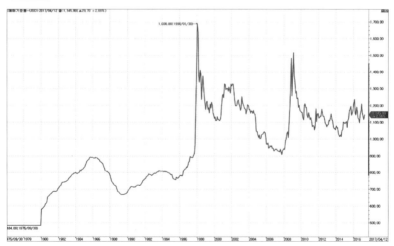

• 자료 : 연합인포맥스

IMF가 터지기 직전인 1997년까지 3저 체제의 대외무역 환경은 국내 기업들과 경제 시스템에 문제를 일으킨다. 특히 3저 중 하나인 달러약세는 수출경쟁력에서 국내 기업들에게 상당한 부담으로 작용한다.

게다가 잘나가던 산업군들이 달러약세라는 악재 속에 구조조정을 게을리하고 경쟁력을 상실하면서 무역적자 폭이 커지기 시작한다. 정부의 환율관리는 경상수지 적자규모가 크게 늘어나면서, 대외균형 관리에 실패하게 된다. 이러한 펀더멘탈 부실은 기업들의 중복투자와 가격경쟁력의 상실이 가중되면서 사상 초유의 환란위기를 불러온다. 결국 달러약세 환경이 일시에 바뀌어 환율이 2천원선으로 폭등하는 역사적인 달러 초강세를 경험하게 된다.

김대중 정부가 들어서고 2000년이 지나면서 IT붐과 함께 대한민국은 다시 도약의 발판을 마련한다. 새로 조성된 고환율 환경에서 탈출구는 중국이었다. 2000년 초부터 국내기업들은 고환율 수혜를 받으며 중국에 중간재를 수출하게 된다. 여기에 유통, 무역, 건설, 화학, 선박제조, 중공업 등이 선전한다. 중국의 GDP 성장률이 두 자리 숫자를 유지하면서, 이들과 거래가 증가한 한국기업들도 이익폭이 개선되었다. 주가는 몇 배가 뛰고 IMF 충격에서 벗어날 수 있었다. 이런 모습은 환율 그래프와 코스피지수 그래프에서 확인할 수 있다.

이명박 정부는 기업인 출신 대통령답게 가격변수 중 하나인 환율을 중요 정부정책 수단으로 활용한다. 기업가 출신 대통령이 경제부총리의 강력한 의지에 힘을 실어주면서 원화약세를 통한 수출기업 지원이 공공연하게 감행됐다. 이 같은 대기업 수출 위주의 환율정책은 이후 양극화 가속화 등 많은 비판에 직면하기도 한다. 박근혜 정부를 거쳐 출범한 새 정부도 모든 정책의 승패 여부는 대외여건이 쥐고 있었다.

• 자료 : 연합인포맥스

　고환율은 대체적으로 수출기업들에게는 혜택이었다. 역대 정부들을 살펴보면 내부 경제정책의 노력에 의해서라기보다 외생변수에 의해 수혜를 받거나 어려움을 겪었다. 과거의 정부도 그러했지만 앞으로의 정부도 내부 노력을 무시할 수는 없겠지만, 대외변수가 어떻게 전개되느냐에 따라 결정될 것이라는 얘기다.

　한마디로 정리하면 한국경제는 외생변수에 절대적인 영향을 받는다. 핵심은 환율에 있다. 대한민국 환율의 첫 번째 비밀이 바로 이 지점에 있다. 모든 경제변수 중 환율이 제일 중요하다는 것 말이다. 그렇다고 손 놓고 대책없이 외부 환경변화 탓만 하라는 것은 아니다. 환율 같은 대외변수 흐름이 그만큼 중요하니, 보다 정밀하게 살피고 예측하고 이에 맞춰 국내 정책을 정비하고 대비해야 한다는 얘기다.

미국 역대 정부 환율 사이클

미국도 마찬가지다. 기축통화를 가진 국가지만 가격변수의 하나인 달러의 향방이 미국경제 전체 흐름에 미치는 영향은 심대했다. 과거 미국의 역대 정부와 달러 흐름은 달러인덱스의 과거 움직임을 살펴보면 쉽다.

미국인들에게 사랑을 받았던 로널드 레이건 대통령(공화당, 1981~1989년)은 집권 1기에 강력한 성장정책을 구사하면서 역대 최대 수준의 강달러를 이끌었다. 1970년대 말부터 1980년대 초까지의 가파른 기준금리 인상도 달러강세의 원인이었다. 강달러는 기본적으로 더 많은 수입품을 살 수 있어 미국인들의 구매력을 키우고 유가 등 원자재값 하락을 초래해 미국인들의 가처분소득을 늘려주는 효과가 있었다. 레이건 정부 1기 때의 슈퍼달러는 달러약세를 유도하기 위한 주요 선진국 간 합의인 1985년 플라자합의로 이어지는 빌미가 되기도 했다. 플라자합의 이후 달러가치는 극적으로 하락했다.

1993~2001년에 집권한 빌 클린턴 대통령(민주당)은 견조한 성장세를 견인하면서 달러강세를 용인했다. 클린턴 행정부 당시 로버트 루빈 재무장관은 강달러를 통한 적절한 대외자금 유입이 미국 경제성장에 긍정적일 것으로 내다봤다. 강달러는 저유가를 이끌어 빌 클린턴이 1998년 르윈스키 스캔들에 휘청였을 때도 탄핵을 면하게 한 방패 역할을 했다. 원유가격은 달러로 표시되기 때문에 달러가치가 하락하면 원유 수입국들의 가격부담이 줄어들어 원유수요가 늘고, 유가가 올라가는 경향이 있다. 반대로 강달러 때는 유가를 떨어뜨리는 방향으로 작용한다.

이러한 강달러는 미국 경제성장과 자신감의 부산물이다. 미국경제가 글로벌 경제에서 차지하는 위상이 높아질 때 강달러 현상이 불거진다. 스

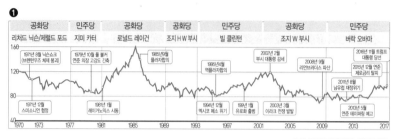

· 6개 주요통화대비 달러지수

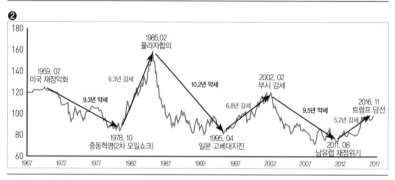

• 자료 : 연합인포맥스

티브 므누신 미국 재무장관이 "세계의 기축통화로서 달러의 장기적인 강세는 좋은 일이며, 이는 미국경제의 신뢰와 힘을 나타내는 것"이라고 말한 이유다.

반면에 워터게이트 사건으로 리처드 닉슨 대통령(공화당, 1969~1974년)에게 바통을 넘겨받은 제럴드 포드 대통령(공화당, 1974~1977년) 때는 연준의 금리인하와 브레턴우즈 체제 붕괴 여파로 달러약세에 놓였고 인플레이션과 유가상승에 시달렸다. 지미 카터 대통령(민주당, 1977~1981년)도 약달러 기조를 이어가면서 인플레이션이 더욱 악화됐다. 물가인상은 국민의 지출부담을 키워 정권기반을 흔들기 마련이다.

• 자료 : 연합인포맥스

조지 W 부시 대통령(공화당, 2001~2009년)은 약달러를 유도하진 않았으나, 앨런 그린스펀과 벤 버냉키 연준 의장의 대대적인 금리하강기를 겪으면서 지속적인 달러약세를 경험했다. 물론 달러약세는 기업들의 수출을 늘리고 기업투자와 고용을 자극할 수 있다. 또 과잉소비를 억제해 경상수지를 개선시키는 효과도 기대할 수 있다.

1977년 지미 카터 대통령부터 버락 오바마 대통령까지 40년간 달러 사이클을 보면, 민주당 집권기에 평균 7.4%의 달러강세를, 공화당 집권기에 평균 7.2%의 약세를 보인 것으로 집계됐다. 1967년 이후의 달러 사이클은 약 10년 약세와 6~7년의 강세 주기를 반복했다. 이것을 감안할 때 레이건 행정부 1기 때의 1차 상승기와 클린턴 행정부의 2차 상승기를 거쳐, 2017년 기준으로 오바마 행정부 3차 상승기의 연장선상에 있다고 할 수 있다.

트럼프노믹스의 실체는 서서히 드러나겠지만, 트럼프 대통령의 약달러 선호심리를 충분히 간파한 월가는 달러강세 베팅을 거둬들이는 분위기다. 미국 대형 투자은행인 골드만삭스는 최근 보고서를 통해 2016년 11월에 밝힌 달러강세 전망을 철회했다. 현 정부의 핵심 실세를 대거 배출한 골드만삭스가 '달러강세론'을 포기했다는 건 시사하는 바가 크다는 게 월가의 관측이다. 주요 6개국 통화 대비 달러가치를 나타내는 달러인덱스는 트럼프 당선 이후인 2016년 12월 20일 103.28로 14년 만에 최고치를 찍었다가, 강달러 견제심리와 트럼프노믹스 초기 부진 등이 겹치면서 등락을 거듭했다.

트럼프 대통령은 취임 초반부터 중국과 멕시코 등 대미 무역흑자국을 향한 힘겨루기, 북한·시리아와의 안보충돌, 반이민정책 혼선 등 여러 갈등을 겪고 있다. 이 가운데 강달러와의 싸움은 집권기간 내내 트럼프를 고민에 빠뜨릴 또 다른 딜레마다. 미국 연방준비제도이사회FRB가 세 차례 양적완화로 푼 돈은 4조5천억달러, 우리나라돈으로 5천조원이다. 미국 중앙은행은 이를 2조달러대로 줄여나가겠다는 계획 아래 움직이고 있다. 미국 실물경제가 회복되면서 금융긴축을 하겠다는 의미다.

글로벌 유동성 파티가 끝나간다는 분위기가 강하다. 유동성 축소에 따른 강달러 전망과 트럼프 대통령의 약달러 선호가 상충되는 상황이 전개되고 있다. 트럼프 대통령이 과거 클린턴 정부처럼 달러강세 흐름을 용인할지, 조지 W 부시 정부처럼 달러하락 국면에 처할지, 외환시장 참가자들은 긴장하며 예의 주시하고 있다. **대한민국뿐만 아니라 미국도 역대 정부의 경제정책은 환율이 핵심변수였다는 사실, 한국경제에 가장 큰 영향을 행사하는 미국경제가 글로벌 달러 환율에 의해 좌지우지되었다는 점이 두 번째 환율의 비밀이다.**

100% 환율상식

● 달러인덱스

달러값의 움직임과 관련해 참고해야 하는 중요한 지표가 바로 달러인덱스다. 이는 유로, 엔, 파운드, 캐나다 달러, 스웨덴 크로네, 스위스 프랑 등 경제규모가 크거나 통화가치가 안정적인 6개국 통화를 기준으로 산정한 미 달러화 가치를 지수화한 것이다. 미국 연방준비제도이사회가 산출해 발표한다.

각 통화의 비중은 그 국가의 경제규모에 따라 결정됐다. 즉 유로 57.6%, 엔 13.6%, 영국 파운드 11.9%, 캐나다 달러 9.1%, 스웨덴 크로네 4.2%, 스위스 프랑 3.6%로 비중이 정해져 있다. 달러인덱스는 원화, 주식시장, 국제 원자재시장을 전망하는 주요 지표로 사용된다.

1973년 3월을 기준점인 100으로 하여 작성해 발표한다. 달러인덱스가 상승하면 미 달러 가치가 오른다는 뜻이다. 예를 들어 특정 시점 달러인덱스가 82.439라면 주요국 통화 대비 달러가치가 1973년 3월보다 18%가량 떨어졌다는 뜻이다. 미국경제가 호황이거나 세계경제가 불안할 때 달러화는 대체로 강세를 보인다.

화폐주권이란?

6·25전쟁을 제외하고 대한민국 국민들의 경제생활과 인생관, 국가운영의 틀에 이르기까지 가장 큰 영향을 준 사건은 1997년 IMF 구제금융이다. IMF는 국민들에게 가격변수의 하나인 환율의 무서움을 재인식시키는

계기였다. 국민 개개인의 경제적 운명이 외부세계에 100% 의존적이라는 점을 깨닫게 했다. 우리끼리만 열심히 살면 되는 줄 알았던 인생관을 송두리째 바꿔놓았다. 지구촌은 점점 더 하나로 연결되고 있다는 것은 과거에는 경험하지 못한 일이었다. 뿐만 아니라 환율로 촉발된 위기는 우리 정부를 비롯한 엘리트 지배계층에도 크고 깊은 상처를 줬다. 원화의 화폐주권 Currency Sovereign을 일시적으로 정지당했던 경험은 정부로서는 쓰라릴 수밖에 없었다.

IMF는 한국정부에 구제금융을 지원하는 대신, 가혹한 금리정책과 환율정책을 요구했다. 구제금융을 받으면서 조건부로 붙은 요구사항들을 따르지 않을 수 없었다. 가장 아픈 부분은 한 국가의 중요 주권 행사인 금리정책과 환율정책을 통제한 것이다. 돈을 얼마나 인쇄해 찍어낼 것인지, 돈의 값인 금리를 얼마로 정할 것인지를 자율적으로 결정하지 못하고 외부 국제기구가 좌우한 것이다. 빚을 얻어다 썼으니 외국 채권자의 주권 제한 요구를 들어주지 않을 수 없었다. 현대 국가의 '주권' 중 하나인 화폐주권에 올가미가 씌워진 것이다.

브렉시트는 영국의 화폐주권 행사 문제라는 중요한 사례다. 브렉시트의 주된 목적 가운데 하나는 영국 정부가 파운드화의 화폐주권을 유로화에 얽매이지 않고 독립적으로 행사하려는 것이다. 일본의 아베 총리가 행사하고 있는 엔화의 양적완화 정책도 화폐주권의 자의적 행사사례 중 하나다. 글로벌 금융위기 이후 무제한 양적완화 역시 미국 화폐주권의 제한받지 않는 자의적 행사의 가장 대표적 일례다. 뿐만 아니라 국제 화폐주권 다툼의 극명한 사례 중 하나였던 브레튼우즈 협정도 마찬가지다. 이 협정은 미국을 제외한 나머지 국가들의 화폐주권에 제약을 가한 인류사적인 사건이었다.

IMF 당시 한국 정부는 일시적이나마 화폐주권을 IMF의 감시 감독이라는 미명하에 남의 손에 내줬다. 일반인들은 그다지 심각성을 느끼지 못할 수도 있을 수 있지만, 현대사회에서 각국의 이해관계가 충돌하는 경제 전쟁의 영역에서 화폐주권 행사는 한 국가의 독립적 주권 행사의 핵심 사항이다. 이 책 구석구석에 언급하게 될 화폐주권 문제는 사실 국제정치의 핵심 영역이기도 하다.

환노출, 불확실성의 발생

IMF에 대한 다양한 분석보고서들이 나오고 있지만, 이 사건이 한국사회에 미친 영향과 파장은 여전히 진행중이다. 개인의 인생관과 취업관, 기업관, 심지어 국가관에 큰 영향을 미쳤다. 몸담은 기업도 국가도 개인의 삶을 보호해주지 않는다는 자각에 눈을 뜨게 한 것이다. 각자도생의 길로 가게 만든 대형 사건이었다. 한국은 외부에서 큰 충격이 오면 '작고 개방된 체제' 탓에 오롯이 충격을 견뎌야 한다는, 오랫동안 간과했던 사실을 새삼 인식하게 했다. 이 책의 목적도 대한민국이 크게 환율에 노출될 때 어떤 일이 벌어지는지에 대해 환기해보자는 목적도 크다.

노출이라는 말은 각종 위험에 직면할 가능성이 있다는 얘기와 같다. 바이러스나 세균에, 또는 태양과 우주에서 쏟아지는 자외선 등이다. 환노출은 말 그대로 "환율의 변동에 노출되어 있는 상황"을 뜻한다. 환노출을 환리스크와 같은 것이라 생각하는 사람들이 의외로 많지만, 이는 다른 개념이다. 환노출로 환관리가 시작되는 것이지 환노출 자체가 환리스크를 의미하지는 않는다.

환노출Exchange Exposure이란 예상하지 못한 환율변동으로 인하여 국가나 기업, 개인이 보유하고 있는 외환표시 순자산의 가치 혹은 현금흐름의 순 가치가 변동될 수 있는 불확실성을 의미한다. 또한 환노출이 환율변동에 따른 환차손과 동시에 환차익의 발생 가능성까지 포함하는 중립적인 개념인데 반하여, 환리스크는 일반적으로 환율변동에 따른 환차손의 발생 가능성을 의미한다. 기업에게 환노출은 기본적으로 외환포지션의 보유형태와 규모, 장래의 환율변동 방향과 변동 폭에 따라 결정된다. 외화자산을 가지고 있으면 개인도 마찬가지다.

환노출을 일단 교과서적으로 회계적 노출Accounting Exposure과 경제적 환노출Economic Exposure로 구분된다. 회계적 노출은 거래노출Transaction Exposure과 환산노출Translation Exposure로 나뉘게 된다.

거래노출은 환율변동이 거래가 발생한 이후 결제가 이루어지기 전까지 시간적 차이로 인하여 발생하게 되는 외환결제상의 가변성을 의미한다. 거래노출은 보통 환율변동에 의하여 외국통화로 표시된 채권이나 채무가 거래시점의 환율과 상이한 환율에 의하여 결제될 때 발생한다는 뜻이다. 상품이나 용역의 수출입, 외환자금의 대차거래 등에 수반하여 초래되는 환차손익을 뜻한다.

환산노출은 환율변동에 따라 다국 통화로 표시된 기업의 자산과 부채를 자국통화 또는 특정 기준통화 표시의 재무제표로 통합 작성할 경우 발생하는 회계상의 가변성을 의미한다. 일반적으로 해외지사의 재무제표를 자국통화로 평가하기 위해 회계원칙에 따라 재무제표 각 항목에 대하여 일정한 환산환율을 적용하게 된다. 이때 결산일 현재환율 혹은 기준환율 등의 적용여부에 따라 자국통화로 표시된 지산의 자산가치가 달라진다.

경제적 노출은 환율변동으로 기업판매량, 판매가격 및 원가가 변동해 발생하는 실질영업의 노출이다. 이는 장래에 기업가치, 즉 기대현금 흐름의 변동 가능성이라고도 말할 수 있다. 또한 경제적 노출은 예상치 못한 환율변동으로 장래에 기대되는 현금흐름의 순현재가치, 즉 기업가치의 변동가능성이라고 해석할 수 있다. 이렇듯 환노출은 상호 간 부분적으로 혹은 시간적인 차이를 갖고 연관성을 맺고 있다. 즉 모든 경제적 노출은 일정시점에서 회계적 노출로 기록될 수 있으며, 대부분 회계적 노출은 경제적 노출과 관련되어 있다.

노출의 예를 한번 들어보자.

가상환율이 1,300원인 상황에서 13억원 정도의 현찰이 있다고 치자. 이걸 가지고 뭘 할지 고민이다. 주식시장은 여전히 아니라는 생각이 들어 국제화에 동참해 해외투자를 하기로 마음먹었다. 먼저 은행에 가서 우대환율을 받아 절반인 6억5천만원으로 50만달러를 바꾸어서 미국에 가자. 그곳에서 조그마한 점포 하나를 50만달러에 사고 나머지 6억5천만원을 미국 어린이들에게 인기인 기차 장난감을 한국에서 사서 미국 점포에서 판 후, 인형이 다 팔리면 다시 점포도 팔고 모든 것을 정리하여 한국으로 되돌아오는 계획을 짜보자.

이런 상황에서 어떤 환노출이 발생하는 것일까? 일단 13억원 모두 달러로 바꾼 상황이다. 50만달러만 바꾼 것이라고 주장할 수도 있다. 그러나 원화로 인형을 샀지만 달러로 인형가격이 결정되는 순간 환노출에 걸려들었다고 생각해야 한다. 우주로 나가면 방사선에 완전히 노출된 것처럼 말이다. 어쨌든 기차를 50만 개 준비했고 개당 1.5달러에 팔았다고 가정하자. 환율이 1달러당 1,300원으로 고정되어 있다면 점포구입비 50만달러는 그대로이니 상관없다. 기차를 구입했을 때는 50만 개를 개당 1달러에 사서 1.5달러에 팔았으니 25만달러를 벌었다. 결국 3억2,500만원을 벌어 한국에 돌아오게 되겠다.

환율에 노출됐을 때의 환율문제를 다시 들여다보자. 만약 장사를 시작했을 때의 환율이 1,300원이었는데, 장사를 끝내고 돌아와보니 2천원으로 올랐다고 가정해보자(이 정도 환율변동은 IMF처럼 국가 전체가 난리가 나는 경우 생긴다). 이익이 어떻게 변할까? 극단적인 달러 초강세 현상이 벌어졌다고 가정해보자. 일단 100만달러를 가져가서 125만달러를 가지고 오는 성공적인 장사를 했다면, 갈 땐 13억이었는데 125만달러를 2천원에 바꿀 수 있으니 25억원의 원화를 갖게 된다. 환율변동이 없을 때는 3억2,500만원을 벌었던 것이 환율변동으로 4배에 가까운 12억원을 벌었다는 이야기가 된다.

그럼 반대로 환율이 1,000원으로 하락했다고 가정해보자. 극단적인 달러 초약세의 경우다. 총 125만달러를 바꾸니 12억5천만원이다. 장사는 잘해놓고 도리어 5천만원이 날아가 버린 게 된다.

앞에서 설명한 용어를 이 계산에 적용해보자. 거래노출은 시간의 경과로 환율이 움직여서 만들어진 환노출이다. 장난감 기차를 살 때와 다 팔고 들어왔을 때의 환율변화, 또 인형을 한국에서 샀을 때 환율과 인형이 배를 통해 미국에 전달되었을 때의 환율이 달라질 경우가 발생하는 것이다. 실제 수출입 업체들이 거래했을 시점의 환율과 실제 거래를 끝내고 돈을 주고받았을 때 환율이 달라지기 마련이다. 이것이 바로 거래노출이다. 알고 보면 별 것 아니다.

환산노출도 마찬가지다. 미국에서 장사를 하는 도중 한 1년쯤 있다가 스스로 장사를 잘하고 있는지 점검하려고 한번 계산을 하게 될 것이다. 장사를 시작했을 때 환율이 1,300원이었지만 1년 후 환율이 1,000원임을 알게 된다. 그러면 미국의 모든 투자금액을 그때의 원화환율로 계산하게 될 것이다. 그렇게 되면 장사할 맛이 안 날지 모르겠다. 팔아 보았자 손해라는 생각에 미국 술만 팔아주게 될지도 모른다. "원화로 환산해보았더니 얼마가 이익(혹은 손해)이더라"는 환산노출이 된 상황에서 가능한 이야기다.

경제적 노출도 조금 모호하지만 쉽다. 앞의 예를 생각해보자. 우리에게는 1,300원대 환율로 만들어진 50만달러 부동산과 50만달러 동산(장난감 기차)이 있다. 미국에 가서 실제로 장사를 준비하려면 시간이 걸린다. 그러다가 평소 잘 알던 거래처 사람이 준비 중이던 장사를 그대로 인수하고 싶다고 한다. 그럼 얼마에 넘겨야할까?

파는 사람은 물론 비싸게 팔고 싶겠지만, 환율을 먼저 생각할 수밖에 없을 것이다. 사려는 사람, 파는 사람 모두 환율의 움직임에 따라 가격을 조정하려고 할 것이다. 환율이 올라가는 상황이라면, 장난감가게를 갖고 있는 사람의 이익이 커지게 된다. 반대의 경우 사려는 사람이 결국 이익을 얻을 것이다. 계약시점에서 환율이 변동이 없다가 110만달러에 계약을 끝내고 난 후, 환율이 2,000원으로 변동했다고 해보자. 가게를 판 사람은 두고두고 배 아파 할 것이다. 이때 경제적 노출은 내가 갖고 있는 총체적인 환노출이라고 해도 별 무리가 없다. 앞의 예와 결합해 정의하면 다음과 같이 요약할 수 있다. "나의 장난감 기차 가게에 대한 가치를 변동시키는 환율변동"이다.

환노출은 우리나라처럼 작고 개방된 경제체제에서는 피할 수 없는 숙명과 같은 것이다. 정부뿐만 아니라 기업과 개인, 모든 경제생활에 영향을 줄 수 있는 사안이다. 대한민국 전체의 경제성장, 대외투자, 수출입, 공공자산의 가격뿐만이 아니다. 기업의 모든 활동, 개인의 임금, 고용, 연금 등의 가치변동에 영향을 줄 수 있다는 얘기다.

100% 환율상식

● 빅맥지수

빅맥지수는 각국이 먹고사는 문제에 어느 정도 가격비용을 치르는지 보여주는 지표다. 특히 각국의 환율의 움직임에 따라 발생하는 각국의 물가의 차이를 보여준다. 전 세계에 점포를 둔 맥도날드 빅맥가격을 통해 각국 통화의 구매력, 환율 수준 등을 평가하기 위해 만든 지수다. 영국 경제주간지 이코노미스트가 1986년부터 상·하반기에 한 차례씩 발표한다. 빅맥지수가 낮을수록 달러화보다 해당 통화가 저평가됐다는 의미다. 이 지수는 전 세계 맥도날드 매장에서 비슷한 재료와 조리법으로 만들어 판매하는 빅맥가격이 국가별로 다를 이유가 없다는 일물일가의 원칙을 전제로 각국의 통화가치가 적정한 수준인지 살펴보는 데 활용된다.

2016년 7월 한국의 빅맥가격은 아시아에서 싱가포르 다음으로 비싼 것으로 집계됐다. 원화가치가 2016년 초 대비 상승하면서 한국의 빅맥지수는 전 세계 56개국 중에서 23위를 차지했다. 한국 7월 빅맥지수는 3.86으로 지난 1월 3.59보다 7.5%(0.27포인트) 상승했다. 이는 한국 맥도날드 빅맥 1개 가격(4,400원)을 달러로 환산하면 3.86달러라는 뜻이다. 미국에서 빅맥 가격은 5.04달러. 원화가 달러화보다 23.5% 저평가됐다. 이는 7월 중 원−달러 환율 1,140.95원을 기준으로 한 것으로, 빅맥지수로 따진 적정환율은 873원이다. 2016년 1월 기준환율은 달러당 1,197.75원이었다.

빅맥이 가장 비싼 나라는 스위스로 1개당 6.59달러에 달한다. 이는 스위스프랑 가치가 달러화보다 30.8% 고평가됐음을 의미한다. 이어 노르웨이(5.51달러), 스웨덴(5.23달러), 핀란드(5.06달러) 순으로 높게 나타났다. 아시아에서는 싱가포르가 4.01달러로 가장 비쌌다. 2016년 초 미국 달러화 대비 33.7% 저평가됐던 싱가포르 달러는 7월에는 저평가 정도가 20.4%로 줄어들었다. 일본의 빅맥가격도 엔화가치가 고공행진을 하면서 1월 3.12달러에

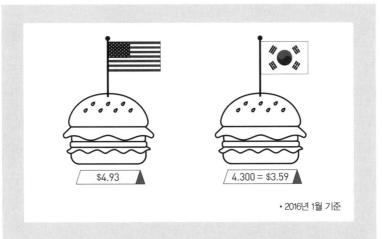

서 7월 3.47달러까지 상승했다. 엔화가치 저평가 정도는 36.7%에서 이달 31.2%로 완화됐다. 중국도 2.68달러에서 이달 2.79달러까지 상승했다. 달러화 대비 위안화 저평가 정도는 45.6%에서 44.7%로 소폭 줄어들었다.

빅맥가격이 가장 싼 나라는 우크라이나(1.57달러), 말레이시아(1.99달러), 러시아(2.05달러), 남아프리카공화국(2.10달러), 대만(2.15달러), 멕시코(2.37달러), 인도(2.41달러), 폴란드(2.42달러), 홍콩(2.48 달러) 순이었다.

대통령과 환율, 국가의 리스크관리는 왜 중요한가?

환노출의 효율적인 관리를 위해서는 환노출 변동을 신속 정확하게 파악해야 한다. 현재 우리의 위치가 어디냐는 것을 알고 있어야 한다는 얘기다. 현재 가격변수의 수준을 파악하는 것은 우리의 경제활동과 자산의 가치에 어떤 영향을 줄 것인지를 알고, 그 다음 단계인 위험을 회피하는 전략으로 연결되는 출발점이기 때문이다.

기업은 기본적인 환노출 정보체제Exposure Information System 수립이 필요하다. 환노출 정보체제에는 회계적 환노출이나 기업현금 흐름의 환노출을 파악하는 환노출 확인체제Exposure Identification System가 있다. 또한 환율예측 및 장래의 환차익의 계상, 환차손익에 영향을 미칠 세제 및 외환 관리제도 등 환산노출관리 전략의 수립시 필요한 정보를 수집·분석하는 환노출 관리정보 체제Exposure Management Information System가 있다.

환노출 정보체제는 기본적으로 사전예고 특성이 있다. 따라서 과거 정보수집보다는 예측자료에 기초하여 예고적인 정보의 분석에 치중을 두며, 정보보고의 빈도와 보고체제를 합리화해 적정한 시기에 신속한 정보가 정확히 전달되도록 운영되어야 한다. 이를 위해 예측정보의 내용에 따라 정기보고 외 속보의 보고체계가 필요하다. 정보의 전달과정도 가급적 재무관리자에 직접 전달함으로써 신속해야 한다. 마지막으로 정보작성 담당자는 정보의 중요성과 용도 등에 대한 충분한 이해를 갖고, 정보보고의 형식과 내용을 거래의 성격에 따라 약식보고 또는 전체보고 등으로 구분하여 보고한다.

개인의 자산평가에도 환노출 개념은 중요해졌다. 해외 유가증권 투자, 각종 부동산 투자, 유학 송금, 여행 등에 직접적으로 영향을 준다. 개인 자산의 포트폴리오에서 원화자산, 외화표시자산, 금 등을 보유한 경우 민감도는 더 커지고 있다. 기업과 개인뿐만 아니라 정부 차원에서도 환노출에 대한 일일보고와 정보도 매우 중요하다. 심지어 청와대에서도 IMF 외환위기 이후부터는 일일 동향 보고를 챙긴다. 기획재정부와 금융위원회, 국제금융센터는 아침마다 청와대 경제수석실에 A4지 한 장으로, 뉴욕금융시장의 동향과 전날 국내금융시장 동향 및 당일전망을 보고한다. 간밤의 달러-엔 시세는 어떻게 움직였고, 뉴욕주가와 금리동향은 어땠는지, 등락의 이유를 간단히 보고한다.

이는 우리나라 전체 리스크관리 매니지먼트를 해야 할 대통령 입장에서는 항상 숙지해야 하는 사항이 됐다. 오늘날 환율정책은 국가의 가장 중대한 정책 아젠다로 떠올랐다. 작고 개방된 경제체제를 가진 나라가 IMF라는 엄청난 시장실패와 이에 대한 관리책임이 있는 국가의 실패를 경험한 덕분이다.

경제부총리 겸 기획재정부장관, 금융위원장, 한은총재, 경제수석은 수시로 직접 전화하거나 회의를 가진다. 특히 대외적으로 큰 이벤트가 터져 환율이 크게 움직이면, 즉각 국내 거시경제 상황을 점검하는 회의를 연다. 지난 박근혜 정부 때까지는 서별관 회의가 수시로 열렸다. 청와대 본관 서쪽 회의용 건물인 서(西)별관에서 열린다고 해서 붙여진 이름이다. 경제부총리, 청와대 경제수석, 금융위원장, 금융감독원장, 한국은행 총재 등을 주축으로 열리는 비공개 경제금융점검회의다. 1997년 김영삼 정부에서 경제 관련 법 개정과 같은 사안의 쟁점을 조율하기 위해 관련 부처 장관들과 청와대에서 회의를 열었던 것에서 시작해 노무현 정부 때 사실상 정례회의화됐다. 우리나라에 환율을 비롯한 금융안정을 협의하는 공식적인 조직이나 기구가 없어 금융 지휘부 역할을 하고 있다.

얼마 전에는 대우조선 사태와 관련해 밀실에서 회의가 진행됐다는 비판도 나온다. 회의설치에 법적근거가 없고, 주요 정책에 대한 논의가 비공식적으로 이루어진다는 점이 그렇다. 하지만 중요한 대외변수의 돌발이나 국내 금융경제 현안 관리, 특히 환율 등 국가 리스크관리의 중요성을 논의하는 '컨트롤 타워'의 역할은 점점 중요해지고 있다.

넓은 바다를 항해하는 배의 선장이 날씨가 어떻게 될 것이라는 보고와 정보수집을 게을리하는 것을 상상할 수 없다. 마찬가지로 국가 전체의 환율을 비롯한 국제금융시장 동향에 대한 정보가 없고 무지하다면 대한민국호號는 어떻게 되겠는가? 정부와 기업과 개인 같은 경제주체들이 환율 향방에 대한 감 없이 경제정책과 기업활동, 경제생활을 한다는 것은 나침반 없는 목적지 찾기이며, 해도 없는 항해가 아닐 수 없다.

'퍼펙트 스톰', 또 온다

IMF 위기처럼 원화가치에 '퍼펙트 스톰'을 일으킬 사안은 어떤 게 있을까? 북한과 미국의 핵전쟁 위기 고조, 남북한 군사충돌, 김정은 체제의 급변동, 탈북자 쇄도, 북한정권 붕괴 등이 있다. 혹은 과장을 보태서 백두산 폭발, 한반도 초대형 지진발생, 원자력 발전소의 여객기 충돌 등이 벌어지면 환율은 어떻게 될까? '블랙 스완Black swan'을 걱정하는 것이 하늘이 무너질까봐 걱정하는 것과 다를 바 없다고 하지만, 일본의 쓰나미와 후쿠시마 핵발전소 사태를 보라. 하늘이 무너질 가능성이 완전히 없는 것도 아닌 시대다.

블랙 스완은 도저히 일어날 것 같지 않은 일이 일어나는 일이다. 검은색깔의 흑조를 떠올리기가 쉽지 않은 것처럼, '실제로는 존재하지 않는 어떤 것' 또는 '고정관념과는 전혀 다른 어떤 상상'이라는 은유적 표현이다. 그러다 17세기 한 생태학자가 실제로 호주에 살고 있는 흑조를 발견함으로써 '불가능하다고 인식된 상황이 실제 발생하는 것'이란 의미로 전이됐다. 월가 투자전문가인 나심 니콜라스 탈레브가 저서 《블랙 스완》을 통해 서브프라임 모기지 사태를 예언하면서 두루 쓰이게 됐다. 블랙 스완의 속성을 ① 일반적 기대 영역 바깥에 존재하는 관측값(이는 검은 백조의 존재 가능성을 과거의 경험을 통해 알 수 없기 때문), ② 극심한 충격을 동반, ③ 존재가 사실로 드러나면 그에 대한 설명과 예견이 가능 등으로 기술하고 있다.

이제는 블랙 스완이 등장하고 불가지론이 활개 치는 환경이 조성된 것이 틀림없다. IMF 위기와 2008년 글로벌 금융위기, 유럽 재정위기, 브렉시트, 트럼프의 등장 가운데 한국경제는 저출산·고령화·저성장이라는 삼각파도를 함께 맞고 있다. 작고 개방된 경제체제에서는 앞으로도 크고 작은 대외변수가 지속적이고 반복적으로 등장할 것이다.

한국경제를 바꾸어놓을 수 있는 예상 가능한 변수로는 지정학적 위기가 꼽힌다. 하지만 이 문제에 대해 어느 누구도 종합적인 분석을 내놓기가 힘들다. 사안 자체가 언제 발생할지 예측이 쉽지 않은데다, 경제적인 면뿐만 아니라 정치·외교·군사적으로 범위도 넓고, 단편적 분석이 가능한 사안이 아니다. 경제적인 차원만 본다고 해도 정치·군사·외교적 전략적 차원의 연계성을 빼놓고 분석하는 것은 한계가 있다.

물론 금융적인 측면으로 좁혀서 환율의 움직임만을 추정해보는 논의도 있다. 언젠가 한반도 통일이 실현된다면 원화가치가 어떻게 될지 그 향방을 생각하는 것도 환율을 이해하는데 매우 유용할 것이다. 우선 국가 부도 위기였던 IMF를 생각해보자.

1997년 IMF 위기 때 우리나라 환율은 불과 1년 만에 900원에서 1,900원대까지 수직으로 상승한 경험을 했다. 모든 국민의 경제생활이 송두리째 흔들렸다. 정부와 기업, 가계가 겪은 혼란은 상상을 초월했다. OECD 국가 중 환율이 1년 안에 100% 평가절상되는 경험을 한 국가는 우리나라가 거의 유일했다. 환율이 100% 절상됐을 때 나타났던 금융시장과 경제계의 충격은 무엇보다 환율이라는 변수가 경제 전체에 얼마나 큰 영향을 주는지를 보여준 계기였다.

국내외 전문가들은 통일 이슈를 IMF 위기와 직접 비교하기는 어렵지만, 그에 못지않은 충격과 혼란을 몰고 올 사안으로 보고 있다. 평소에 지정학적인 리스크를 관리하는 일은 한국에 진출한 외국 기업의 활동과 외국인 직접투자, 금융시장 등 모든 면에서 가장 중요한 문제다. 지정학적인 리스크의 전개 따라 그 영향이 코리아 디스카운트로 나타나고 곧바로 환율이 움직인다.

통일과 환율, 어떤 시나리오가 있을까?

남북의 군사적 긴장을 넘어선 이후의 문제이지만, 환율의 이해를 돕기 위해 남북 지정학적 위험이 환율에 미칠 영향을 생각해보자. 예컨대 통일이 된다면 부동산 가격과 각종 유가증권의 가치, 개인의 예적금 등 자산의 규모, 주식과 기업의 가치, 대외교역 여건, 환율과 실물경제의 흐름은 어떻게 진행될 것인가? 환율을 이해하고 공부하는 것은 미래 가상의 변수들을 해석하고 예측하는 능력을 키우는 과정이다. 환율이 어떻게 움직일지, 움직인 환율이 국가와 기업, 개인의 경제생활에 어떻게 영향을 줄지 알아가는 것이 이 책의 목적이다.

IMF 당시 우리나라는 세계 13대 무역대국이었다. 경제규모와 경제역량을 봤을 때 웬만한 외부충격이 오더라도 견뎌낼 것으로 예상했으나, 맥없이 무너졌다. 대외단기 유동성 쇼크가 왔을 때 원-달러 환율급등은 900원대에서 1,900원까지 오를 만큼 기록적이었다. IMF도 이러했는데 통일이 된다면? 가늠하기가 쉽지 않다. 그래도 국난의 일종이었던 IMF와 비교해 우리 경제에 미칠 충격과 환율을 예측하는 데는 참고가 될 것으로 보인다. 물론 남과 북이 실제로 받은 충격과 비교하면 장님 코끼리 만지는 정도의 수준일 것이다.

통일 한국의 원화값을 가늠한다는 것은 통일 시점의 경제상황, 화폐가치에 대한 분석과 전망, 우리 경제가 놓이게 될 대외환경에 대한 가늠이 가능해야 전망할 수 있다. 미국의 대북제재 강화법이 2016년 2월에 의회를 통과했다. 이런 조치는 북한과 미국의 관계가 돌아올 수 없는 다리를 건넌 것으로 평가된다. 북한의 미사일 발사와 핵실험으로 한국은 사드 배치를 통해 맞대응하고 있다. 중국은 경제 보복 조치를 시행하고 있다. 나중에 미국 차기 행정부가 북미 관계를 복원하려하더라도, 제재는 쉽지만 해제는 상당한 난관이 예상된다. 한반도 및 동북아 정세의 긴장이 고조되는 형국이다. 이런 상황에서 크게 4가지 시나리오에서 환율의 움직임은 예상 가능하다.

첫 번째 시나리오, 우여곡절 끝에 북미 간, 또는 남북 간의 핵과 미사일 갈등이 정상회담 등 대화로 풀려 나갈 경우다. 코리아 디스카운트가 해소되는 계기가 되면서 코스피 주가가 상승하고 외화차입시 가산금리가 떨어질 것이다. 이렇게 되면 달러-원은 1,000~1,200원대에서 상당기간 안정세를 보일 수 있을 것이다.

두 번째 시나리오, 북한이 추가 핵실험과 장거리 미사일 발사 등으로 브레이크 없이 질주하고 미국을 포함한 대북제재가 더욱 강도가 심해지는 경우다. 달러-원은 일단 지정학적인 재료를 단기간에 반영하지 않더라도 항상 잠재적 폭발력을 끌어안은 채 움직일 것이다. 이 경우도 다른 외생 변수들과 맞물리지만 않는다면, 환율은 앞서 언급한 범위에서 현상유지가 지속될 것이다.

세 번째 시나리오, 대화 재개 노력이 모두 실패로 돌아가고 대북 경제제재 뿐만 아니라 군사적인 긴장과 압박이 국지적인 급변사태 등으로 가시화되는 경우다. 국제신용평가기관들 한국 국가신용등급 하향조정에 대한 '등급전망' 등을 통해 우려를 높일 것이다. 외국 언론들도 바쁘게 움직이고, 외국인 투자자들의 불안감이 일부 투자자금 회수로 이어진다.

이 경우는 시차를 두고 투자자금 회수규모가 실제로 어느 정도이냐가 중요하다. 한 방향으로 쏠림이 기조적으로 심하게 나타나면, 국내 금융시장은 상당한 충격을 겪는다. 국내 투자가들의 금이나 미국 달러화 같은 안전자산 매집도 현실화될 수 있다. 이렇게 되면 주가, 금리 등의 변동성이 일정 범위를 벗어나고, 달러-원은 앞서 말한 범위를 벗어나 상단이 100~300원 이상 크게 오를 수 있다.

마지막 시나리오, 북한이나 우리나라, 혹은 미국 어느 한쪽의 선제공격으로 군사적 충돌이 발생하거나 북한이 내부붕괴할 경우다. 충격이 실체화되고 국가신용등급과 CDS프리미엄이 급등할 것이다. 원-달러 환율은 IMF 위기 때 국가부도 직전의 수준과 유사하거나, 이보다 약간 못 미치더라도 일시적으로 새로운 환율고점을 터치할 가능성이 생긴다.

결론적으로 전문가들은 그동안 오랫동안 달러화가 1,000~1,200원대에서 움직이던 것을 감안하면, 지정학적 리스크의 박스권을 벗어나게 하지 못할 것으로 보고 있다. 문제는 평소의 달러-원 환율에 지정학적 리스크 프리미엄이 가산되지 않고 있다가, 특정 임계점을 지나면 일시적으로 한꺼번에 반영될 수 있다는 것이다. 이 점을 경계해야 한다고 분석한다. 북한 핵실험 장거리미사일 발사, 남북한 긴장고조 등 한반도 지정학적 리스크는 오랫동안 국제금융시장이 크게 의식하지 않는 재료였다. 이 사안이 '레드라인'을 넘어서게 되면 가공할 만한 파괴력을 가질 것이다. 향후 장기간의 달러-원 환율 향방이 어찌될지 궁금하면 김정은에게 물어보라는 우스갯소리가 그냥 넘겨들을 얘기는 아니다.

또 중요한 것은 통일시점에 한국경제가 처할 대내외 환경이다. 예컨대 통일이라는 변수가 본격 부각되는 시점에 국내 경제여건이 튼튼하고 미국과 일본, 중국, 유럽의 경제가 구조적으로 호조를 보 일 때와 이와 반대로 나쁠 때는 국면이 다르다. 상황에 따라 글로벌 자산이 떠나지 않고 한반도로 몰려올 환경이 조성되기도 하지만, 반대로 글로벌 자산이 더 빠져나갈 수도 있다. 대내외 변수가 통일과정에 미치는 영향도 중요하다.

통일 이슈를 경제적 차원의 M&A 관점에서 한번 살펴보자. 예컨대 매출 1조원 정도의 기업이 5천억원짜리 기업을 인수합병한다고 가정해보자. 이 경우 주선하는 국내외 금융기관은 400여 개 정도의 각종 체크리스트를 점검하고 조율한다. 유무형의 회사 자산 및 가치평가, 관련 법률, 세

도표 6 **한반도 통일, 환율의 움직임은?**

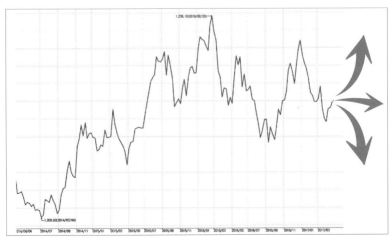

• 자료 : 연합인포맥스

금 등 수없이 많다. 또 400여 개의 체크리스트는 수십 개의 개별 부문으로 나눠진다. 협상 액션 플랜이 수립되고 점검에 들어가게 되면 양쪽 기업의 기획실, 로펌, 회계법인, 금융회사 전문가들이 총동원되어 수개월 동안 날밤을 세우게 된다.

여러 가지 경우의 수가 있지만 만약 '바이 사이드Buy'가 상대 주주와 우호적인 경우에는 일을 순조롭게 진행할 백만 원군을 얻게 된다. 하지만 '셀 사이드Sell' 쪽에서 신뢰를 보이지 않고 딴청을 부리면 인수합병은 지루한 협상만 하다가 끝날 가능성도 높아진다. 목마른 사람이 우물 판다고 어떤 경우에는 '바이 사이드' 쪽에서 미적거리는 '셀 사이드'의 CEO에게 밥도 사고 골프도 치면서 미래의 비전을 제시하고, 발품을 팔아가며 찾아가 웃는 얼굴로 선물도 하고 설득하는 노력을 지속적으로 해야 한다. 기업들의 빅딜의 경우에도 오너들이 직접 만나는 '킥 오프 미팅'은 매우 중요하다. M&A의 출발이 톱-다운 방식으로 진행되면 모든 일이 한결 수월해지기 때문이다. 만약 M&A를 실무진 차원에서 출발해 바텀-업 방식으로 진행시키면 일일이 경영층에 보고하고 결정을 얻는데 수많은 시간과 노력이 들고 성공보장도 희박한 게 업계의 현실이다.

한반도의 안정과 번영을 위한 가장 중요하고 상징적인 '킥 오프 미팅'이 있었다. 바로 김대중 대통령과 김정일 국방위원장의 만남이 그랬다. 또 노무현 대통령의 방북으로 2차 '킥 오프 미팅'이 이루어지기도 했다. 물론 그 이후 북한 핵실험과 장거리 미사일 발사 등으로 다시 원점으로 돌아가는 싶은 경색국면이 발생했지만, 여전히 희망을 가져야 한다.

M&A 전문가들은 기업이 현실적인 난관 극복을 위해 수많은 어려움을 넘듯이, 하물며 분단국가의 통합은 수천 배 더 복잡한 문제들이 얽혀있어 시간과 노력이 더 필요하다고 한다. 특히 미사일과 핵문제까지 겹쳐 있어

간단하지 않다. 기업통합에서 양측 CEO 간에 건강한 M&A 철학을 공유하는 게 무엇보다 중요하듯이, 지도자들 간의 인식과 비전 공유, 접촉과 대화가 매우 긴요한 사안이 아닐 수 없다.

화폐통합의 사례_동서독 마르크화

남북한이 통일이 되면, 화폐는 어떻게 해야 할까? 화폐가치의 변동이 한 국가와 기업 같은 경제주체들의 경제활동에 큰 영향을 주고 개인의 삶에도 영향을 미친 사례는 수없이 많다. 통독 직후 서독 마르크화와 동독 마르크화의 1:1 화폐교환 비율의 결정도 그러했고, 브레튼우즈와 플라자합의 때의 환율결정도 그러했다. 독일이 통일할 때 서독과 동독의 마르크화 화폐통합 사례를 잠깐 살펴보자. 현재 남북으로 분단된 우리에게도 많은 시사점을 준다. 돈의 통일이 독일 통일에서 핵심이었다. 물론 동서독 마르크화의 전격적인 통합은 많은 비판을 받고 있다. 독일 전문가들도 남북한 통합에서는 화폐통합을 시간을 두고 단계적으로 진행하는 것이 경제와 금융시장 안정에 도움이 될 것이라고 지적하고 있다.

정치적 통합 일정에 맞춰 무작정 화폐통합을 추진하게 된다면 통일 한국의 경제는 누구도 예측할 수 없는 장기불황의 늪에 빠질 수 있다. 지금은 유럽의 부국富國으로 자리매김한 독일이지만, 독일도 통일 이후 경제적으론 오랜 시련을 겪었다. 1990년 통일과 함께 화폐통합을 추진한 독일은 이후 1995년까지 마이너스 성장을 기록해야 했고, 2005년에는 10%가 넘는 실업률로 경제 전체가 흔들렸다. 통일 당시 1인당 GDP는 서독이 동독의 3배 수준이었다. 북한의 경제통계가 정확하지 않지만, 전문가들은 대체로 남한의 1인당 GDP가 북한의 40배에 이를 것으로 보고 있다. 이런 상황에서 급진적 화폐통합은 경제와 금융에 독일이 겪은 것보다 더 큰 혼란을 가져올 수 있다.

그래서 통일 한국의 화폐통합 모델로 홍콩·중국식이 주목받고 있다. 홍콩과 중국은 정치적 통합을 이뤄냈지만, 기존 화폐인 홍콩달러와 위안화를 각각 사용하고 있다. 나라는 하나지만 화폐는 2개인 '1국 2통화' 체제인 것이다. 1997년 7월 1일에 홍콩이 중국으로 반환된 이후 17년째 별도의 통화가 사용되고 있다. 당시 중국은 홍콩 반환 이후 50년간 각각의 통화를 사용하겠다는 계획을 발표한 바 있다. 홍콩과 중국은 통합 당시 경제력 격차가 남북한과 유사할 뿐 아니라, 통일 이후 경제성과도 서독과 동독 사례보다 양호한 것으로 평가받고 있다.

정치적 통합을 이뤄낸 이후에도 노동이동의 법적제한, 자본이동의 선별적 허용, 상품교역에서 일정 정도 관세부과 등을 통해 경제통합을 단계·점진적으로 추진하고 있다. 오히려 독일보다 중국과 홍콩이 경제·화폐 통합에 있어서 인위적이지 않고 시장자율에 맡긴 것이다. 특히 홍콩·중국식 화폐통합은 홍콩경제에 더욱 매력적인 선물을 안겼다. 1997년 당시 외환위기 여파로 어려움을 겪던 홍콩기업은 중국과 무역협정을 통해 판로를 확대했고, 노동자는 일자리를 얻었다. 중국 대형기업들이 잇따라 홍콩증시를 통해 상장되면서 홍콩의 중국 반환 이후 증시는 10년간 4배 성장했다.

그렇다면 화폐통합 시점은 언제가 좋은가? 전문가들은 노동시장이 통합되면 화폐통합을 늦춰선 안 된다고 충고한다. 사람들이 자유롭게 이동할 수 있고 언어에 장애가 없다면, 노동인구는 상대적으로 돈이 몰리는 곳, 즉 생산적인 경제에 몰릴 수밖에 없다. 이런 상황에서 경제적 이유만으로 화폐통합을 늦추면 사람들이 자유롭게 이동하는데 어려움을 겪을 수밖에 없고, 이는 경제적 측면을 넘어 정치적으로 더욱 혼란을 가져 올 수 있다. 아울러 한국 정부는 통일에 앞서 원화의 신용도를 높여야 한다고 전문가들은 권고한다. 그래야만 화폐통합을 할 때 경제·금융의 충격을 최소화할 수 있기 때문이다.

그러므로 한국 정부는 통일 전후로 원화의 신용도를 가능한 한 최대로 만들어야 놓아야 한다. 특히 담보자산을 최대한 확보해 해외 투자자들에게 신용을 얻는 것이 무엇보다 중요하다. 한국이 과거 서독 같은 경제적 안정성이 없는 만큼 통일펀드 조성 계획이라든지 크레디트 평가에 대한 계획을 미리 세워 놓는 것은 도움이 될 것이다.

정치적 통합 없이 화폐통합이 먼저 이뤄진 사례도 있다. 프랑스와 CFA 프랑존(프랑스 식민지 14개국)의 환율동맹이 대표적이다. 이 사례 또한 남북한 화폐통합 모델로 눈여겨 볼만하지만, 이는 정치적 통합보다 경제·통화 통합을 우선할 때 고려할 대상이다. 독일의 경제통합 이후에 대한 평가는 엇갈린다. 동서 간 경제격차가 해소될 것이라는 희망이 사라졌다는 시각은 여전히 독일 언론에서 조명받고 있다.

다음은 2013년에 연합인포맥스에서 '통독의 현장을 간다'는 타이틀로 기획취재를 한 내용이다. 독일 보수 일간지 〈디 벨트Die Welt〉는 통일 사반 세기가 지난 현재까지도 옛 동독지역은 자립경제 기반을 갖추지 못했다고 평가하고 있다. 동독 지역 재건에 대해 여러 분야에서 진전을 이룬 것은 사실이지만, 이 지역의 정부 지원금 의존 상황은 향후 수십 년간 지속할 것으로 전망했었다. 〈디 벨트〉의 기자 우베 뮐러가 2005년에 출간한 《대재앙 통일》을 보면 당시 독일은 '유럽의 병자'로 치부됐었다. 동독지역 재건의 후유증과 현실문제를 직시하고 잘못된 부분을 바로잡아 '대재앙'

이 될 수도 있는 위험을 막자는 취지의 생산적 비판이었다. 베를린 장벽이 무너진 1989년부터 동독지역 제2의 도시 라이프치히에서 특파원으로 일하며 동독 전문가로서 명성을 쌓은 뮐러 기자를 당시 인포맥스 이성규 기자가 인터뷰했었다. 우리가 통일했을 때 겪어야 할 난관의 한 조각을 살피는데 도움이 될 것이다.

● 뮐러 기자와의 일문일답

Q. 통일 후유증에 시달리던 독일 경제가 지금은 '유럽의 기관차'라는 평가를 받고 있다. 그 비결이 뭔가?

A. 인기 없는 치료법을 쓴 덕분이다. 정부가 2003~2005년 집중적으로 밀어붙였던 '아젠다 2010'은 다수 노동자에게 임금삭감을 가져왔다. 2000~2008년 실질임금이 0.8% 줄어 전체 유럽국가 중 꼴찌가 됐다. 같은 기간 이탈리아는 7.5%, 프랑스는 9.6%, 영국은 26.1%의 실질임금상승률을 보였다. 그런 개혁 노력 덕분에 독일 실업률은 통독 이래 최저 수준으로 떨어졌다. 통일 이후 이렇게 많은 일자리가 있었던 적은 없었다. 국가 재정건전성도 진일보했다.

Q. 10년 전 내놓은 저서에서 '동독 재건은 실패했다'고 진단했다. 그 견해를 수정해야 하는 것 아닌가?

A. 동독지역이 여러 분야에서 진전을 이룬 것은 사실이다. 하지만 동독지역이 자립 성장동력을 갖추고, 동서 간 경제격차도 해소될 것이라는 애초의 희망은 사라졌다. 동서 격차라는 관점에서 보면 내가 10년 전에 기술했던 내용과 크게 달라진 것은 없다.

Q. 동독지역이 자립경제 기반을 갖추지 못했다고 평가하는 근거는?

A. Ifo 경제연구소에 따르면 옛 서독지역은 동독지역에 매년 700억유
로를 지원하고 있다. 내 책이 출간된 2005년에는 약 850억유로 정
도였다. 당시 동독 인구는 지금보다 100만명 더 많았다. 1인당 지원
금이 10년 전에는 5,400유로였다면 지금은 5천유로다. 서독에서 동
독으로 들어가는 돈은 대부분 동독 재건 프로그램을 위해서가 아니
라 사회복지를 위해 사용된다. 동독인들이 받는 연금을 서독인들이
공동으로 부담하는 셈이다.

Q. 독일 정부는 2015년 발간한 '통독 연례보고서'에서 동독재건을 성
공적이라고 평가했다.

A. 보고서를 주의 깊게 읽는다면, 동독재건이 성공적이지 않다는 사실
을 알 수 있다. 예컨대 보고서 73쪽의 주민들로부터 거둬들이는 조
세수입을 보면 동독지역은 1인당 990유로로 서독지역(1,886유로)의
절반밖에 안 된다.

Q. 동독재건이 기대에 크게 못 미친 원인은?

A. 통일시점에 정부가 쇠락한 동독경제에 대해 너무 무지했다. 당시
동독정권은 동독을 세계 10대 산업국가로 선전했다. 서독은 동독의
계획경제 역량에 대한 허상에 사로잡혔다.

Q. 독일이 동독재건을 위해 하지 말았어야 했던 일을 꼽는다면?

A. 동서독 화폐통합이다. 동독 마르크화의 평가절상으로 동독기업의
낡은 제품들은 더 이상 팔릴 수 없게 됐고 임금이 노동생산성보다

훨씬 높아졌다. 그 결과 동독산업 4분의 3이 사라졌다. 오늘날 동독에 대기업이 거의 없는 이유다.

Q. 독일 통일은 아직 진행형이라는 말도 있다. 언제 완성될 것으로 보는가?

A. 독일인 5분의 1은 25살 이하인 통일 이후 세대다. 많은 영역에서 동서 간 차이는 의미를 상실했고 더는 관심을 끌지 못하고 있다. 동독 지역은 앞으로도 수십 년 더 정부 지원금에 의존하게 될 것이다.

Q. 한국은 통독 이전의 독일보다 통일 여건이 좋지 못하다. 한국에 조언한다면?

A. 현재의 남북한 경제력 격차는 25년 전 동서독 간 차이보다 훨씬 크다. 북한경제의 생산성은 한국의 5%에도 못 미친다. 1990년 통일로 서독인 80명이 동독인 20명을 재정적으로 지원해야 했다. 한국은 67명이 33명을 지원해야 한다.

동독은 공산국가였지만 주민들은 서방세계와 단절되지 않았었다. 북한 정권은 주민들을 겁박하고 세뇌하며 인권을 조직적으로 침해하고 있다. 북한 주민들에게 새겨진 '독재의 각인'은 정권붕괴 후에도 오랜 기간 영향을 미칠 것이다. 통일 후 남북한 주민들이 극복해야 할 가장 큰 도전이 될 것으로 본다.

한반도, 한탕할 기회가 있는 곳

우리나라 국민들은 나라 자체가 작고 완전히 개방된 경제체제small open economy이기 때문에, 대내외적인 온갖 최악의 상황이 벌어지면 헤지Hedge 수단 없이 살아야 하는 숙명들이다. 만약 지정학적인 위험이 극도로 고조되면 원-달러 환율은 급등할 것이고, 한국의 신용부도스와프CDS 프리미엄은 소용돌이 칠 것이다. 이러한 가격변수의 폭등락은 우리의 삶 자체가 이런 거래 대상물에 휘말려 들어가게 된다는 것을 의미한다. 우리 의지와는 상관없다.

본래 시장은 재화를 매매하는 곳이고, 재화의 가격과 프리미엄, 디스카운트에는 각종 위험Risk이 포함되어 있다. 시장은 위험을 재화의 형태로 거래하는 곳이 되고 있다. 하지만 최근에는 이러한 위험의 거래 자체가 시장의 속성이 되어가는 느낌이다. 시장뿐만 아니라 세상 자체가 위험을 거래하는 곳으로 변질되고 있다. 국제금융시장에서 매매되는 이자율과 주가, 환율은 유한한 인간이 시간에 내재한 기회비용을 각종 위험가치로 교환하는 대상이다. 이 시장에서 우리의 삶과 죽음을 포함한 모든 것은 위험가치로 환산되고 있다. 외국인 투자가들 사이에 '한반도의 지정학적 위기가 투자의 기회'라는 인식이 강하게 형성된다는 것이 한국인에게 새로운 자각을 할 것을 요구하고 있다. 또한 금융·외환당국도 긴장할 수 밖에 없는 사안이다.

한반도 리스크에 대해 국내·외 정세보고서나 전문가들은 대체로 전면전쟁이 불가능하며, 다만 국지적 충돌 가능성에 주목하고 있다. 핵전쟁 등에 대해서는 반신반의하는 정도다. 국지적 분쟁이 발생하더라도 금융시장의 영향은 제한적일 것으로 보고 있다. 지정학적인 이벤트는 파장이 영속적이지 않고 일시적이다. 예컨대 미국이나 유럽, 일본의 양적완화, 브렉시트나 트럼프의 등장 등은 전체 금융수급에 중장기적 영향을 주는 재료처럼 장기적이고 전면적으로 작용하기는 어렵다는 분석이 많다.

이와 관련해 지난 2013년 해외 언론을 통해 북한의 채권 문제와, '원자재 투자의 귀재'로 알려진 짐 로저스가 북한의 동전 투자에 나섰다는 소식은 시선을 끌었다. 그동안 북한 채권은 남북화해 분위기 때는 가격이 급등하다가, 대북 제재 강도가 높아지고 긴장이 고조되면 거래가 끊기는 일이 반복됐다. 국제금융시장에서 북한 채권은 정상적인 채권으로 대우받지 못한다. 이자지급이 없고, 투기적인 상품으로 당첨될 확률이 0%에 가까운 '외 가격 옵션'처럼 취급되기 때문이다.

짐 로저스는 향후 북한이 없어지면 오를 거라고 판단하고 북한의 동전 싹쓸이하는 것 같은데, 그 탓인지 이베이eBay에는 진짜 북한 금은화가 자취를 감췄다는 후문이다. 그가 북한의 동전에 투자하는 이유는 장래에 발생할 수 있는 희소성 때문이다. 미래 어느 시점에서 북한이 국가로 존재할 수 없게 되면 북한 동전의 가치가 올라간다는 얘기이다. 한국의 원화자산과 인근 국가의 금융자산 가치는 향방을 가늠하기에는 너무 어려우니 눈에 보이는 작은 실물에 투자해 기념가치라도 건지겠다는 심산인 것 같기도 하다.

한반도의 운명과 관련해서는 아직은 미세한 조짐만 있을 뿐이다. 하지만 임계점을 넘어 큰 소용돌이에 가까워지면 더욱 대담한 포지션을 감행하는 해외 투기꾼들이 판을 벌일 수도 있다. 예컨대 소로스가 브렉시트 직전에 도이체방크 주식을 공매도해서 큰 수익을 거뒀다던가, 영국 파운드화에 대한 투기적인 매도세에 참여하는 헤지펀드들의 움직임이 대거 나타났던 것이 바로 그 예이다.

서울에 주재하는 해외 매체들의 가장 큰 관심사 중 하나는 한국의 지정학적 위험에 대한 변동사안을 전 세계 금융시장에 타전하는 일이다. 글로벌 투자가들이 가장 귀를 쫑긋 세우는 이슈는 김정은 체제의 변동과 북한 핵실험, 장거리유도탄 발사 등의 사안의 추이와 한반도 국제 정세 변동 사안이다. IMF 위기를 겪을 때도 그랬다. 외국인들에게 한반도의 특수한 사정은 언제든지 환율 등으로 크게 한탕 할 수 있는 기회, 이것이 대한민국 환율의 세 번째 비밀이다.

외환보유고, 마지막 비빌 언덕

한국경제는 환율을 비롯한 대외변수에 맥없이 시달려야하는가? 블랙스완이 나타나면 그냥 받아들이기만 해야 하는가? 이를 극복할 방법은 없는가? 국가와 개인과 기업이 급해지면 막판에 기댈 곳은 어디인가? 답은 간단하다. 일본이 쓰나미 사태 때도 보여줬듯 결국은 '가진 돈'의 힘이다. 이런 측면에서 대한민국 외환보유액 규모는 외국인들에게 늘 주목의 대상이다. IMF 위기 때 국가 디폴트를 맞았다면, 베네수엘라의 상황이 남의 일이 아닐 뻔했다. 불쌍한 나라로 순식간에 전락할 상황이었다.

1997년 12월, 우리나라의 곳간에는 고작 39억달러가 남아 있었다. IMF 구제금융을 받은 뒤 부랴부랴 외환을 쌓았다. 외환을 모으는 건 공짜가 아니다. 정부가 국채 등을 발행해 시중에 풀린 돈을 회수해 달러로 바꾸어 놓아야 한다. 수천억 달러, 우리 돈으로 수백조 원을 모으느라 국민들은 허리띠를 졸라맸다. 결국 2008년 8월에 1997년 말보다 50배가 넘는 2,400억달러를 쌓았다. 한 달 뒤 금융위기가 터지고 3개월도 되지 않아 외환보

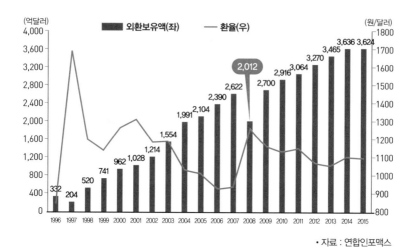

도표 7 우리나라 외환보유고 변동 현황

(억달러)
4,000
외환보유액(좌) — 환율(우)
3,600
3,200
2,800
2,400
2,000
1,600
1,200
800
400
0

332 204 520 741 962 1,028 1,214 1,554 1,991 2,104 2,390 2,622 2,012 2,700 2,916 3,064 3,270 3,465 3,636 3,624

1996 1997 1998 1999 2000 2001 2002 2003 2004 2005 2006 2007 2008 2009 2010 2011 2012 2013 2014 2015

(원/달러)
1800
1700
1600
1500
1400
1300
1200
1100
1000
900
800

• 자료 : 연합인포맥스

유고는 다시 2천억달러 선으로 간당간당해졌다. 결국 미국에 '마이너스 대출'에 해당하는 통화스와프 자금을 받아 가까스로 위기를 넘겼다.

2017년 10월 기준으로 우리나라 외환보유액은 3,846억달러다. 이 정도 외환보유고면 적절한가? 그렇지 않다. 미국의 '트럼프 등장', 영국의 '브렉시트'처럼 전혀 엉뚱한 곳에서 새로운 위기가 언제든지 발생할 수 있기 때문이다. 선진국들조차 개방과 무역을 통한 성장 패러다임에 의구심을 보인다. 더군다나 우리나라처럼 GDP에서 무역의존도가 70% 이상을 차지하는 국가는 어떤 일을 겪게 될지 모른다.

2016년 기준으로 우리나라 외환보유고는 규모면에서 중국, 일본, 스위스, 사우디아라비아, 대만, 러시아에 이어 세계 7위 수준이다. 외환보유액이 증가할수록 '감 놔라 대추 놔라'는 투자훈수가 예상되고, 한국은행은 운용수익을 극대화하라는 안팎의 요구에 시달릴 것으로 보고 있다. 보유액 유지에 따른 비용에 시비 거는 이들은 미국과 유럽, 일본 등과 한국의 금리차이에서 발생하는 역마진을 먼저 질타할 것이다. 고수익에 운용해야 하며, 한국투자공사KIC에 돈을 대주고, 외환시장에도 개입하지 말며, 대체투자를 하라는 주장이 고개를 들 것이다. 하지만 이런 논리는 한국정부가 환율방어를 못 하도록 하기 위함이며, 자신도 모르는 새 미국이나 외국계 IB의 이해관계에 이용당할 수 있다는 점에서 주의가 필요하다.

적정보유액은 금융적 차원만이 아니라 국가 리스크관리의 본질에 대한 문제이다. IMF와 금융위기를 겪으면서 외환보유액은 금융행위로 이익을 내는 대상이 아니라, 국가의 '유비무환' 코스트로 봐야 한다는 시각이 설득력을 얻고 있다. 중국과 일본의 보유액이 각각 4조달러와 1조달러대로 늘어났지만 큰 문제가 되지 않는 것과 같은 맥락이다.

우리나라의 경우 외환보유액이 지정학적 리스크에 대한 보험의 의미도 크다. 통일을 준비해야 한다는 점에서 중국이나 일본과는 근본적으로 처지가 다르다. 자원이 없고 남북이 대치한 상황에서 외국인들은 한국에 대해 '최종 대외지급 준비능력'을 핵심 신뢰 요소로 본다. 돈을 떼어먹지 않는다는 믿음을 보여주는 보유액 규모가 커질수록, 미래 모든 대외거래에 '비빌 언덕'이 든든해진다. 당연히 유동성 확보와 안정성이 최우선이며, 운용수익률의 확보는 차후 문제이다. 그동안 외환보유액은 금융위기를 무사히 넘길 수 있게 해줬고, 앞으로도 수많은 약점이 있는 한국경제에 외국인 자금의 안정적인 유출입의 울타리 역할을 할 것이다.

따라서 경제성장과 국부의 증가에 따라 외환보유액이 같은 비중으로 늘어나야 하며, 3천억달러를 넘어 5천억달러도 부족할지도 모른다. 10만 양병설을 주장한 율곡 이이가 이 시대에 다시 태어난다면, 보유액 적정규모로 1조달러를 권고하며 통일시대를 대비하라고 충고할 것 같다. 외환위기 때는 어느 누구도 우리를 돕지 않는다. 현재의 외환보유액으로는 부족하다. 외환보유고를 2배로 확충하고, 위기에 철저히 대비해야 한다.

참고로 적정외환보유고에 대한 이론은 3가지이다. 첫째는 1953년에 발표된 IMF의 권고사항으로, IMF는 적정 외환보유액을 3개월치 경상지급액(상품수입액+대외서비스 지급액)을 기준으로 한다. 둘째는 1999년 앨런 그린스펀과 파블로 기도티Pablo Guidotti가 발표한 것으로 '3개월치 경상수입액과 유동외채(단기외채 100%와 1년 앞에 만기가 돌아오는 장기채)'를 외환보유고로 제시한 것이다. 셋째는 2004년 국제결제은행인 BIS의 권고사항으로 '3개월치의 경상수입액+유동외채+외국인 주식투자자금의 1/3'이다. 기도티의 기준에 외국인 주식보유금 33%를 추가한 것이다.

국제결제은행BIS 권고기준으로 우리나라 적정 외환보유고는 4,900억달러이다. 2017년 10월 기준으로 보면 여전히 약 1,100억달러가 부족하다. 또 외환보유고를 늘리더라도 GDP 기준으로 하면 40%에 그친다. 중국과 대만이 GDP의 60%와 70%를 외환보유고로 비축하고 있는 것과 비교해도 여전히 낮은 수준이다. 우리나라 대외무역의존도가 GDP의 70%를 넘어서고 있고, 수출수입 의존도가 전 세계 최상위라는 것을 고려한다면 더 늘려야 한다.

영국은 IMF 원조를 두 번 받았다. 우리나라는 1997년 외환위기로 인하여 국가와 국민이 큰 고통을 경험한 바 있다. 이러한 경험이 있음에도 충분한 외환보유고를 쌓지 않았기에 또다시 2008년에 큰 위기를 맞았었다. 금융위기로 인해 온 국민이 고통 받지 않도록 정부와 한국은행은 외환보유고를 2배 더 확대하고 철저하게 대비해야 한다.

2장

불투명해지는 세계 :
브렉시트와
트럼프의 등장

Preview

Q1. 외환시장을 바라보는 시각은 무엇이 있을까?

Q2. 환율＝국제정치?

Q3. 외환딜러가 아닌 일반인이 왜 환율을 알아야만 할
까?

Q4. 브렉시트 결정과 트럼프의 등장은 환율과 어떤 관
계일까?

Q5. 영국은 대체 왜 브렉시트를 결정했나?

Q6. 금리/주가/유가/금/부동산과 환율의 관계는?

외환시장을 어떻게 이해할 것인가?

　영국 브렉시트 직후 보인 전 세계 금융시장의 흐름은 불투명성 그 자체였다. 시장은 좌충우돌이었다. 이 카오스적인 흐름은 자연의 불가측성과 닮아 있다. 시장은 항상 움직인다. 아니, 움직이는 것이 시장이다. 시장에서 매매행위에는 반드시 이유가 존재한다. 탐욕과 공포에도 그것을 촉발시킨 이유가 있다. 하다못해 군집행동조차도 마찬가지다. 이유 없는 군집행동일지라도 이유없는 게 이유가 될 수 있다.

　외환시장에서도 이런 이유를 기반으로 외환을 사고, 팔고, 이익을 보고, 손해를 보는 순환이 수없이 반복된다. 실물시장도 하나의 네트워크로 인과관계가 있고, 금융시장에서 전개되는 실시간 자금이동과 거래는 더욱 그러하다. 뿐만 아니라 금융거래의 결과물인 가격은 실물경제에도 그대로 영향을 미친다. 실물가격 형성에도 환율이 직접 영향을 미친다.

　화폐가치가 실시간으로 움직이고 이는 실물시장에 지표로써 사용된다. 지구촌은 실물과 금융시장이 하나로 연결된 단일시장에서 살고 있다. 뉴욕의 외환시장과 서울의 외환시장이 따로 노는 것이 아니다. 물론 참가하는 구성원들이 따로 노는 척 하지만, 서로가 서로의 움직임을 실시간으로 곁눈질하면서 이웃에서 무슨 일이 벌어지고 어떤 행동들을 하는지 주시하면서 같이 움직이는 것이다.

　브렉시트와 트럼프의 등장이라는 사건을 중심으로 서울외환시장과 뉴욕외환시장에서 환율이 어떤 이유로, 재료에 의해 실시간으로 움직이는지 살펴보자. 〈도표 8〉은 외환시장의 각종 재료들과 상관관계를 정리한 것이다.

　도표에서 보듯이 손가락 하나는 각각 '금리' '주가' '환율' '부동산' '원자재'에 대응한다. '파생시장'은 손가락 다섯 개가 연결된 손바닥에 대응한다. 시장은 각 재료에 의해 서로 영향을 주고받으며 움직인다. 각 시장별로 미치는 영향은 사안별로 다르다. 서로 직접적인 영향을 주거나, 또는 간접적인 영향을 받는다. 비슷한 사안이라도 시점에 따라 별 영향을 미치니 않는 경우도 생긴다. 금리와 주가와 환율과 원자재, 부동산 가격이 연쇄적으로 영향을 받는 순서도 때에 따라 달라진다. 일정하지 않고 다양한 경로로 전달된다. 평면적인 것이 아니라 어떨 때는 2차원, 혹은 3차원적으로 국내외 시장이 서로 같거나 다른 방식으로 펼쳐진다.

외환시장에 영향을 미치는 통계를 꼼꼼히 챙기고 뉴스를 잘 분석해도 부족한 이유는 이러한 다면적 상호영향 때문이다. 각종 금융시세와 통계

도표 8 서로 영향을 주고받는 가격변수

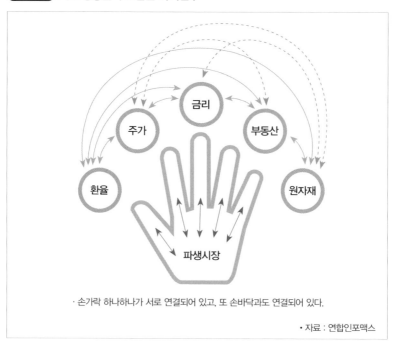

· 손가락 하나하나가 서로 연결되어 있고, 또 손바닥과도 연결되어 있다.

• 자료 : 연합인포맥스

적인 펀더멘탈 구조물의 운동성과 중첩성, 상호영향성, 다중적인 복잡성 측면이 있기 때문이다. 이를 이해하는 것이 쉬운 일 아니다. 상호영향을 주고받는 관계 하나만 보더라도, 시간과 장소에 따른 영향력의 크기와 상호연관성의 정도가 달라지기 때문이다. 이는 〈도표 9〉로 설명할 수 있다. 필자가 나름대로 고심하며 독자들에게 외환시장이라는 곳을 이해하기 쉽게 만들어본 구조물이다.

외환시장은 독립적으로 존재하지 않는다. 물 위에 떠 있는 빙산의 모습과 같다. 물 위에 보이는 환율은 하부에 이를 떠받치는 더 큰 요소와 재료들에 의해 보여지는 지표인 셈이다. 각각에 대해 이를 떠받치는 더 큰 영역의 각종 경기지표들은 서로 영향을 주고받는다. 도표에서 보듯이 경기·경제지표들보다 더 큰 영역인 정치, 사회, 문화, 외교, 전쟁, 유가, 원자재 가격 등은 앞서 3가지 가격변수와 경기지표들을 떠받치며 각각 서로 영향을 주고받는다. 이 조합은 각자 부분적으로 존재하면서 서로 교호하

도표 9 외환시장은 어떻게 이뤄져 있는가?

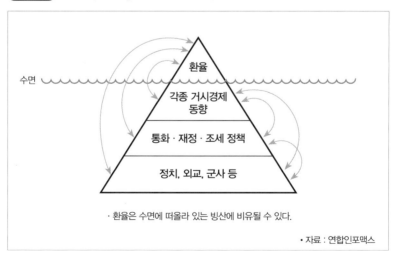

· 환율은 수면에 떠올라 있는 빙산에 비유될 수 있다.

• 자료 : 연합인포맥스

고, 상호영향을 준다. 이 경우에도 생물체의 구조나 인체 등과 같이 균형 상태로의 귀환본능을 가진 '메타볼리즘'의 역학이 작동된다.

이러한 원리 때문에 시장은 오버슈팅, 불가측성(각각의 작동원리와 상호 영향력의 미세한 차이를 구별하고 변별하기 힘들기 때문에 불가측성이라고 함)의 영역이 존재한다. 뿐만 아니라 변수들끼리 서로 영향력을 행사하는 경우도 모든 상황에 따라 정도에 차이가 있다. 흡사 골프와 비슷하다. 바람의 종류와, 골퍼의 체형, 골프채와 골프공의 재질, 골프장 잔디와 기온 같은 자연환경에 따라, 또 누구와 치느냐 혹은 정신력에 따라 스코어에 천차만별 차이가 생기는 것처럼 말이다. 금융시장의 구조는 〈도표 9〉를 뼈대로 두고 보면 이해가 쉬울 것이다.

재귀성 이론_소로스는 시장을 어떻게 보나?

오래전에 작고하신 필자의 할머니는 평소에 "내 마음이 변덕스러워 내가 나를 모르겠는데 네가 나를 어찌 알며, 또 내가 너를 어떻게 알랴"고 말씀하시곤 했다. 이 말을 다시 정의해보면 '결정을 앞둔 변덕스러움은 인간의 중요한 본성 가운데 하나'인 셈이다. 금융시장이라는 곳은 앞에서 설명한 구조물에 한 가지를 더해야 한다. 바로 인간들의 변덕스러운 속성이 거울에 반사되면서, 군집을 이루는 인간 내부인식이 변하는 형태가 가격변수에 더해지는 '총체적 현장'이다.

투자의 귀재 조지 소로스는 이 때문에 금융시장을 '예측의 영역'이 아니라 '대응의 영역'이라고 말했다. 금융시장 움직임의 특징을 '리플렉시비티 reflexivity'라고 정의했다. 우리나라에서는 '재귀성 이론'이라고도 하고 '투영

이론'이라고 번역하기도 한다.

모든 거래자들은 뉴스를 접한 뒤 시장에 참여할 많은 상대들이 어떻게 반응할지 미리 의식해 사전에 행동을 시작하고, 이는 다시 참가자들의 학습과 반복에 의해 반응의 정도 차이가 달라지고 변질되는 과정을 반복한다. 만인 대 만인의 선반영이 모든 상황과 뉴스에서 벌어지기 때문에 미래의 향방을 점치는 것은 애당초 어렵다는 것이다. 이 때문에 금융시장에서 시세 변화와 예측은 불가능하다는 것이 조지 소로스의 이야기다.

특히 요즘은 통신과 기술의 발달로 뉴스와 정보가 빛의 속도로 움직이기 때문에 금융시장에서 전망은 아예 맘도 먹지 말라고 한다. 따라서 금융시장은 예상과 전망의 영역이 아니라고 설파한 바 있다. 테마와 이슈가 항상 가만있지 않고 생물처럼 움직이고, 특히 시장참가자들도 서로가 무한대로 선제적으로 움직이기 때문에 '예측'하기보다는 '대응하고 적응'하는 것이 중요하다고 말했다.

조지 소로스는 뉴욕의 월가에서도 주류로 인정받기보다 다소 특이한 이력을 가진 인물이다. 그는 런던 스쿨 오브 이코노믹스^{LSE}에서 공부하면서 《열린사회와 그 적》들로 유명한, 칼 포퍼에게 사사했다. 스승에게서 배우고 실전에서 익히면서 내린 금융시장의 예측과 관련한 조지 소로스의 유명한 명언은 "금융시장은 잘 모르겠다"였다.

이는 섯불리 시장에 대해 이야기하고 전망하고 예측하는 것이 얼마나 무모한 것인가를 강조하는 것이다. 그래서 시장에 도통한 '구루^{Guru}'들은 한결같이 "금융시장 앞에 겸손하라"고 가르친다. 종자돈이 1천만원일 때와 1억원으로 투자할 때가 다르며, 빌린 돈으로 투자할 때와 자신의 돈으로 할 때가 다르며, 빌린 돈도 마누라 돈일 때와 친구 돈일 때는 의사결정도 달라진다. 정보에 대한 해석영역도 영향을 받는다. 또 같은 금액일지라도 장기투자와 단기투자에 따라 다르며, 투자자 개인이 처한 다양한 경제 여건에 따라 달라진다.

천편일률적일 수 없는 것이 현실 금융시장 참가자들의 입장이고 세계다. 맞춤 투자와 맞춤 금융서비스가 유행하고 있지만 우리나라의 경우 여전히 짧은 기간과 노하우 부재로 인해 걸음마 수준이다. 불교의 연기론緣起論에 따르면 세상에 있는 모든 일체는 원인과 결과로 맺어져 있다고 한다. 특히 세상의 모든 실체는 가느다란 거미줄로 연결되어 있어 모든 것이 서로에게 영향을 준다. 이쪽에서 움직이면 저쪽도 같이 움직이고, 거꾸로도 마찬가지다. 세상은 각자 따로 노는 것이 아니라, 한 덩어리로 같이 돌아간다.

카오스 이론에서 말하는 나비 한 마리의 날갯짓이 지구 반대편 폭풍우의 원인이 된다는 것도 불교 연기론의 연장인 셈이다. 서양인의 눈에는 이것이 무질서하고 불투명한 카오스겠지만, 불교에서는 한 치의 오차도 없이 원인에서 결과로 이어지는 프로세스로 보고 있는 것이다. 다만 지혜의 부족과 논증의 어려움으로 '불가해성' 혹은 '불가측성'으로 남아 있을 뿐이다. 불교 예화 중에 금융시장과 연결되는 재밌는 예가 또 있다. '저승 문에 매달린 수억 개 구슬' 이야기로, 수억 개의 구슬이 저승문 입구에 매달려 사람들의 죗값을 비춰준다는 이야기다.

저승문을 지나는 사람들은 매달려 있는 수억 개의 구슬에 저마다 자신의 모습이 비춰지는 것을 구경한다. 그런데 만약 미풍이 불어와 구슬 하나가 움직이면, 이 움직임이 맞은 편 구슬에 비춰지고, 그러한 비춰짐은 또 다른 구슬에 투영되는 것이다. 이렇게 수만 개 구슬의 잔영이 비춰지고 투영되는 것이, 금융시장으로 말하면 전 세계적으로 실시간으로 야단법석이 벌어지는 것이다. 일파만파 번지는 것이다.

오래된 음모론, 짜고 치는 고스톱

오늘날 금융시장은 블랙스완이 수시로 등장하고 불가지론도 활개친다. 외환시장도 음모론이 무성하다. 특히 서울외환시장에는 한국의 외환위기가 해외언론과 금융기관, 국제신용평가 회사들이 짜고 치는 고스톱이었다는 얘기가 아직도 끈질기게 나돈다. 불투명성과 설명할 수 없고 해석이 어려운 인과관계를 어떻게든 설명하려다보니 나오는 억측이 그럴싸하게 꾸며지기도 한다. 지식인이라는 사람들조차 그러하다.

오랜 기간 동안 전 세계를 특정 시나리오를 가지고 완전히 바꾸어놓는 일은 인간의 영역이 아니다. 소수의 인간이 지구상에 일어나는 특정 사안을 처음부터 끝가지 완벽하게 통제한 사례는 없었다. 이는 역사가 증명한다. 복잡한 원인과 결과의 추론을 포기하면서 쉽게 문제를 정의하려는 일부 호사가들의 버릇에서 나온 것이다.

지난 2002년 미국의 정책사상 전문지인 〈포린 폴리시Foreign Policy〉 11월호에 이러한 통념에 대한 논문이 실렸다. 이 논문은 미디어 제왕들이 뉴스를 맘대로 주무르며, 세계 청중에게 미국의 가치를 강요한다는 상투적인 비판은 사실이 아니라고 설명한다. 고정불변의 대형 미디어기업은 없다는 지적이었다. 예전에는 각 나라의 프로그램 선택권은 정부 소유나 통제가 가능한 공영방송 경영진의 손에 있었다. 하지만 오늘날 국제적 콘텐츠 공급자들은 경쟁이 치열해지면서 소비자 입맛에 더 신경 쓰게 됐다. 주요 미디어그룹의 국적만 해도 미국뿐 아니라 호주, 독일, 영국, 네덜란드, 프랑스, 일본 등 다양하다.

미디어들은 기업의 생존을 위해서라도 똑같은 내용을 세계시장에 내다 팔 수는 없고, 각국에서 방영되는 프로그램은 지역 계열사의 취향에 따라 내용을 달리 보도한다. 모든 언론은 제각각 자유를 향유한다. 뿐만 아니라 가공할만한 SNS가 더 이상 언론과 여론을 독점하지 못하도록 하고 있다. 짜고 칠 수가 없는 상황이라는 것이다.

가격예측이 쉽지 않자, 사람들은 그럴싸한 핑계거리를 찾기 시작했다. 그중 하나가 음모론이다. 여전히 한국과 동아시아 금융위기와 라틴아메리카 금융위기 등 국제금융시장에서 벌어지는 시장의 출렁거림은 서방 거대 자본의 음모라는 주장이 끊이지 않고 있다. 최근 일본 우파 지식인들은 일본 경제침체는 미국과 서방 자본이 짜고 일본금융시장을 붕괴시키려하기 때문이라고 주장하고 있다. 정신 심리학자들은 이런 음모론이 전체 상황을 모두 파악하기 힘들 때 나타나는 단순화한 책임전가 논리의 비약일 뿐이라고 말한다. 복잡한 인과관계를 설명할 때 이런 음모론만큼 쉽고 속편한 책임전가도 없다. 그런데도 왜 이런 음모론적인 유치한 시각이 끊이지 않는 걸까?

조셉 콘라드는 저서 《서양인의 눈으로Under western eyes》에서 서구인이 즐기는 음모론은 일부 소설가나 극작가들이 복잡한 세상을 설명하는데 어려움을 느끼자, 단순하게 다듬어지지 않은 유치한 주장을 짜 맞추어 편의적으로 펼치는 것이라고 말한다. 특히 지적능력이 부족한 이들에게 그럴듯하게 먹히고 있다고 분석했다. 문제는 이런 음모론이 틀렸다고 증명하는 것이 음모론을 펼치는 것보다 더 어려운 일이라는 것이다. 음모론을 주장하는 사람들의 목소리가 먹히는 이유다. 특히 투명하고 민주적인 절차를 갖지 못한 세계일수록 이런 음모론은 횡행한다. 권위주의와 불투명한 일처리가 횡횡하는 곳에서는 공식적인 뉴스보다 각종 루머가 공신력을 가지고 확산도 빠르다. 음모론이 자랄 토양이 충분하다.

최근에 국제금융시장에서 나온 대표적인 음모론이 있다. 바로 9 · 11

테러 당시 이스라엘 정보기관인 모사드가 이를 미리 알고 세계무역센터 빌딩에 있던 유대인들을 사적 네트워크를 통해 알리고 대피시켰다는 루머다. 아랍에 대한 적대감을 심어주고자 모사드가 이 사실을 미국에 알려주지 않았다는 것이다. 음모론 아이템의 단골 레퍼토리는 유대인들과 관련된 것이 많다. 사람들의 호기심과 관심을 끌어야 하는 상업 저널리즘에서 특히 심하다. 그러나 이러한 인종주의적인 냄새가 나는 음모론은 이미 칼 포퍼가 《열린사회와 그 적들》에서 지적했듯이, 이성의 역사가 한 발짝씩 진보하는 인류역사에서 구시대적인 유물의 사그라지지 않는 리바이벌에 불과하다. 반유대주의를 외치던 음모론자들은 이제 목표를 바꿔 중국인들, 황화(동양인의 누런 피부색을 비하)의 폐해를 떠들고 있다. 집단적, 군중적, 인종주의 편견의 역사는 그 뿌리가 깊다.

이에 질세라 중국 쪽에서도 《화폐전쟁》이라는 책으로 서구 자본의 음모론을 지속적으로 제기하고 있다. 로스차일드가의 비밀전략, 유대인의 음모론 등이 좋은 예다. 약자의 입장에서 제기할 수 있는 것은 음모론뿐일지도 모른다. 최근 중국이 위안화 국제화를 추진하면서 이런 국제금융시장의 음모론은 다소 잦아들고 있는 상황이다.

위기설과 음모론은 대부분 언론기관들이 조장하는 경우도 많다. 기자라는 직업은 걱정을 업으로 하는 직업이며 흥을 깨는 직업이다. 태평성대에는 신문을 읽지 않고 방송을 보지 않게 되니, 끊임없이 위기를 팔아 장사를 하는 직업군이다. 예수 이후 2000년 동안 종말론은 끊임없이 이어지고 있다. 언제 위기가 증폭되어 지구가 종말에 이를지 모른다. 금융시장의 위기론과 음모론의 허무맹랑함을 나열하고 분석하자면, 이 책을 전부 할애하더라도 끝이 없을 것 같다. 이성이 세계를 지배하고 있다지만 세상은 여전히 비상식과 비이성이 중첩되어 있는 곳이다.

왜 개인이 환율을 알아야 하나?

음모론에 대해 많이 떠들었다. 이제 음모론적인 시선에서 벗어나 시장의 흐름을 올바르게 읽고 제대로 판단해야 한다. 이것은 매우 중요하다. 정확하게 팩트를 파악해야 대응도 가능한 것이다. 세상이 어떻게 돌아가는지, 세상의 각종 이벤트들이 나의 운명에 어떤 영향을 미칠지 가늠하지 못한 채 살아가는 것을 '비키니 섬의 거북이' 신세나 다름없다.

비키닙 섬은 1980년대 미국과 프랑스가 번갈아가면서 핵실험을 하던 곳이다. 강대국들이 한 번씩 핵실험을 하면 해변의 모래사장이 털썩거린다. 이곳 거북이들은 땅이 왜 흔들리는지 영문도 모른 채 살아간다. 이번에 땅을 움직인 게 미국인지 프랑스인지 가늠할 길이 없다. 거북이들은 모래사장이 털썩거린 인과관계를 파악할 능력도, 그걸 인식할 머리도 부족하다. 핵실험이 해류와 해수의 온도에 어떤 영향을 마칠 것인지, 해조류의 성장과 발육에는 어떤 영향을 줘서 먹이의 양이 줄어들지도 알 길이 없다. 앞으로에 대한 분석과 예지 능력을 기대하기 어렵다. 모든 게 그런가보다 하고 하루하루를 살아갈 뿐이다.

오늘날 지구촌 시대를 살아가는 개인들의 삶도 비키니 섬의 거북이와 흡사하다. 어떤 사건이 벌어지는지, 이 사건이 국가와 기업과 개인의 경제적인 삶에 어떤 영향을 줄 것인지, 어떻게 흘러갈지 막연해한다. 삶의 불확실성은 더욱 커진다. 각종 국제정치, 경제, 사회적 이슈가 터져 전 세계 모든 나라에, 모든 이들의 삶에 영향을 주는 사안은 매일매일 넘쳐난다. 각 국가의 정책과 외교와 군사충돌, 테러, 무역과 자본의 이동에 영향을 주는 사안은 너무 많아서 정신이 없을 지경이다.

이 책은 어떤 사안이 환율에 영향을 주고, 반대로 환율이 국가와 기업,

개인의 운명을 어떻게 바꾸는지 살펴볼 것이다. 현재와 미래에 대한 관찰 뿐만 아니라, 과거도 관찰해야 한다. 현재와 연결된 과거의 국제적인 이벤트들이 환율에 어떤 영향을 주었는지 파악해야 한다. 시선을 가까운 과거에서 출발해 먼 미래로 옮기는 방식, 즉 시간 역순으로 추적하는 것도 필요하다. 시간 역순으로 중요 사건을 검토하다 보면, 현재를 살고 있는 우리와 직접 관계된 생생한 사안부터 시간과 범위가 멀어지면서 간접 영향을 준 사안으로 이해의 지평선을 확대할 수 있을 것이다.

환율은 국제정치를 이해하는 것이다

환율은 국제정치 그 자체이다. 국제정치의 산물이기도 하지만, 환율 시세 자체가 국제정치를 뒤흔드는 변수가 되기도 한다. 최근에 벌어진 미국 트럼프의 등장과 브렉시트가 외환시장과 금융시장에 어떤 영향을 줬는지 먼저 살펴보자. 이러한 국제적인 이벤트를 통해 주가와 금리, 그리고 각국의 경제상황에 어떤 변화가 생기는지 일별해보면 환율에 대한 이해가 깊어질 것이다.

사건 발생 역순으로 사례를 찾아 거슬러 올라가보자. 먼저 1944년 브레튼우즈 고정환율제 채택을 살펴보자. 제2차 세계대전 이후 세계는 새로운 경제질서를 정립한다. 미국 달러를 지구촌의 기축화폐로 선언하고, 금본위체제를 채택한다. 달러는 금, '1온스=35달러'라는 것을 공표한 것이다. 1온스=35달러. 이후 이 같은 경제체제가 미국의 무역적자를 크게 키우자 다급해진 닉슨 대통령은 1971년 달러화의 금태환 정지를 일방적으로 선언한다. 이 역시 미국이라서 가능한 것이었다. 변동환율제가 시작된 것이다. 이마저도 일본과 독일의 산업 경쟁력이 크게 향상되면서 미국의 무역 적자와 재정적자는 또다시 불균형 상태가 극에 달한다. 미국은 다시 일본과 독일에게 일방적인 환율정책을 요구한다. 교환비율을 바꾸자는 일방적인 요구였다. 이것이 1985년의 플라자합의다.

당시 미국의 베이커 재무장관은 G5 국가의 재무장관을 모아놓고 엔화와 마르크화에 대한 달러화의 평가절상을 채근한다. 1985년 미국 대일 적자는 429억달러에 달했으며 미국으로서는 견딜 수 없는 규모였다. 이를 한방에 해결할 수 있는 방법은 화폐의 교환비율을 강제적으로 바꾸는 것, 단박에 엔과 마르크의 평가절상을 요구한 것이다. 이후 2년간 달러는 30% 급락한다. 일본은 1985년 이후 엔고로 후유증을 2010년까지 앓았다. 일본의 잃어버린 20년이 이러한 환율정책 결정으로 촉발된 것이다.

슈퍼파워 미국의 환율에 대한 집착은 2017년 들어 한국을 비롯해 일본, 중국, 독일에 대해 환율조작국 지정카드를 만지작거리는 습관으로 다시 나타나고 있다. 최근의 환율 손목 비틀기 방법은 다소 세련된 형식이다. 미국 국내법인 종합무역법과 BHC법안을 무기로 했다. 2개 법에 따라 미 재무장관은 반기별로 주요교역국의 경제·환율 정책보고서를 의회에 제출해 검토하고, 상대국가의 환율비율을 문제 삼는다. 종국에는 강제적인 환율 목표치를 설정해 막무가내로 압박한다.

1999년 1월 1일 유로화 출현과 이후 2016년에 벌어진 브렉시트 결정도 국제정치에서 환율의 중요성이 강조된 대형 이벤트다. 중국 위안화의 국제화_{자유변동환율제}도 고도의 정치적 이슈다. 중국이 미국을 따라 잡지 못하는 분야가 금융·화폐 분야다. 이를 어떻게 극복할 것인가? 중국 수뇌부는 위안화의 국제화를 통해 패권질서를 재편하려고 한다. 2016년 트럼프의 등장으로 인한 미국 경제정책에서의 달러약세 기조 선호도 중요한 사례다. 국제정치 그 자체가 된 환율 이슈, 이와 관련된 이야기를 하나하나 풀어보자.

영국은 왜 EU를 탈출했는가?

2016년 7월에 발생한 '브렉시트'가 국제외환시장에 큰 관심사가 된 것은 영국인들의 EU탈퇴 국민투표가 영국으로만 그치지 않고, 세계경제에 미치는 파장으로 연결되기 때문이었다. 단순히 영국이 EU에서 탈퇴했다는 사건에 대한 호기심 때문이 아니다. 환율에 미치는 영향은 어디까지이며, 각국의 기업과 개인의 경제적인 삶에 어떤 영향을 미칠지 우려가 컸기 때문이었다. 모든 이들의 먹고사는 문제에 영향을 주는 것이다.

근세에 벌어진 EU의 출현과 전개과정을 살펴보면, 이는 단순히 경제문제가 아니라 정치적 이유가 통합의 동기였다. 제2차 세계대전 이후 "다시는 유럽 국가끼리는 전쟁을 하지말자"가 동기였다. 전쟁의 기초물자이며 재료인 석탄과 철강의 생산·유통의 관리를 공동으로 하고 이를 공동관리하면, 어느 국가가 전략물자를 얼마나 생산하고 필요한지 서로 한눈에 알게 될 테니, 전쟁이라는 최악의 상황에 치닫는 것을 미리 방지할 수 있을 것이라 생각한 것이다. 전쟁방지를 위한 조율과 통제가 가능하다는 취지였다. 이것이 EU의 모태인 유럽철강석탄공동체ECIC의 태동이었다.

그러다가 1970~1980년대 미국경제가 폭발적으로 커지고 일본경제가 일어서면서, 잠자던 유럽은 크게 자극을 받는다. 미국의 지원을 받은 독일의 부흥도 유럽 전체 질서의 재구축을 자극했다. 유럽도 시장을 통합해 글로벌 기업을 키우자는 이론이 유럽 정치계에 파다했다. 이런 주장이 탄력을 받으면서 1990년대 독일이 통일되고 구소련의 개혁개방과 분리독립으로 냉전이 종식되자, 유럽의 통합 분위기는 동유럽으로 확대됐다. 독일과 이탈리아의 주도로 프랑스가 참여하고, 급기야 단일통화인 유로화를 도입하기에 이른다. 여기까지는 급행열차를 탄 듯 순조로웠다. 하지만 단일화폐의 출현 이후 큰 난관이 나타날 줄은 몰랐다.

화폐는 근본적으로 군주나 '국가Nation State' 체제가 유지되는 문제와 궤를 같이 하는 이슈다. 단일화폐의 출현이 유럽 단일정부의 출현보다 앞선 결과, 수많은 모순들이 등장한다. 화폐가 국가주권과 분리될 수 없는 문제들이 대기하고 있었다. 당장 단일화폐의 공급량 조절과 가치Value를 관리하는 주체의 문제가 큰 현안이 된다. 유로화를 사용하는 국가들이 각각 다르게 정부 실체가 존재하는데 권한을 어느 부분까지 위임할 것인지, 결정하는 비중을 어떻게 협조해서 결정할 것인지, 책임은 누가 질 것인지가 갈등의 핵심이었다. 국가의 근간에 해당하는 화폐주권에 대한 사안이 명쾌하게 정리되지 않은 상황이 항상 미제로 남는다. 화폐 자체가 각국의 조세 및 재정정책과 얽혀있는데, 화폐만을 따로 떼어 단일화폐 제도를 먼저 시행한다는 것은 출발 자체부터 모순이었다.

유럽의회의 출현과 통합정부의 행정부에 해당하는 유럽집행부가 구성됐지만, 전형적인 '공유지의 비극'은 처음부터 예고된 것이다. 책임과 의무가 명확하게 구분되지 않은 채 유럽의회와 집행부, 유럽 중앙은행이 구성되면서 갈등은 불가피하게 된다. 뿐만 아니라 EU 내에서 경제규모를 키워 규모의 경제Scale of economomy를 실현해 미국·일본과 경쟁해야 한다는 주장도 난센스적인 측면이 있었다. 역사적으로 볼 때 중세 말 유럽이 혁신하고 발전한 이유는 작은 나라들이 쪼개져서 경쟁한 덕분이었다. 각국은 더 많은 상공인을 유치하고 그들의 활동을 장려하고, 기술자를 존중

하고 경쟁적으로 받아들이고, 이들 덕분에 조세수입이 늘어나고 재정이 튼튼해지고, 결국 국방이 강화된 수순을 밟았었다.

이 뿐만이 아니었다. 통합의회를 만들고 브뤼셀에 본부를 둔 EU 행정 본부가 관료화되면서, 그들이 증오했던 소련의 '폴리트뷰로Politburo(1919년에 설치된 소련 공산당 중앙위원회의 정치국으로, 최고 의사 결정 기관이며 국가정책까지 관장)'를 능가하는 관료주의를 보여주었다. 참가국들의 염증은 더욱 커졌다. 이런 배경에서 나온 영국의 EU 탈퇴는 통합유럽의 미래에 그림자를 드리우고 있다.

2016년 첫 번째 빅 이벤트_브렉시트

브렉시트 직후 각국의 환율은 어떤 영향을 받았을까?

브렉시트 직후인 2016년 6월 24일 오전에 달러는 초강세로 갔다. 달러-엔은 4시간 만에 5엔이나 떨어져 100엔까지 하락하는 초약세로 반전됐다. 영국 파운드는 10%나 추락했다. 유로화는 5%가 하락했다. 세상이 어수선해질 때는 안전통화인 달러에 대한 선호가 커졌다. 달러를 좋아해서 너도나도 달러를 살려고 안간힘을 쓴 것이다. 달러의 강세가 돋보였다.

환율은 각종 경제 하부구조에 의해 영향을 받는다. 주가와 금리뿐만 아니라 금융시장을 둘러싼 거시경제 환경에 직접적으로 노출되어 있다. 무역·성장·실업·투자 등에 영향을 주고받고, 외연을 넓히면 정치·경제·사회의 영향 아래 놓인다. 이에 대한 설명은 앞에서 설명한 〈도표 8〉 손가락 그림과 〈도표 9〉 빙하 그림으로 알아본 바다.

우선 주가흐름을 보자. 브렉시트 직후 주가흐름은 극명했다. 영국 주요

기업의 주가가 추락했다. 유럽과의 교역의존도가 큰 기업들이 큰 어려움을 겪는다는 우려 때문이었다. 유럽에 수출을 많이 하는 기업들, 유럽에서 원부자재를 많이 도입하는 기업들의 주가가 떨어졌다. 단일시장 틀 안에서 누렸던 각종 관세혜택이 없어지면서 수입에 어려움이 가중된다. 수출도 마찬가지다. 유럽 입장에서는 영국제품을 수입하는 장벽이 높아진다. 런던 주식시장에 상장된 영국기업들의 주가가 하락하는 것뿐만 아니라 유럽 대륙 쪽의 기업들도 마찬가지다. 단일시장에서 누리던 각종 혜택이 사라진다.

이는 환율에도 영향을 줬다. 유로화가 추락하고, 파운드화가 추락했다. 안전자산에 대한 수요가 증가하면서 달러가 상승세를 보이고 엔화도 덩달아 올랐다. 유로화와 파운드화를 팔고 상대적으로 안정적인 엔화를 집중매집하는 바람이 분 것이다. 국제 금값도 크게 올랐다. 유가도 각국이 각자도생으로 갈지 모른다는 우려로 크게 올랐다. 원자재 가격도 움직였다. 캐나다 달러와 호주 달러도 움직였다. 달러-원의 경우도 브렉시트 당일 10원 이상 급등했다. 우리나라 코스피 주가도 하루 동안 50포인트 이상 추락했다.

런던 중심부의 빌딩 가격과 부동산 가격이 타격을 입을 것이라는 전망이 나오면서 각종 부동산 펀드의 환매가 촉발됐다. 관련 주가가 급락하고, 금융시장에서 각종 가격변수에 의한 연쇄적인 추락이 이어졌다. 정치적 대형 이벤트가 거시경제에 미치는 영향은 수많은 경로로 다양한 파장을 불러일으켰다.

각 국가가 받는 영향도 다양했다. 한국은 단기적으로는 대체로 별 영향은 받지 않았다. 하지만 미국 트럼프의 등장과 영국 브렉시트로 보호무역이 강해져 무역질서에 변화가 생긴다면, 대외의존도가 높은 한국은 장기적으로 크게 영향을 받을 것이다. 한번 시작한 세계화의 관성이 멈추기도 쉽지 않다. 국제교역이 어느 날 갑자기 한꺼번에 붕괴될 가능성은 매우 낮은 만큼, 한국은 새로운 패러다임과 질서에 적응해나가는 과정이 필요하다. 우리나라는 영국에 대한 경제의존도가 그다지 높지 않다. 단지 유럽연합과 1:1로 맺은 각종 조약 등을 영국과 다시 맺어야 한다.

한국경제가 고령화·저성장과 수출환경의 악화로 어려움을 겪고 있지만, 상대적으로 경쟁국가들보다 크게 나쁘지 않은 상황이다. 유럽이나 일본, 미국, 중국도 만만치 않게 헤매고 있다. 경제상황의 객관적 파악을 위해서는 상대적인 비교가 중요하다. 특히 환율은 상대적인 비교에서 우위를 보이느냐 마느냐가 매우 중요하다. 환율이 형성되는데 각국 거시경제지표에서의 절대적인 우위란 존재하지 않는다. 상대적인 비교로 결판난다. 그런 면에서 한국은 상대적으로 선방하는 그룹군에 속한다.

무엇보다 브렉시트로 영향을 많이 받는 나라는 독일과 프랑스다.

독일은 딱히 좋을 게 없다. 먼저 경제적으로 영국이 빠져나가서 강력한 규제를 요구하는 프랑스의 세력이 커지니, 중간자적 역할을 통해 유럽의 맹주가 되고자 하는 행보에 지장을 받을 수 있기 때문이다. 하지만 정치적 입장에서 꼭 나쁜 것만도 아닐 것이다. 역사적으로 언제나 독일을 못살게 굴던 영국이 빠져나간다는 것은 잔소리하는 시어머니가 없어지는 바람직한 결과가 될 것이다. 옆에 프랑스라는 시누이가 있지만, 시어머니와 시누이가 힘을 합쳐서 괴롭히는 것보다는 훨씬 편할 것이다.

프랑스는 좋아진다. 프랑스는 이미 1차, 2차, 3차 산업이 융합완성되어 있는, 유럽 내에서 가장 이상적인 산업 포트폴리오를 가지고 있는 국가다. 이 상황에서 그동안 배 놔라 감 놔라 하던 영국이 사라지면, 각종 환경규제나 균형규제 등을 통하여 다른 나라의 경제성장을 더 방해할 수 있다.

중국은 별문제가 없는 나라다. 물론 국제금융시장이 요동치면 약간의 혼란은 있겠지만 실제로 영국이 빠져나간다고 해서 중국의 먹고사는 문제에 큰 변화는 없다. 미국도 별 문제가 없다. 어차피 미국은 트럼프 대통령의 등장과 상관없이 유럽연합과의 경제 및 안보정책을 취할 것이기 때문이다. 상대적으로 영향을 제법 받는 나라가 일본이다. 영국의 파운드화가 급락하면서 안전통화에 대한 수요가 늘어 오히려 일본 엔화가 오름세를 보였다.

이렇듯 브렉시트라는 대형 정치적 사건은 전 세계 금융시장의 주가, 금리, 환율, 원자재, 심지어 부동산 가격 등 각종 가격변수에 영향을 줬다. 각 가격변수가 독립적으로 움직이는 것이 아니라 서로 맞물려 영향을 주고받으며 연쇄적인 변화를 일으킨 것이다.

2016년 두 번째 빅 이벤트_트럼프의 등장

주요 6개국 통화 대비 달러가치를 나타내는 달러인덱스는 트럼프 당선 이후 2016년 12월에 14년 만에 최고치를 찍었다. 이후 강달러 견제심리와 트럼프노믹스의 초기 부진 등이 겹치면서 등락을 거듭하고 있다. 트럼프 대통령은 취임 초반부터 중국과 멕시코 등 대미 무역흑자국을 향한 힘겨루기, 북한·시리아와의 안보충돌, 반이민정책의 혼선 등 여러 갈등을 겪고 있다. 강달러와의 싸움은 집권 내내 트럼프를 고민에 빠트릴 또 다른 딜레마다. 트럼프가 과거 클린턴 정부처럼 달러강세 흐름을 용인할지, 조지 W 부시 정부처럼 달러하락 국면에 처할지, 지켜보는 이들의 긴장감이 높아지고 있다.

트럼프는 기업인 출신 대통령이다. 기업인들은 높은 세율과 자국통화 강세, 행정규제를 싫어한다. 집권기간 동안 성장률 목표 4%를 달성하기 위해서는 부가가치창출의 주역인 기업인들의 3대 고충을 들어주는 것이 지름길이다. 이미 기업에 대한 감세정책을 과감하게 결정하고 추진 중이다. 논란의 가능성은 있지만 환율과 관련해 대체로 달러약세를 선호할 것이라는 전망이 많다. 미국 연방준비제도이사회의 계량모델에 따르면 달러가 10% 하락하면 2년 후 성장률이 0.75%포인트 높아지는 것으로 나온다. 달러약세는 그 어느 부양수단보다 성장률 제고에 효과가 크다.

미국경제는 '쌍둥이 적자'라는 독특한 특성이 있다. 달러강세로 보호주의 정책이 제대로 효과를 거두지 못해 무역적자가 커지면 재정적자까지 확대된다. 트럼프 재임기간 중 최악의 시나리오로 이런 사태가 벌어지면 '미국의 재건Make America Great Again'을 목표로 움직이는 야심작 '뉴딜'과 '감세' 정책의 효과는 반감된다. 취임 이후 트럼프 대통령이 '달러약세'를 선호한다는 입장을 거듭 밝히는 점은 바로 이 때문이다.

트럼프노믹스의 성공을 위해서는 대외적으로 달러약세가 불가피하다. 대외적으로 최우선 순위를 정하고 추진하는 보호무역 정책의 주 목적은 무역적자를 축소하는데 있다. 달러강세가 된다면 무역적자가 확대되어 보호주의 정책과 정면충돌한다. 감세정책으로 재정적자가 더 쌓일지 불투명한 가운데, 달러까지 강세로 만든다면 이중압박에 시달리게 될 수도 있다. 트럼프 대통령의 등장은 달러 환율의 방향에 전환점이 될 기로에 놓여 있다.

첫 번째, 금리와 환율

앞에서 나온 〈도표 8〉 손가락 다섯 개 그림에서 보듯이 환율 움직임에 큰 영향을 주는 변수는 금리다. 환율이 금리에 영향을 주기도 하고, 거꾸로 금리가 환율에 영향을 주기도 한다. 통상환율 결정에서 각국의 금리수준 차이는 매우 중요한 역할을 해왔다. 예컨대 달러-엔 환율이 결정되는 요인에서 미국과 일본의 금리수준 비교는 가장 중요하다. 보통 국제자본은 고금리를 주는 통화에 대한 상품의 투자가 늘어나고 예금이 늘어난다. 해당 통화의 수요가 증가한다. 당연히 고금리 통화가 통상적으로 강세를 보이게 되어 있다. 연방준비제도이사회가 금리를 올린다면 달러강세의 요인이 되는 것이다.

하지만 글로벌 금융위기 이후 양국 간의 금리차이 수준에서 통화스와프 교환비율이 결정된다고 기대하는 '무위험금리 평형'은 깨졌다. 미국이 금리를 올리지 않더라도 날이 갈수록 달러가 강세를 보이는 상황은 이러한 양국통화 간의 금리차이로 설명되지 않는다. 결제통화로써 이점 때문이 아닌 위험을 낮추는 용도의 투자처로써 역할이 더 부각되는 상황이다. 이제는 금리차이에 의해 환율의 형성된다는 고전적 환율결정 이론은 폐기될지도 모른다. 달러강세 현상이 심해질수록 한국을 포함한 신흥국들의 금리정책은 자본 유출입에 더 신경을 쓰는데 방점을 찍는 쪽으로 갈 가능성이 높아지고 있다.

한국은 경기침체로 가뜩이나 저금리 기조에 대한 압박이 심한 상황이다. 글로벌 경기부진은 우리나라에도 저금리를 압박하게 된다. 한국의 실세금리가 마이너스는 아니더라도 저금리 상황이 선진국들 못지않다. 이렇게 저금리 기조가 장기화되면 경제의 주축인 개인들의 자산관리와 재테크는 크게 어려워진다. 은행금리가 바닥 수준으로 내려가면서 종자돈 모으기가 갈수록 힘들어진다. '티클 모아 티끌'이라는 자조가 퍼진지 오래다. 자산을 아무리 굴려도 손에 쥐는 건 푼돈이라는 얘기다. 주식이나 펀드 투자에서 예전과 같은 수익률을 기대하기는 어렵다. 또한 금리가 완전한 마이너스 시대가 되면 저축을 하기보다 은행대출에 손을 벌리는 가구가 많아진다. 우리나라 전체 가계대출의 증가속도가 가파르게 증가하는 점은 이러한 점을 보여준다.

금리의 환율 영향력을 설명하기 위해 다시 처음으로 돌아가보자. 브렉시트는 글로벌 채권시장의 분위기가 더욱 악화되는 계기가 된다. 유럽의 각국 국채금리는 몇 달 동안 더욱 기록적으로 떨어졌다. 특히 독일의 10년 만기 국채금리는 가장 주도적으로 하락세를 거듭해 역사상 전무후무한 마이너스 권역으로 추락했다.

각국의 경제가 위축될 것으로 예상되면서 유럽 주요 국가 국채수익률이 더 떨어질 것으로 시장은 보고 있다. 그래서 지금이라도 늦지 않으니 채권을 미리 매수하자는 심리가 강해진 것이다. 또 브렉시트의 영향은 각국의 무역장벽을 높이는 쪽으로 작용할 것이라는 우려가 높아졌다. 무역이 얼어붙으면 수출해서 먹고사는 국가들의 경기침체 가능성도 높아진다. 시장에서는 당연히 유럽 중앙은행들이 경기를 부영하기 위해 금리를 더 낮출 것이라는 기대감을 갖게 된다. 다시 채권매수세로 연결되는 악순환이 시작된 것이다.

각국의 국채금리가 마이너스로 떨어졌다는 것은, 예를 들어 독일국채를 매입한 금융기관들은 매입한 보관료를 중앙은행에 지불한다는 얘기와 같다. 고객이 은행에 돈을 맡기면 이자를 받는 대신 일종의 벌금을 물어야 하는 상황이 생기는 것이다. 이렇게 되면 금리로 생활하는 많은 계층이 고

도표 10 독일 국채 금리 추이

• 자료 : 연합인포맥스

통을 받는다. 장년층과 노년층의 노후연금을 갉아먹게 된다. 마이너스 금리가 오히려 소비와 경기회복에 걸림돌로 작용하기도 한다. 은퇴준비를 하는 사람들은 마이너스 금리로 기대하는 만큼의 금융수입을 얻지 못할 것이기 때문에 현재의 소비를 줄이고 저축을 선택할 수밖에 없다.

일본의 경우가 대표적이다. 가계가 소비를 줄이고 현금을 쌓아두는 국면에 진입하고 있다. 마이너스금리로 대출이자가 부담이 줄어든 만큼 가계가 은행대출을 더 많이 받아 소비에 나서도록 유도하고 있지만 의문스런 상황이다. 일본은 마이너스금리의 도입으로 엔화의 추가 약세를 유도했지만, 브렉시트 등으로 오히려 달러 대비 엔화 값이 치솟아 당국자들을 당혹스럽게 하고 있다.

실제 사례를 보자. 일본이 경기를 살리기 위해 마이너스금리를 도입한 것은 실패라는 분석이 많다. 금리를 낮추면 경제주체들의 대출이 늘고 투자가 증가한다는 경제학의 기본원리가 제대로 작동하지 않고 있다. 인구

고령화로 기업은 성장에 대한 확신을 갖지 못해 투자를 꺼리고, 노인층이 늘면서 민간대출도 감소추세를 보인다. 돈을 빌릴 주체가 줄어든 상황에서 인위적인 대출확대 정책은 효과를 거두기 어렵다. 인구구조의 변화로 세계경제가 저성장, 낮은 실업률, 낮은 노동참가율, 소위 '3저의 늪'에 빠지게 된 것이다. 일본과 유럽은 각각 1995년, 2010년부터 생산가능인구가 감소하기 시작했고, 이때부터 경기침체가 시작됐다. 마이너스금리만으로 경기를 촉진시키는 데는 어려움이 있음을 보여준다.

금리가 마이너스로 떨어진 것은 경제학의 기본개념을 뒤집는 새로운 현상이 아닐 수 없다. 이 때문에 마이너스금리 정책이 상식과 지성에 반하며, 종국에는 전 세계 경제 자체를 공멸적으로 몰고 갈 수 있다고 우려한다. 돈의 가치인 저장 기능 자체를 무력화하는 한편, 금융업의 안정성까지 위협하고 있다. 특히 은행업이 위기다. 초저금리가 도래하면서 은행의 수익성이 폭락하고, 신용공급이 도리어 위축되고 있다. 은행 관련주의 폭락은 시간문제다. 브렉시트 직후 도이체방크 주가 추락이 이를 보여준다.

● 마이너스, 마이너스금리!

유럽 각국과 일본의 마이너스금리 상황은 환율의 움직임이 해당 통화의 금리수준에 영향을 받는다는 기존의 경제학 교과서의 금과옥조 이론이 완전히 틀렸다는 것을 보여주는 사례다. 이는 현재 전 세계의 경제상황이 화폐의 기회비용에 대한 기본 논리가 무너지는 비정상적인 상황임을 보여준다. 마이너스금리의 가장 큰 원인은 선진국 중앙은행들이 글로벌 금융위기 직후 경제위기를 탈출하기 위해 전례 없이 돈을 마구 찍어낸 데 있다. 기준금리를 제로금리로까지 낮추자 이것이 시중 실세금리를 마이너스금리로 떨어뜨린 것이다.

각국의 금리상황을 보면 한심한 수준이다. 스웨덴은 2016년 기준으로 마이너스 0.35%, 덴마크는 마이너스 0.65%, 일본은 마이너스 0.1%, 유럽중앙은행은 0.3%의 마이너스금리를 매기고 있다. 과거에는 상상도 못했던 금리가 아닐 수 없다. 이 금리의 배후에는 디플레이션, 원유가격의 급락, 중국 경기침체 등 실물경제의 불확실성 측면과 금융경제 측면에서 불확실한 국제 금융질서가 복합적으로 작용하고 있다. 준비통화국(달러, 유로, 파운드, 엔화 등의 메이저 통화 국가)들이 자의적으로 마구 돈을 찍어내 통화전쟁을 하고 있고, 주변국들은 종속적으로 환율전쟁에 끌려들어가는 형국이다.

현재의 국제 금융질서는 멀리 보면 1930년대 대공황의 여파로 금본위제도가 붕괴되고 격렬한 환율전쟁이 발생한데 대한 반성을 토대로 성립된 브레튼우즈 체제에서 시작됐다. 이 체제는 1944년 국제통화기금과 국제부흥개발은행을 양대 축으로 하고, 금본위제도(1온스당 35미국달러에 고정)와 고정환율제도를 안전판으로 한 것이다. 그러나 1971년 미국이 금태환 중지를 선언함으로써, 이 체제는 사실상 무너지고 말았다. 시장환율 체제로 전환되면서 국제 금융질서는 불확실성에 휩싸이게 된다. 국제교역의 가치 척도인 환율이 시장에서 결정되는 시장환율 체제의 안전판은 준비통화국의 '자비'밖에 없게 됐다. 그러나 미국, 일본, EU가 무려 10조달러 전후의 양적완화에 나서면서 '자비'의 안전판은 완전히 사라졌다. 전 세계가 마이너스금리까지 와서 '무자비'한 환율전쟁을 하고 있는 셈이다.

가치척도는 바뀌지 말아야 한다. 그래야 불확실성이 사라지고 시장의 신뢰를 얻을 수 있다. 고깃간의 저울이 매일 바뀌는데 어떻게 시장질서가 바로 서고, 미터의 길이가 시간마다 바뀌는데 어떻게 제한속도를 지킬 수 있겠는가. 메이저 통화 국가가 아닌 나라들은 물건을 만들어 수출해서 1

달러, 1엔, 1유로를 땀을 흘려 벌어야 하는데, 기축통화 국가들은 마음대로 돈을 찍어내는 상황이다. 이런 현상은 강대국들이 이웃국가를 고려하지 않는 '근린궁핍화 정책'이라고 한다.

1971년 금본위제도가 무너지고 시장환율이 채택된 이후, 일본 엔화를 갑절로 절상시킨 1985년 플라자합의, 우리나라 원화를 포함한 아시아 통화를 반 토막으로 절하시킨 1997년 외환위기, 마이너스금리까지 가고 있는 글로벌 경제위기는 모두 가치척도가 무너진 시장환율의 적폐이고, 이웃을 못살게 구는 근린궁핍화 정책의 사례들이다. 앞서 손가락 다섯 개에서 작동하던 금리와 환율의 영향을 주는 전통적인 방식은 브렉시트와 트럼프의 등장으로 인해 완전히 달라졌다. 과거 통상적으로 영향을 주는 방식이 바뀌고 역(逆)의 영향력을 행사하고 있다.

두 번째, 주가와 환율

두 번째 손가락은 주가다.

국내 개인투자가들인 개미들이 판판히 주식에서 깨지는 이유는 뭘까? 여러 가지가 있지만 대표적으로 환율 쪽 움직임을 도외시한다는 점도 중요 이유다. 환율 쪽도 체크하려니 주식 종목 자체만 연구하기도 바쁜데, 국제금융시장 전반이 얽혀 있어 범위가 너무 넓다. 당연히 한쪽 구멍이 크게 빈 상태로 투자하는 상태가 반복된다. 환율은 모멘텀이 변하는 것을 포착해내기가 어렵다. 오랜 시간 천천히 진행되는 경우가 많아서다. 바닷속 조류와 같이 움직이므로 평소에는 큰 문제가 없을 수 있다. 환율전망은 국내외 금리, 유가 같은 원자재, 각국의 금융 및 금리 정책 등이 복잡하게 작동한다. 주식과 채권 등 모든 시장영역에 외국인 비중이 높아지면서, 이들이 어디에 착안하고 모멘텀을 포착해 행동에 나서는지 파악하는 게 주식투자에서 중요한 요소가 됐다.

외국인들은 대한민국 정부, 특히 외환당국의 환율에 대한 입장과 시각변화에 예민하다. 외환당국 개입은 외국인들의 주식투자에 직접적인 영향을 준다. 예컨대 달러-원 환율이 하락기조일 때, 수출경쟁력을 회복시키기 위해 외환당국이 나서서 외환시장에 개입해 달러-원 환율을 끌어올리려 한다고 치자. 이는 외국인들에게는 주식을 매도할 찬스를 주는 것이다. 주가차익으로 이익을 내고 매각대금을 달러로 환전하면서 환차익도 먹을 수 있는 기회다.

그렇다면 달러-원 상승기조일 때는 어떨까? 외국인들이 달러를 국내에 들여와 환전하면 역시 싼 원화값 덕분에 환차익을 먹을 기회가 생긴다. 들여온 달러를 싼 원화로 환전해 국내 저평가 종목을 주워 담으면 주식을 싸게 매입하게 된다. 외환당국이 달러매입 개입을 한다면, 이는 외국인들이 차익을 더 얻을 기회를 제공하는 셈이다.

따라서 우리나라 외환당국이 외환시장에 개입할 것이냐 말 것이냐, 시그널만 나와도 외국인들은 귀를 쫑긋하며 바삐 움직이는 것이다. 그들은 국내 언론에 보도되는 외환당국 시장개입 여부 관련 1보 기사에 매우 민감하다. 환율이 절상기조에 놓였느냐 절하기조에 놓였느냐에 따라, 외국인들의 국내주식 매매패턴이 달라진다. 국내 투자가들은 이를 감안하지 않은 채 종목 자체의 내재가치에만 의존한다. 개미들은 말할 것도 없다. 판판이 참패하지 않을 수 없다. 주식종목만 쳐다보고 환율은 쳐다보지 않으면, 반쪽짜리 투자에만 머무르는 것이다.

그런 의미에서 외국인들은 주식 포트폴리오 구성할 때 해당 국가의 환율이 어떤 기조에 놓였는지를 가장 중요한 시장지표로 살핀다. 글로벌 재료를 감안한 투자는 매우 민감하게 반응한다는 얘기다. 한국 주식시장을 국내라는 우물에서 바라보고 투자하느냐, 환율의 등락이라는 환노출을 감안해 글로벌 시각으로 투자를 하느냐는 주식투자 장기수익률에서 하늘과 땅만큼 차이가 난다. 국내 주식 투자가들 일부는 잘 알고 있는 사실이다. 주식투자와 환율의 숨어 있는 상관관계가 대한민국 환율의 네 번째 비밀이다.

앞에서 살핀 손가락 다섯 개 이론에 근거하면 주가와 환율은 서로 밀접하게 영향을 주고받는다. 글로벌 시장에서도 마찬가지지만 우리나라는 특히 심하다. 브렉시트로 각국의 환율과 주가는 교과서적으로 반응한 곳이 많았다. 영국과 유럽의 주가가 하락한 것이 좋은 예다. 이들 주가는 파운드화와 유로화가 약세를 보인 것과 연동된 것이다. 국내 주가의 움직임도 마찬가지다. 코스피 지수는 환율에 큰 영향을 받는다. 외국인들의 주식

도표 11 코스피 지수와 달러-원 환율 추이

• 자료 : 연합인포맥스

투자 비중이 높은 상황에서는 당연한 것이다.

외국인들은 한국 산업구조에 대해 이들의 실적이 환율과 밀접한 영향이 있다는 점을 항상 의식하고 투자한다. 예컨대 달러-원이 상승기조에 놓이게 되면 한국 수출기업의 가격경쟁력은 높아진다. 당연히 한국의 기간산업과 우량주식을 매집한다. 이 경우 달러-엔에 약세를 보인다면 당연히 경쟁상대인 일본기업 주식은 매각한다. 수출해서 먹고 사는 경제구조에서 환율이 국내 주식시장에 직격탄으로 작용하는 이유다.

원화강세가 지속된 2004년 하반기를 예로 들어보자. 당시는 환율이 증시의 최대 화두였다. 업종·종목별로도 기업의 희비가 엇갈리고 주가의 등락도 확연히 엇갈렸다. 원화강세의 경우 수입비중이 큰 항공·정유·전기가스·철강 업종이 상승 혹은 강보합이고, 전기·전자·휴대폰·자동차·조선 등 대표적 수출업종들은 환율악재에 발목이 잡힌다. 달러표시 부채가 많거나, 원재료 수입비중이 제품 수출비중보다 큰 기업들도 수혜를 받는다. 물론 원-달러 환율의 하락 속도에 따라 주가움직임이 반드시 동행하는 것은 아니지만 그 영향력을 간과할 수는 없다.

2004년 한국전력의 경우 당시 24억달러에 달하는 달러화 채무부담이 경감될 것이라는 기대감이 커지는 종목이었다. 항공회사 주가도 마찬가지다. 원-달러 환율이 10원 하락하면 대한항공은 90억원, 아시아나항공은 43억원의 영업이익 추가 계상효과가 나타난다고 한다. 비행기 구매와 관련해 대규모 외화채무를 안고 있어 원화강세 시 외화환산 이익이 발생한다는 것이다.

반면에 원화강세 때 수출을 많이 하는 전기전자, 휴대폰, 자동차, 조선 업종은 대표적인 피해 종목이 된다. 반도체의 경우 삼성전자는 전체 매출 중 미국이 55%에 달하고, 원재료비와 판매관리비의 미국 달러는 32%로,

환율하락 시 매출과 수익성 하락은 불가피하다. 휴대폰 역시 삼성전자와 LG전자는 수출비중이 93%에 달하고, 유럽을 제외할 경우 모두 미국 달러로 결제하는 상황이다. 수출이 주력인 자동차와 조선업체의 타격이 커지는 건 마찬가지다. 자동차는 미국 수출이 전체매출의 30%를 넘으며, 선박은 대부분 수출선이어서 원화강세는 매출액 및 영업이익 약화로 이어진다. 조선업체 수출비중은 대우조선해양이 98.4%로 가장 높고, 현대미포조선이 97.7%, 현대중공업 82.5%, 삼성중공업 82.0% 순이다.

물론 일부 전문가들은 최근 기업들의 수익구조와 주가는 환율에 영향을 받기는 하지만, 과거처럼 영향이 그다지 크지 않다고 주장하기도 한다. 과거에는 환율이 크게 하락해 수출기업이 큰 타격을 받아 주가가 급락했는데, 최근에는 달러-원 환율이 하락하더라도 주가는 오히려 상승한 점에서 환율과 주가의 연결 고리가 느슨해지는 경우도 많이 생겼다.

세 번째, 유가와 환율

세 번째 손가락은 원자재 가격이다. 원자재 중 원유가격에 국한해 환율과 어떤 영향을 주고받는지 간단하게 살펴보자.

전 세계 원유재고량의 50%는 미국이 보유하고 있다. 지금이야 석유를 수입하고 있지만 1950년까지 미국은 석유 수출국이었다. 그 이후부터는 석유수출을 하지 않고 있다. 특히 전략 비축유를 텍사스 천연땅굴에 저장하고 있는데, 미국이 8개월간 사용할 정도의 양이다. 국제유가가 많이 오를 때 자국 내 정유공장들을 조금씩 돌려 석유를 파내서 자급자족하고, 국제유가가 떨어지면 아랍 원유생산국에서 석유를 수입해서 쓴다. 유가가 올라가고 비상시국이 되면 전략비축유를 약간 꺼내서 쓰는 정도다. 다른 나라 입장에서는 얄미울 정도로 철저하게 준비하고 계산된 석유정책이다. 이 때문에 가솔린 가격은 현재 미국이 세계에서 가장 싼 가격을 유지하고 있다.

지난 2000년까지 미국의 경제는 사실상 이러한 저유가 유지정책에 힘입은 것이다. 이라크전쟁이 세계 석유 3분의 1을 생산하는 이라크에 대한 통제력 강화라는 비난은 그러한 연장선상에서 나온 것이다. 그러니 일본 쪽 경제전문가들은 미국의 석유정책에 불만이 많다. 국제적으로 고유가를 부추기는 배후세력은 다름 아닌 미국이라고 지목한다. 일본이나 한국이 상품을 만들어 뼈 빠지게 수출해 번 달러를 석유 사오면서 중동에다 다 갖다 바친다. 그러면 미국은 시차를 두고 가끔 중동국가들을 은근히 부추겨서 전쟁을 일으키고 무기를 팔아서, 알토란같은 달러를 다시 미국으로

도표 12 국제 유가 추이

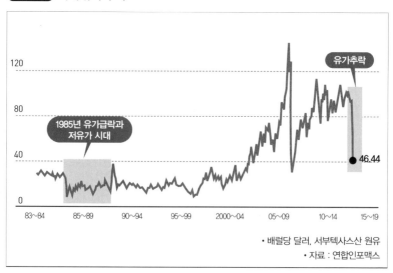

• 배럴당 달러, 서부텍사스산 원유
• 자료 : 연합인포맥스

가져간다는 것이다. 재주는 곰이 부리고 돈은 왕서방인 챙기는 형국이다. 이런 것을 보면 유가와 국제금융시장이 따로 노는 관계가 아닌 것은 분명하다.

그럼 국내적으로 유가와 환율의 관계는 어떠한가? 단순하게 설명해보겠다. 유가가 오르면 우리나라는 중동에 지불해야 할 돈의 크기도 커진다. 당연히 달러로 지불하고 석유를 사오는 서울외환시장의 경우, 달러수요가 증가해 달러강세를 부추기는 재료가 된다. 보통 유가가 오르면 국내환율이 오르는 것도 이 때문이다. 뿐만 아니라 한국 내 수입물가를 자극해 국내물가를 끌어올리는 요인으로도 작용한다. 또 물가가 오르면 인플레이션 우려로 금리가 상승할 수 있다. 한 나라의 금리상승은 다른 나라에 비해 높은 환율을 만드는 요인이 된다.

나라 간의 금리차이는 환율에 간접적인 영향을 준다. 만약 달러금리는 가만히 있는데 원화금리가 올라가게 된다면, 국제시장에서는 원화를 매입하려는 욕구가 커질 것이다. 원화강세의 재료가 되기도 한다. 그러나 보통 이 경우에는 원화의 국제시장 매매가 제한되고, 원화 자체의 국내 다른 요인들이 복합적으로 있어 제한적인 영향을 줄뿐 환율 자체에 총체적인 영향을 주지는 못한다. 또 유가의 급등은 대외적으로 달러와 엔화 매매, 달러와 유로화 매매에도 각각 영향을 주어 원화 환율에 간접적인 영향력을 행사한다.

오늘날 문명을 석유 문명이라고 한다. 석유라는 문명의 기반이다. 증기기관의 발명으로 내연기관과 엔진이 개발되고 자동차가 대중화됐다. 이것을 배경으로 석유가 20세기에 가장 중요하게 떠오른 것이다. 20세기 제국주의 식민주의의 배경이 자원전쟁이었다고 볼 때, 석유는 국제정치의 핵심 사안이었다. 서구사회와 중동, 신흥국들의 경제에서 석유가 차지하는 비중을 감안하면, 석유를 둘러싼 이권의 다툼과 이를 확보하기 위한 각국 정부와 기업의 각축은 치열할 수밖에 없다. 석유 자체가 국제정치의 골간인 셈이다.

네 번째, 금과 환율

● 왜 금에 환장하는가?

원자재가격 중 대표적인 비철금속인 금을 살펴보자.

달러와 금의 역사는 오래되었다. 유발 하라리의 《사피엔스》를 보면, 1519년 스페인이 멕시코를 침략했을 때 원주민들은 노란 금속에 환장하는 유럽의 이방인들을 도무지 이해할 수 없었다고 한다. 먹을 수도 없고 천을 짤 수도 없으며 너무 물러서 도구나 무기를 만들 수도 없는 금속에 집착하는 이유가 무엇이란 말인가? 이것은 문명화된 국가에서 발명해낸 개념, 이 개념에 모두가 환상을 갖고 있기 때문이었다. 문명화된 유럽의 역사는 황금을 쟁탈하는 역사였다. 이는 정복자들이 찍어낸 금속 주조 화폐가 금으로 대체되면서 더욱 심해졌다.

수렵채집하던 인디언에게 돈은 불필요한 것이었다. 반면에 유럽은 도시와 왕국이 등장하고, 수송 하부구조가 개선되면서 전문화라는 양식이 생겨나고, 새로운 기회가 제공됐다. 전문화는 문제를 일으켰다. 전문가들 사이의 물품교환은 어떻게 관리할 것인가? 물물교환은 제한된 범위의 물품을 서로 교환할 때에만 효과적이다. 물물교환은 복잡해진 경제의 토대가 될 수 없고, 고도로 복잡한 체계를 만들 수도 없다. 필요는 발명의 어머니다. 그래서 돈이라는 개념을 개발한 것이다.

정해진 무게의 귀금속은 결국 동전, 즉 주화를 탄생시켰고, 이 주화는 표준화된 무게의 금이나 은으로 만들어졌다. 주화에는 식별 표식이 새겨져 있었다. 해당 주화의 귀금속 양이 얼마나 들어있는지 알려주었다. 주화를 발행하고 내용물을 보증한 당국이 누군지도 확인해주었다. 이는 금이 장신구나 왕관을 비롯한 신분의 상징을 만드는 재료로 기능했기 때문이다. 특정 문화에 속한 사람들이 높은 사회적 지위와 동일시하는 사치품으로써의 기능이다. 그 가치는 순전히 문화적인 것이다. 사용가치는 없는 상징적인 교환가치의 대상으로써의 귀금속일 뿐이다.

근대에 와서 전 세계가 단일 화폐권역이 되었다. 영국 파운드화와 네덜란드 길더, 스페인 페소화가 대표적이다. 처음에는 금과 은을 기반으로 했다. 나중에는 영국 파운드화가 세계를 통일하고, 이후 제2차 세계대전을 거치면서 미국 달러화가 이 자리를 차지하게 된다. 국경과 문화를 초월하는 단일 화폐권역의 등장은 결국에는 전 세계를 단일 경제권역으로 통합하는 기초를 만들었다.

사람들은 예나 지금이나 서로 알아들 수 없는 말과 가치체계로 말한다. 국가가 다르며 각기 다른 종교를 갖고 있다. 하지만 모두가 금과 은은 신뢰한다. 이러한 가치에 대한 평가와 평가에 대한 통일, 즉 공통의 개념에 대한 신념이 없다면 세계 무역망은 사실상 존재할 수 없었을 것이다. 16세기 미 대륙에서 침략자들이 발견한 금 덕분에 유럽 상인들은 동아시아에서 비단, 도자기, 향신료를 살 수 있었고, 이를 통해 유럽과 동아시아에서 경제성장의 바퀴를 돌릴 수 있었다. 그렇다면 스페인 사람들은 금을 믿고 무슬림과 동아시아 사람들은 향료와 비단을 믿는 일이 일어나지 않는 까닭은 무엇인가?

서로 다른 두 지역이 일단 무역을 시작하면 운송가능한 물품의 가격은 수요와 공급의 힘에 의해 평준화되는 경향이 있다. 금의 수요와 가치는 수요와 공급에 의해 그 가치가 결정됐다. 짧은 시기 안에 금의 가치는 세계 어디서나 매우 비슷하게 형성된 것이다. 특정 지역에서 금을 신봉하게 되면 수요와 공급에 의해 다른 지역에서도 비슷한 가치가 형성되는 것이다. 이는 화폐로써 달러화의 가치가 전 세계화되는 과정도 마찬가지였다.

● 달러와 금값의 역사

금은 왜 화폐로 사용되었을까? 이유는 여러 가지다. 우선 전 세계에 골고루 매장돼 있다는 점이 그렇다. 보관·운반·저장에 상당한 강점이 있다. 금이 수천 년 동안 문명사회에서 인류의 화폐로 사용되어온 이유다. 제2차 세계대전 막바지에 브레튼우즈 체제가 출범하면서 미국 달러화를 금값에 고정시킨 것은 세기적인 사건이었다. 당시 1달러를 가지고 은행에 가면 35온스의 금으로 바꾸어 주었다. 달러가 곧 금이었다. 종이로 만든 지폐의 가치를 금값에 얽어맨, 이보다 더 세기적인 사건은 없었다. 인류의 상상력과 개념화의 극치였다. 미국 달러화가 세기의 화폐로 등장했지만 결국 금의 시녀에 불과하다는 점을 보여준 일이었다. 인간의 DNA에는 여전히 '금은 돈이다'라는 인식이 깊이 박혀있는 탓이었다.

1970년 들어 미국의 닉슨 대통령은 금태환제도 폐기를 선언한다. 이후 닉슨의 브레튼우즈 체제의 폐기로 달러화는 금값에 고정된 족쇄를 벗어던졌다. 금태환제도 폐기로 모든 인류의 로망이었던 금이, 모든 가치 기준의 절대적인 척도 자리를 달러에게 빼앗기고 내쫓긴 것이다. 금은 이후 일개 원자재들과 비슷한 투자수단으로 전락했다. 이후 달러와 금값은 각기 다른 가격변동의 길을 걸었다. 어떨 때는 같은 방향으로 움직였다가Coupling, 어떤 경우에는 완전 반대방향이나 상관관계가 없는 움직임

Decoupling을 보였다. 브레튼우즈 체제가 출범할 당시를 돌이켜보면 금과 달러의 관계, 나아가 금과 화폐의 관계는 한마디로 정의하기가 쉽지 않다고 할 수 있다.

하지만 하늘 아래 두 개의 태양은 없고, 왕권 도전이 실패하면 반드시 처절한 보복을 받는 법이다. 금이 그랬다. 금본위제도가 끝나고 일명 '닉슨의 달러 본위제도'가 본격화된 이후 금은 장롱 속에 여러 번 처박히는 수모를 겪었다. 하지만 금은 다시 화려하게 등장했다. 세상이 뒤숭숭해지면 기축통화를 대체하는 투자수단으로 안전한 천국의 피난처, 즉 안전자산Safe Heaven으로 다시 고개를 드는 것이다. 국제 금값은 9·11 테러로 쌍둥이 빌딩이 무너진 직후, 그리고 미국발 금융위기가 터지면서 달러를 대신해 귀한 대접을 받는다. 외환시장에서 금값은 여전히 가장 중요하게 관

도표 13 국제 금 시세 추이

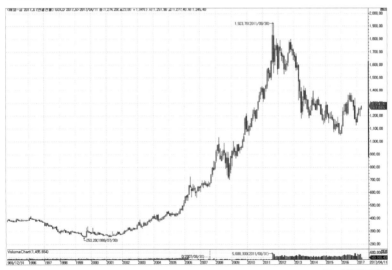

• 자료 : 연합인포맥스

찰해야 할 가격변수이며 간과할 수 없는 이슈다. 국제 원자재 시장에서 달러 못지않은 대체재로써 맹위를 떨친다.

그런데 어느 날, 2009년부터 금값이 상승하기 시작했다. 2011년 9월에는 온스당 1,920달러까지 올랐다. 왜 이럴까? 바로 미국 달러화에 대한 신뢰가 흔들렸기 때문이다. 세계 금융위기 이후 '양적완화'라는 미명 아래 마구 찍어대는 종이돈을 믿을 수 없어서다. 그러나 '왕의 귀환'은 녹녹하지 않았다. 2013년 초부터 금이 집중포화를 맞으면서 2015년까지 추락한다. 그러다가 2016년 이후 다시 금값이 기지개를 켜고 있다. 미국 연방준비제도이사회FRB가 추가 금리인상을 주저하고 있기 때문이다.

금값의 그래프를 보면 많은 점을 깨달을 수 있다. 금은 달러와 떼려야 뗄 수 없는 관계라는 것이다. 달러가 승승장구한다면 금은 언제든지 다시 장롱 속으로 들어가야 한다. 반대의 경우라면 달라진다. 당연히 금의 매력이 커질 수밖에 없다. 달러에게 그 지위를 빼앗겼지만, 인류 유전자에 새겨진 금에 대한 각인은 쉽게 변하지 않을 것이다. 달러체제에 문제가 생길 경우, 중국의 위안화나 유로화가 이 슈퍼통화의 지위를 물려받지 못할 경우, 지구촌 시민들이 선택할 수 있는 대체재는 지금으로서는 금 밖에 없다는 얘기다.

투자의 귀재 워런 버핏은 금을 돌멩이와 동급으로 취급한다. 정확한 가치를 알 수 없으니 당연히 적정한 가격도 알 수 없고, 이런 상황에서 '투자'라는 개념을 붙이는 게 난센스란 주장이다. 맞는 말이다. 하지만 사람들은 인플레이션과 하이퍼인플레이션(급격한 인플레이션으로 물가상승 현상이 정부의 통계를 벗어난 상태)이 발생하면 순식간에 금으로 몰려갔다. 브렉시트 사태 때도 안전한 도피처인 금 시세가 다시 올랐다. 불안하고 어수선해지면 인간은 예외 없이 금덩어리에 주목한다.

워런 버핏 말대로 금의 적정가격은 모른다. 하지만 바로 그러한 점 때문에 금값은 일주일 만에 급등하는 역설이 발생한다. 이 뿐만이 아니다. 전쟁이 나고 대지진이나 공황의 전조가 보여도 사람들은 금으로 몰려간다. 이때는 중요한 게 달라진다. 생존이 문제가 된다. 따라서 금에 투자를 한다면 이런 추세를 파악할 수 있어야 한다. 브렉시트 사태 직후에도 국제 금 시세가 주목을 끌었다.

● 뉴욕의 황금 창고

필자는 2011년 11월 초에 뉴욕 연방준비은행 지하 금고, 금덩어리를 보관해놓은 곳을 탐방하는 호사를 누린 적이 있다. 그 무렵 국제 금 가격은 온스당 1,800달러에 이르는 초강세였다. 맨해튼 월스트리트에 있는 연방준비은행 건물은 밖에서 보면 중세의 성채 같다. 2주 전 사전신청과 신원조회를 다했지만, 건물 입구에서 덩치 큰 흑인 무장보안경관이 거듭 신분을 확인했다. 사진촬영은 물론 휴대전화나 기타 전기장치의 사용은 금지됐다. 주머니에 있는 모든 소지품을 털어 상자에 담고 허리띠도 빼고 신발까지 벗었다. 전신 엑스레이 투시대를 통과하고, 직원을 따라 지하로 가는 전용 엘리베이터를 탔다.

지하 4층에 내리자 육중한 철문이 나타났다. 1921년에 설치됐다는 이 문은 집채만 한 쇳덩어리 한가운데에 구멍를 뚫어 길을 내고, 문을 닫을 때는 방 전체가 90도 회전하며 닫혔다. 경비원이 직접 손으로 돌려서 열기 때문에 전기가 끊겨도 상관없다. 금 창고gold vault 앞에 도착했다. 금괴 더미는 밖에서 훤히 볼 수 있도록 여러 개의 감옥 같은 철장 구역으로 나뉘어 있었다. 사람 키 높이보다 더 높게 방마다 차곡차곡 쌓여 있는 '총 7천 톤' 규모의 금괴는 보는 이의 입이 쩍 벌어지게 했다. 철장은 번호로만 분류될 뿐 이곳에 근무하는 경비원들도 어느 철장이 어느 나라의 소유인지 알지 못한다. 금괴를 옮길 때는 창고의 큰 접시저울을 사용했다. 철장 안 복도에는 금괴를 실어 나르는 수레가 놓여 있었다.

이곳 금은 대부분 미국이 아니라 외국정부와 중앙은행, 그리고 IMF 같은 국제기구 소유다. 뉴욕 연방준비은행은 보관료를 받지 않고 맡아 주고 있다. 예컨대 특정 국가의 중앙은행이 대규모로 금을 샀을 경우, 이 금 창고의 철장에서 금괴를 꺼내어 저울에 달아보고 해당 정부 소유의 다른 철장으로 옮긴다. 한 나라의 국부가 불과 몇 미터를 두고 이리저리 움직이는 셈이다. 순도 99.9%의 금 덩어리는 거무튀튀하고 둔탁한 누런색이었다. 어른 팔뚝만 한 쇠창살 틈 사이로 손가락을 겨우 넣어 바로 앞에 있는 철창 속 금괴를 만져봤다. 안내인은 웃으며 "일거수일투족은 CCTV에 촬영된다"고 경고했다. 뉴욕 연방준비은행은 건물을 지을 때 땅을 암반층까지 깊숙이 파고, 철과 콘크리트로 두꺼운 금 창고를 만들고, 그 위에다 건물을 지어 올렸다. 금 창고는 문을 닫으면 방수는 물론 공기까지도 완벽하게 차단됐다. 사람이 갇히면 72시간 정도 숨을 쉴 수 있다.

한국은행은 1990년대에 이곳에 보관했던 금을 영란은행으로 옮겼다. 런던 금시장이 뉴욕보다 유동성이 높고, 다른 중앙은행에 골드 렌딩Gold lending 등을 해 부대수수료 수입을 수월하게 올릴 수 있기 때문이었다. 뉴욕 연방준비은행 지하실을 빠져나와 월가를 거닐면서 생각해봤다. 달러 패권 시대에 이렇게 어마어마한 지하 장소에 보관비용 또한 막대하게 들어가는 금덩어리를 중앙은행이 쌓아두고 있는 이유는 무엇일까? 간단하다. '황금'과 '달러'의 관계는 아직도 어느 쪽이 압도하지 못하고, 대체재가 되거나 혼합되어 있다는 것을 보여준다. 달러와 금은 완전히 결별하거나 가치가 일치된 것은 아니며, 인류 경제사에서 여전히 이 두 개 화폐의 싸움은 끝난 것이 아니라 진행형이라는 것을 깨닫게 해준다.

다섯 번째, 부동산과 환율

자 이제 마지막 손가락이다. 환율과 부동산 가격은 서로 영향을 주고받는다. 대표적인 예가 미국 부동산 가격하락에 따른 서브프라임 사태와 부동산 거품 폭발로 인한 잃어버린 20년으로 일본이 침몰한 것이 좋은 예이다.

강한 달러의 역사에서 대규모 무역적자를 기록한 미국은 경기부양으로 국채를 찍어내면서 무역불균형이 심화된다. 빚을 내서 부동산 가격을 띠우기 시작한 것이 미국 금융위기의 시작이다. 달러화 위기의 서막은 미국 부동산 침체로 인한 것이었다. 글로벌 금융위기의 진원이 미국이며, 미국 주택가격의 거품형성이 가장 큰 원인이었다. 미국과 일본은 보통 부동산 매매가가 20% 이상 내리면 달러화와 엔화의 가치가 변했다. 달러가 기축통화이고 엔화는 준기축통화임에도 불구하고, 자국 부동산 시세의 가격 하락 때는 환율이 그렇게 떨어졌다는 얘기다. 일본의 잃어버린 20년은 부동산 가격의 거품이 꺼지면서 촉발됐다.

한국 원화의 경우도 마찬가지다. 달러와 엔화가 그 정도로 떨어졌는데, 한국 부동산 가격이 크게 변한다면 원화 환율은 더 큰 하락세를 보일 공산이 높다. 반드시 그렇게 될 것이다. 부동산과 환율의 상관관계는 유럽에서도 마찬가지다. 우리나라 가계에서 부동산의 자산비중은 대략 80% 수준이다. 가장 큰 소비지출 항목이자 재산의 전부라고 봐도 무방하다. 우리나라 주택시장은 채권과 주식시장보다도 훨씬 크다. 대한민국 가계부채가 1

천조원을 넘어서고, 가구당 부채가 5천만원 수준이다. 이 중 부동산 관련 대출이 약 60%를 차지하고 있다. 부동산 경기 자체는 물론이고, 환율뿐만 아니라 주가와 금리시장에도 영향을 행사할 정도로 크다. 통상 부동산 경기 상승기에는 실물경제도 호황이라 원화가치가 상승하고 달러-원 환율은 하락한다.

그러나 부동산 경기가 불황기로 접어들게 되면, 가계소비 여력이 떨어지고 기업의 채산성도 악화된다. 당연히 주가도 비실거리게 된다. 외국인들이 국내 주식에 흥미를 잃게 되면서 해외로 돈을 빼내게 된다. 달러-원 환율은 상승하게 된다. 환율이 상승하면 국내의 큰손들을 비롯한 투자가들의 외화예금에 대한 수요가 늘어난다. 시중 유동성은 점점 더 은행이 흡수한다. 불안할수록 사람들은 투자나 소비보다 예금에 집착한다. 시중 자금이 유통되기보다 부동화되고, 부동산 시장은 더 힘든 상황을 맞게 된다. 환율이 상승하게 되면 소비자 물가도 오르기 때문에 실질 가계소득이 감소한다. 이것 역시 부동산 시장에는 악재가 된다.

다시 말해 환율이 급등하면 국내적으로는 소비자물가가 상승하고, 가계소득이 감소한다. 기업매출이 줄고, 영업실적은 악화된다. 결국 기업은 자금난을 겪고 기업부도가 증가하고 실업률은 늘어난다. 종합주가지수가 하락하고 자산효과는 줄어든다. 부동산에 대한 수요가 감소해 부동산 가치의 하락 및 경매물건의 증가현상이 수반된다. 연쇄적으로 추가 환율상승이 이어지고, 부동산 가격은 추가로 떨어지고, 거품이 붕괴되는 과정에 돌입한다. 통상적으로 환율은 주택건설 수주액과도 반대로 움직이는 경향이 있다. 부동산과 환율의 관계에서는 거시경제의 흐름을 살피고, 환율 움직임을 분석해야 한다.

3장

일본 : 엔화의
과거와 현재

Preview

Q1. 브렉시트는 엔화를 어떻게 쥐고 흔들었을까?

Q2. 세계경제에서 엔화는 어떤 위치에 있나?

Q3. 한국과 엔화, 과거/현재/미래의 관계는?

Q4. 일본의 양적완화가 한국에게 미치는 영향은?

브렉시트 이후, 사력을 다하는 일본

브렉시트와 트럼프 대통령의 등장으로 영향을 크게 받은 국가는 일본이었다. 영국의 파운드화가 급락하면서 안전통화에 대한 수요가 늘어 일본 엔화가 오름세를 보이다가도, 트럼프의 환율조작국 지정에 대한 우려로 다시 약세를 보이는 것이다. 이는 아베노믹스가 추진하는 엔화약세 정책에 제동이 걸렸다가 풀렸다가 하는 셈이다. 수출증대를 통한 일본기업의 이익증가, 이를 통한 종업원의 소득증대 목표기조가 흔들렸다. 어차피 일본 정부는 이미 너무 많은 빚 때문에 힘든 상황인데, 엔화강세로 수출이 어려워지면 일본의 경기부양은 다시 어려운 시기를 겪을 수 있다.

도대체 영국이 EU를 탈퇴한다는데 일본 엔화의 가치가 솟아오를까? 일본경제도 신통치 않은데 왜 글로벌 시장에서 엔화의 인기가 치솟은 것일까? 바로 '안전자산'이기 때문이다. 브렉시트 이후 국제유가가 떨어지고 유럽은행들의 영업이 악화될 것이라는 전망 때문에 글로벌 자산들은 리스크를 회피하기 위해 안전자산을 찾게 된다. 안전자산으로 엔화만한 게 없었던 것이다. 일본경제가 잘나가서라기보다 상대적으로 안전해 보여서 글로벌 유동성은 차선의 선택을 하게 되는 것이다. 아베노믹스의 시행으로 일본경제가 그나마 상대적으로 다른 선진국들보다 낫다는 평가를 받기 때문이다. 그래서 국제금융시장의 글로벌 투자자들이 엔화를 피난처로 삼고 있는 것이다.

이러한 현상을 아베 총리 입장에서 보면 어떨까? 금융과 재정을 투입해 엔화가치를 떨어뜨리고 수출가격 경쟁력을 제고시킬 것이라는 기대가 무너졌다. 엔화가 강세를 보이자 일본의 수출기업 수익이 악화될 것이라는 불안감이 확산됐다. 당연히 도쿄의 주가는 하락세로 돌아섰다. 일본 정부가 돈을 풀어대도 엔화가 약세로 가기는커녕 강세로 돌아선 것은 엔화 가치가 국내보다 대외시장 흐름에 더 큰 영향을 받기 때문이다.

언뜻 생각하면 엔화가 안전자산이라는 말은 동의하기 힘들다. 일본은 1990년대 이후 '잃어버린 20년'이라고 불리는 불황기를 겪고 있다. 경기부양을 위해 재정을 펑펑 쓰다 보니 국가부채가 국내총생산GDP의 250%에 육박한다. 2015년 9월 국제신용평가사 스탠다드앤드푸어스가 일본 국가 신용등급을 A+로 한 단계 강등했을 정도다. 그러나 위기 때 잠시 대피할 목적으로 엔화를 사는 글로벌 투자자는 일본 정부의 빚만 보고 엔화를 평가하지 않는다.

일본은 1991년 이후 25년 동안 세계 1위의 대외 순채권국 지위를 유지하고 있다. 순채권국이라는 것은 빚보다 자산이 더 많다는 얘기다. 일본 정부는 빚더미에 앉아 있을지 몰라도, 일본기업과 가계는 그동안 수출로 벌어들인 돈을 해외에 엄청나게 빌려주거나 투자해놓고 있다. 2015년 말 기준으로 일본의 순 대외채권액(대외채권에서 채무를 뺀 것)은 339조엔(당시 환율로 약 2조8,200억달러)으로 세계에서 가장 많다. 2위 독일(1조6,200억달러), 3위 중국(1조6천억달러)의 1.5배가 넘는다. 위기 때 비상금인 외환보유액도 2016년 4월 기준으로 1조2,625억달러가 있어 중국에 이어 세계 2위 보유국이다. 외환보유고의 원천이 되는 경상수지는 1981년 이후 줄곧 흑자다. 2015년 경상수지 흑자는 16조4,120억엔으로 2014년(3조8,800억엔)보다 4배 증가했다. 게다가 엔화는 국제외환시장에서 미국 달러(2013년 거래비중 43.5%), 유로(16.7%)에 이어 세 번째(11.5%)로 많이 거래된다. 24시간 거래되는 시장도 있다. 언제 어디서나 사거나 팔수 있다는 얘기다. 엔화를 사면 돈이 묶일 염려가 없다.

또한 속칭 '와타나베 부인'이라는 불리는 일본 개인 투자가들은 엔화로 빌려 해외에 투자하는 '캐리 트레이드'를 많이 했다. 일본이 불황이라 초저금리를 유지하기 때문에 가능한 거래다. 그런데 국제금융시장에 위기가 닥치면 이들이 해외투자금을 회수해서 엔화로 다시 바꾸느라 엔화 수요가 늘기도 한다. 그래서 시장이 출렁거리고 불확실성이 높아질 때마다 관성적으로 엔화를 찾는 것이다. 한국 시장이 글로벌 시장이 호황일 때 외국인 투자가들이 투자했다가 위기 때만 되면 돈을 찾아가는 '현금 인출기'라면, 엔화는 정반대인 것이다.

2012년 말 집권을 시작한 아베 총리는 4년간 200조엔을 풀어 엔화가치를 떨어트리려 했다. 엔저를 추구해 저성장에서 탈출하려는 노력이었다. 하지만 이러한 노력도 브렉시트 결정 단 4시간 만에 수포로 돌아갔다. 비슷한 예로 2008년 9월 리먼 브라더스의 파산으로 미국발 금융위기가 닥쳤을 때도 엔화 환율은 초강세를 보여 100엔대에서 80엔대로 급락했다. 일본 입장에서는 브렉시트가 원망스러울 수밖에 없다. 위기 때마다 글로벌 시장에서 엔화의 인기가 치솟는 바람에 정작 일본경제는 경기회복이 늦어지는 상황에 직면했다. 시장이 요동을 치면 글로벌 투자자들이 엔화를 피난처로 삼는 것이 일본 경기회복에는 '독'이 되는 것이다.

브렉시트 결정 후 달러-엔이 100엔대의 약세를 보이자, 한 달 후 아베 정권은 300조원이 넘는 대담한 경제대책을 발표했다. 하지만 달러-엔 환율은 외환시장에서 다시 100엔으로 떨어졌다. 엔화 초강세가 가속화된 것이다. 언 발에 오줌 누기였다. 엔화약세를 추진해 일본 수출기업이 경쟁력을 가지게 하겠다던 아베노믹스의 계획은 중대한 도전에 직면했다. 일본은행BOJ의 초대형 양적완화에도 '안전자산' 쏠림 현상을 넘어서기는 힘들었다. 무슨 수를 써서라도 엔화가치를 낮춰 기업경쟁력을 높이고, 오랜 디플레이션에서 빠져나오려는 아베노믹스에 '안전자산=엔'은 저주에 가깝

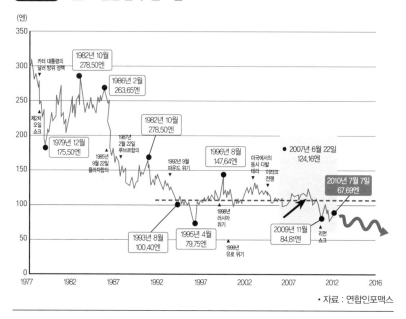

도표 14 최근 30년간 달러-엔 흐름

(엔)

- 카터 대통령의 달러 방위 정책
- 제2차 오일 쇼크
- 1979년 12월 175.50엔
- 1982년 10월 278.50엔
- 1986년 2월 263.65엔
- 1985년 9월 22일 플라자합의
- 1987년 2월 22일 루브르합의
- 1982년 10월 278.50엔
- 1992년 9월 파운드 위기
- 1996년 8월 147.64엔
- 1993년 8월 100.40엔
- 1995년 4월 79.75엔
- 1998년 러시아 위기
- 1999년 유로 위기
- 미국에서의 동시 다발 테러
- 이라크 전쟁
- 2007년 6월 22일 124.16엔
- 2009년 11월 84.81엔
- 리먼 쇼크
- 2010년 7월 7일 67.69엔

1977 1982 1987 1992 1997 2002 2007 2012 2016

• 자료 : 연합인포맥스

다. 특히 유럽은행들의 부채문제가 심각한 상황에서 글로벌 경제 혼란에 대한 우려가 커질수록, 글로벌 유동성은 안전자산인 엔화투자를 늘릴 수밖에 없다.

한국인에게 엔화란 어떤 의미인가?

이웃나라 일본의 화폐가 엔이라는 사실은 한국인인 우리를 불편하게 만든다. 한국인의 엔화에 대한 태도는 이중적이다. 일본이라는 나라는 깔보지만, 개인적으로 엔화 지폐는 좋아한다. 추정일 뿐이지만 강남의 부자들과 기업들은 엔화를 현금으로 보유하고 있을 것이다. 아마도 부잣집 금고에는 엔화 뭉칫돈이 상당량 있을 것이다. 한국 사람으로서 인정하기 싫겠지만 일본은 기축통화 국가로 봐야 한다. 엔화는 달러 못지않은 '준기축통화'다. 왜 그럴까? 간단하다. 일본이 지금은 중국에 자리를 내줘서 3위이지만, 수십 년간 세계경제 2위를 유지한 국가이다. 당연히 그에 걸맞는 화폐신용도를 유지하고 있다. 영국의 브렉시트 직후 엔화가 안전통화로 각광을 받은 걸 보라. 일본경제가 잃어버린 20년이니 어쩌니 해도 선진국 어느 나라보다도 '상대적'으로 굳건하다는 얘기다.

2000년대 들어 오랜 초저금리로 일본의 금리는 세계 어느 나라보다 낮았다. 같은 시기 한국 금리는 연 4~10% 선이었다. 일본에서 0.4% 이자로 은행에서 빌려서 한국 시중은행에 넣어놓으면 2~8%의 이자차익이 생겼다. 그냥 앉아서 돈을 버는 것이다. 실행하는 데는 제약이 있겠지만 이론상으로는 가능하다. 이러한 이유로 천문학적인 단위의 일본 엔화가 상대적으로 금리가 높은 해외 각국으로 풀려나갔다. 기업, 보험회사, 은행, 심지어 동네 아줌마인 '와타나베 부인'들까지 해외투자에 나서는 '엔 캐리Yen carry 트레이딩' 붐이 불었다. 일본 국가신용도가 높은 상황에서 해외로 돈이 풀려나가면, 엔화는 놀지 않고 또 시장에서 돌았다. 전 세계에 풀려있는 엔화는 달러 못지않은 높은 통화량을 기록한다.

예를 들어 당신이 아프리카 빈국과 거래하다 1억원어치에 해당하는 아프리카 화폐를 갖고 있다고 해보자. 그 나라 정치경제가 불안해서 언제 휴지조각이 될지 모른다. 당연히 안전한 달러로 바꿔서 보유해야 한다. 그런데 엔화를 받았다면 그냥 달러처럼 보유하면 된다. 왜냐하면 보유가치가 있으니까. 무역거래에서도 그대로 사용해도 된다. 굳이 '엔→달러→상대국 통화'로 2번 이중환전을 하면서 수수료 금액을 손해보지 않아도 된다. 무역상대자에게 나에게 엔화가 있으니 너도 엔화로 받고, 대신 중간에 덜 손해보는 환전수수료 금액을 나눠먹자고 하면 된다.

이렇듯 여러 차원에서 국가의 힘과 경제규모가 커지면, 그 나라 화폐는 준기축통화처럼 쓰이고 대접받게 된다. 한 국가의 통화가 그 정도 레벨에 오르면, '돈 장난질'로 웬만한 작은 나라는 쌈 싸먹을 만큼 힘을 갖게 된다.

● 엔화, 돈놀이하는 통화

지난 20년간 일본은 초저금리로 인한 국가 간 금리차이로 해외에서 돈놀이를 하면서(엔캐리 트레이딩) 부를 늘렸다. 그야말로 앉아서 부자가 된 것이다. 늘어난 해외의 부가 일본으로 와봤자 제로금리이니 다시 가져올 필요도 없다. 그 나라에서 더 높은 수익성이 있는 상품, 즉 해외 부동산이나 주식, 채권, 빌딩, 광산, 유전, 각종 인프라 지분 등을 매입했다. 대부업, 임대업 등 온갖 종류의 자산운용에도 무수한 자금을 동원했다.

이것은 일본의 국민과 기업이 노동과 노력으로 부를 창출했다기보다 일본의 국가경제력과 경제방침에 편승해 가능한 것이다. 그냥 앉아서 늘어난 부이다. 이 과정에서 획득한 부에 차이가 있다면 국제적 투자방법의 정보에 얼마나 가깝느냐, 얼마나 더 싼 이자에 얼마나 더 큰 액수의 대출을 받아낼 수 있느냐의 기업규모 차이가 있을 뿐이다. 이렇게 늘어난 해외의 부로, 해당 국가의 경제에 영향력을 행사한다. 이것이 일본이라는 나라가 차지하는 세계경제 속 위치다. 반면에 우리나라는 이런 게 없다. 일본의 국부와 한국의 국부의 근본적인 차이이며, 한국이 일본을 뒤쫓으며 겪는 후발주자의 극복할 수 없는 어려움이다.

최근 중국인들이 호주의 부동산을 대거 매입해 부동산 가격이 올라서 현지인들이 피해를 보고 있다고 한다. 눈에 쉽게 보이는 민간 기업 단위의 현상이다. 엔화는 역사가 오래되어서 쉽게 눈에 띄지 않는 더 고차원의 기업단위 영향력이 형성되어 있다. 국가와 기업의 적극적 경제활동으로 늘어나는 부가 아니다. 국가 경제정책의 방침으로, 바꿔 말하면 '돈 장난'으로 세계각지에 부가 늘어나는 것이다. 물론 이렇게 되기까지 경제적인 힘이 뒷받침되었다.

노동의 결과가 아닌 자산의 운용만으로 부가 늘어나는 것은 개별 국가의 개인들에게만 벌어지는 문제가 아니다. 전 세계적으로 국가 간에도 발생하는 문제다. 특정 국가의 자산운용 결과물이 늘어난다는 것은, 상대적으로 누군가의 부가 줄어드는 것이다. 다시 예를 들어보자. 중국인이 호주에 부동산을 매입해 부동산 가격이 올랐다. 이러면 현지인들은 집을 살 때 5년 벌어서 살 것을 10년 벌어서 사야 하는 상황이 발생한다. 사회 초년병이나 신혼부부의 노동시간이 5년 더 연장되는 것이다. 이렇게 누군가가 피해를 보게 되면, 대신 중국인들은 부동산 차익이 생기는 것이다.

이런 현상을 단순히 국가의 경제적 힘으로 만들어낼 수도 있다는 사실이 당혹스러울 것이다. 대한민국이 열심히 피땀 흘려 수출하고 경쟁하는 동안, 일본은 저 멀리 따라잡을 수 없을 정도로 자산운용을 해서 부를 축적하고 전 세계에 영향력을 형성하고 있는 것이다. 이것이 이웃국가 일본의 감추어진 힘이다.

기축통화, 준기축통화란 것은 단순하게 보면 세계의 거래통화이다. 하지만 힘은 상상을 초월한다. 한국인으로서 인정하기 싫겠지만 엔화는 우리가 생각하는 것보다 몇 배나 더 큰 힘을 갖고 있다. 엔화라는 준기축통화의 힘을 착잡한 심정으로 바라보게 된다. 더 이상 엔화를 깔봐서는 안된다. 엔화는 전 세계 대부분의 트레이딩 룸에서 바로 현장거래가 가능한 화폐이다. 우리나라 사람들만 모르는, 애써 외면하는 비밀이다.

지구상의 희귀종 순채권국가, 일본

"아랍에미리트의 광구에서 석유 시추, 미츠비시가 40% 지분"
"일 생보사 보유한 남미국가의 금광 채굴권의 30% 지분 매각"

2016년 봄 도쿄를 방문했을 때, 일본 경제신문 헤드라인은 거의 이런 식이었다. 일본 정부가 진 빚은 GDP의 250%에 달한다고 하지만, 기업과 기관들이 해외에 갖고 있는 자산은 천문학적이다. 일본은 지구상에서 몇 안 되는 순채권국가다. 국가 전체적으로 빚보다는 자산이 많다는 얘기다. 이것이 선진국 중 일본이 국가부채가 가장 많지만 끄떡없는 이유다. 그런 의미에서 일본 국부는 여전히 빚더미에 올라있는 프랑스나 영국보다 크며, 독일을 능가한다. 고령화로 소비가 늘지 않고 경기가 잘나가던 1970~1980년대 같지 않을 뿐이다. 보통 일본의 '잃어버린 20년'을 이야기하면, 마치 일본 경제가 20년 동안 퇴보한 것처럼 이해하는데 그렇지 않다. 일본의 국부는 잃어버린 20년 동안에도 해외자산에 투자해놓은 '렌트'료가 꼬박꼬박 들어오는 국가다. 한국과는 차원이 다르다.

그런 의미에서 "일본이 엄청난 국가부채를 안고 있다"는 말은 사실 절반만 맞는 얘기다. 일본 정부는 매년 엄청난 재정적자를 기록하고 있지만, 이는 '정부'에 한정된 얘기다. 일본이란 나라 자체는 세계 최대의 채권국, 즉 엄청난 '부자나라'다. 그것도 전 세계에 보유하고 있는 자산의 가치가 지속적으로 커지는 추세다. 2009년 말 기준으로 일본의 대외 순채권액은 266조엔(약 3,600조원)에 달한다. 일본 GDP의 55%에 해당하는 액수다. 고베대지진이 발생했던 지난 1995년만 해도 대외 순채권은 84조엔 수준이었는데, 2001년에는 2배가 넘는 179조엔으로 불어났고, 2007년에는

250조엔을 넘어섰다. 일본의 대외 순채권은 우리나라(약 1천조원)의 3.5배가 넘는데, 일본경제를 뒤에서 받쳐주는 저력을 나타내주는 수치다.

정부는 빚더미에 올라앉아 있는데, 이런 엄청난 재산은 어디 숨어 있을까? 바로 기업을 비롯한 민간부문이다. 전체 순자산의 약 60%를 민간기업이나 개인이 가지고 있고, 은행들이 20% 남짓을 갖고 있다. 상황이 이러니 엔화의 환율은 위기 때마다 가치가 재평가된다. 안전자산으로 평가를 받으니, 평소에는 가만있다가 위기 때 엔화를 매수하려는 움직임이 거세진다.

브렉시트 이후 엔화 고평가와 비슷한 사례가 고베대지진 당시의 엔화 강세다. 사상 최악의 대지진 피해액을 정확히 추산하기는 힘들지만, 최대한 크게 보면 GDP의 3~6%로 추정한다. 만약 일본이 정말 가난한 나라였다면 외채를 얻든지, 인플레를 무릅쓰고 돈을 찍어야 하기 때문에 엔화가 약세를 보였을 것이다. 하지만 앞서 설명한 이런 사정 때문에 지진 직후 오히려 엔화는 강세를 보였다. 일본이 해외에 가지고 있는 자산을 엔화로 바꿔 복구자금으로 쓸 것이라고 예상했기 때문이다. 일본은 대외 순자산이 많기 때문에 대지진이 일어나도 자금이 안전한 외국으로 도피하는 자본이탈capital flight이 일어날 우려가 없는 나라인 것이다.

일본은행은 무슨 일을 하나?

한국·중국·일본의 '돈錢'의 한자말은 같은 글자다. 위안, 원, 엔으로 발음만 다를 뿐이다. 3국은 각각 서로 다른 근대화 과정을 거쳤고, 화폐의 운명도 바뀌었다. 그중에서 일본의 행보는 단연 앞서 있다. 금융의 근대화에 가장 앞섰고, 이는 이후 화폐 패권의 수준 차이로 나타난다.

일본은 개항 이후 메이지유신을 거치면서 서양의 제도와 문물을 빠르게 수용한다. 미국, 영국 등의 제국주의 열강의 화폐정책에 따라 시기적절하게 화폐제도를 바꾸었다. 금본위제도 채택과 해제도 가장 발 빠르게 국제 금융계와 보조를 맞추었다.

일본 근현대 화폐 역사의 흐름은 어떻게 보면 완벽하게 미국에 편승한 국가라고 해도 무방하다. 근대화와 함께 아시아의 다른 나라와는 달리 중앙은행제도를 가장 신속히 도입하고, 인플레이션에 대한 개념을 가지고 경제정책을 펼쳤다. 18세기 일본 지도자들은 선진국의 경제상황과 앞선 금융제도와 화폐운용에 대한 공부와 전문가 교육에 진지했다. 근대화의 요체가 금융과 화폐를 운영하는 것이며, 이는 국가와 은행의 몫이라는 것을 깨닫고 이를 실행에 옮겼다. 1882년 메이지유신 직후 중앙은행인 일본은행Bank of Japan을 설립하고 임무와 역할을 제도화했다.

일본은행은 은행권을 발행하고 관리하며, 통화정책을 시행하고 금융제도의 안정을 도모했다. 국고 및 국채 관련 업무, 국제금융업무, 자료작성과 경제분석 및 연구활동을 한다. 일본은행은 1885년 처음으로 은행권을 발행했다. 1897년에는 금본위제를 실시했다. 1899년 이전에 여러 국립은행과 정부에서 발행하던 화폐 사용이 공식적으로 금지되고, 일본은행에서 발행하는 은행권으로 일원화됐다. 1942년에는 전시상황에 맞춰 재정비됐다. 일본이 점령당했을 때는 잠시 기능이 중단되었다가, 전쟁이 끝난 후 일본은행법이 수차례 개정됐다. 구조가 개편되었고, 1949년에는 최고 의사결정기구인 정책위원회가 설립됐다. 1942년에 공표된 일본은행법은 1997년에 대대적으로 개정되어, 일본은행은 한층 더 독립적인 기구가 됐다. 우리나라 한국은행 금융통화위원회와 같은 일본은행의 정책위원회는 총재 1명, 부총재 2명, 심의위원 6명으로 구성되어 있다.

일본은 한국보다 운용과 중앙은행 제도를 빨리 도입함으로써 한일병탄을 위한 토대를 마련했다. 식민합병은 처음에는 무력사용이지만 이를 유지관리하기 위해서는 부채와 돈으로 이행된다. 오늘날까지 엔화의 준기축통화 패권이 가능한 것은 동아시아에서 근대적인 중앙은행제도를 도입했기 때문이다. 일본은행의 출범은 그런 의미에서 일본 근대화의 초석이었다. 아시아적인 관점에서 중앙은행제도 도입은 전제군주 국가 시스템과의 결별을 의미했다. 왕실 재정이 아닌 국가의 재정을 운영하기 위해 중앙은행 제도를 도입한 것이다. 중앙은행인 일본은행을 통해 근대화에 필요한 자금을 조달하고, 아시아 수탈의 발판으로 삼았다. 전쟁도 돈이 있어야 가능하다. 국제질서에서 군국주의 일본의 침략자금 조달과 금융차원 지원은 일본은행의 또 다른 이면이다.

일본은행은 여러 가지 생각을 하게 만드는 기관이다. 일본은 조선을 식민지로 만들고 일본은행을 직접 내세우지 않고 바람막이로 조선은행을 설립한다. 왜 따로 조선은행을 설립했을까? 간단하다. 전쟁을 위한 화폐 무제한 주조 등으로 발생할 수 있는 인플레이션이 일본 본토에 영향을 끼치는 것을 막기 위해서였다. 그것이 첫 번째 목적이었다. 조선은행은 중일전쟁 전비를 조달하기 위한 전초 수단이었다.

한국과 일본의 차이_에도시대 황금접시

메이지 유신 직후 일본을 방문한 조선통신사들은 당시 일본의 부와 자산에 깜짝 놀랐다. 초기 조선통신사들의 일본 방문 기록을 보면 문물 전수로 한 수 가르쳐주는 식이었다면, 근대로 내려올수록 기록이 일본의 부와 산업에 대한 놀라움으로 가득 차 있다. 특히 메이지시대 직후 조선통신사 기록에 따르면, 도쿄를 비롯한 오사카 등지에 금은보화가 산처럼 쌓여있 더라는 대목이 많이 나온다.

도쿄 니혼바시에 있는 일본은행 별관의 화폐박물관에 가보면, 금으로 제조된 어마어마한 공용화폐를 볼 수 있다. 그 외에도 황금으로 만든 각종 화폐 대용품이 전시되어 있다. 스케치북 크기만 한 황금 판때기, 황금 세 수대야, 다양한 크기의 황금접시 등이 그렇다. 에도시대 이후 화폐 대용품 으로 사용된 것들이다. 엄청난 국부의 축적을 목격할 수 있다. 일본의 자 본축적은 근대화와 개항 초기부터 단기간에 이루어졌고, 이것이 있었기 에 한일병탄과 대동아공영에 나서고 제2차 세계대전도 일으킬 수 있었다.

개항 초기 일본의 상공업은 어느 정도였을까? 역사적 유물도 많지만

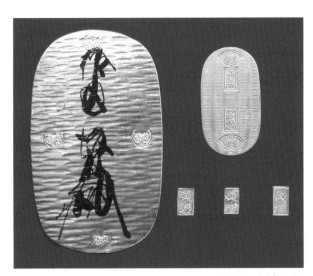

17세기 에도시대 황금접시
ⓐ 위키피디아, PHGCOM

도쿄의 지명에서도 그것을 확인할 수 있다. 19세기 당시, 일본에는 이미 '환전소'가 있었다. 외국화폐와의 교환이 아니라, 일본 내 다른 지역과의 화폐교환을 위한 장소였다. 금본위제도 시기에는 기준척도인 금과 은의 양에 따라 화폐가치를 결정하는 곳이 있었는데, 그곳이 현재 도쿄의 긴자 銀座이다. 한자 발음대로 하면 '은좌'이다. '은'을 사용했다고 해서 '은좌'였던 것이다. 긴자는 근대 일본의 최초 환전소였다. 또한 일본말로 돈은 '오카네'다. '카네'가 한자말로 금金이다. 금이 곧 돈이었다는 얘기다.

한국인으로서 일본은행 화폐박물관의 금덩어리들을 보고 있노라면 가슴이 쓰리다. 결국 한일 간의 질곡의 역사는 국부, 즉 돈의 전쟁에서 진 것이고 짓밟힌 것이라는 생각을 하게 만든다. 극단적인 '돈의 힘'의 차이는 한일병탄이 가능하게 만든 배경이었다. 이것은 오늘날 경제금융, 화폐전쟁에서도 여전히 진행형이다. 한국과 일본의 국력의 차이는 결국 가진 자산과 돈의 비교에서 결판난다. 대외자산의 축적이라는 결과로 일본은 저 멀리 앞서 가고 있다. 우리가 일본의 국부에 비해 어느 정도 빈약한지는 구구절절 말할 필요가 없다. 일부 전자제품과 자동차 수출로 자존심을 지켜내고 있지만, 다른 모든 총체적 경제력의 측면에서는 말 그대로 우리는 자존심만으로 먹고 사는 나라라고 해도 과언이 아니다.

대한민국과 엔화, 그 오욕의 역사

● 엔화는 조선의 영혼을 갉아먹는 아귀

역사학자 베네데토 크로체Benedetto Croce는 "과거 역사를 살피는 것은 현재를 이해하고 미래를 설계하기 위함"이라고 말했다. 역사는 같은 공간에서 비슷한 일들이 반복해서 일어난다. 한일 간의 경제교류와 긴장관계는 최근뿐만 아니라 과거에도 많았다. 한일 간의 돈 문제, 통화스와프를 포함한 한일 간의 환율갈등 등은 과거의 사건들을 살피면 현재의 상황이 더욱 생생하게 '데자뷰'된다.

역사상 일제의 엔화는 조선의 영혼을 송두리째 갉아먹는 아귀였다. 일제가 조선을 장악한 방식 또한 엔화를 앞세운 돈의 전쟁이었다. 조선 침탈에 필요한 자금이 다양한 방식으로 조달되었다. 병기와 군수품 대금은 엔 표시 대장성 증권, 예금증서, 일본은행권, 단기 군사공채, 지불증명서 등을 통해 마련했다.

조선 또한 근대화를 위한 각종 사업에 큰돈이 필요했다. 외국자본 한 푼이라도 아쉬웠다. 이를 위해 조차지를 개방하고 광산, 임야, 각종 토지 이용권을 일본에 넘겨줬다. 그러고도 부족한 돈은 엔화 현찰로 빌려 썼다. 세상에 공짜는 없었고 돈의 효력은 독했다. 조선 왕실과 대한제국의 엔화 빚은 기하급수적으로 늘었다. 일제의 식민지 침탈의 역사에서 엔 차관은 가장 효과적인 수단이었다. 일제 식민의 역사는 대한민국과 엔화의 역사나 다를 바 없었다.

● 실패로 끝난 국채보상운동

돈과 부채의 역사는 반복된다. IMF 외환위기 때 국민들이 금모으기 운동처럼, 150년에도 비슷한 일이 일어났다. 바로 국채보상운동이다. 일본은 1894년 청일전쟁 당시부터 우리나라에 적극적으로 차관공여借款供與를 제기해 두 차례에 걸쳐 각 30만원과 300만원의 차관을 성립시켰다. 이러한 차관공세는 1904년 제1차 한일협약 이후 더욱 노골화됐다.

일본이 차관공세를 펴는 데는 2가지 목적이 있었다. 첫째, 한국의 재정을 일본 재정에 완전히 예속시키는 것이다. 둘째, 차관으로 식민지 건설을 위한 초석을 다지려는 것이었다. 돈을 통한 매수와 올가미 작전이었다. 돈을 빌리는 순간 빌리는 차주는 감옥에 갇힌다. 갑과 을의 관계로 고정된다. 일본은 러일전쟁 발발 이후 적극적인 차관공여를 통해 한국의 재정을 장악하고 그를 기반으로 식민지화를 마무리하려 했다. 전쟁에서 승리한 분위기를 틈타 돈을 수단으로 정치적 장악력을 키워나간 것이다.

제1차 한일협약 이후 네 차례에 걸쳐 총 1,150만원의 차관이 도입되었다. 이로 인해 대한제국 정부는 재정자립성을 상실했고, 민간자본의 활동도 극도로 억압되었다. 이는 조선 정부와 민간의 경제적 독립을 근본적으로 위협하는 것이었다. 당시 우리나라 토착자본은 일본 차관의 굴레에서 벗어나려는 애국운동을 전개하게 되는데, 바로 국채보상운동이다. 1907부터 이듬해까지 국권회복을 위한 투쟁의 일환으로, 대구의 서상돈 등이 주동하고 〈제국신문〉, 〈황성신문〉, 〈만세보〉 등이 적극 지지해 모금운동을 벌였다. 남자는 담배를 끊고, 여자는 비녀와 가락지를 내면서까지 국채를 갚으려는 국민들의 열망은 뜨거웠다. 대구를 비롯하여 한성부, 진주, 평양 등지에서도 여성국채보상운동 단체가 설립되었다.

이렇게 전국적으로 국채보상운동이 확산됐지만 상위층 참여의지 부족, 통감부의 압력, 친일단체의 방해공작 등으로 결국 실패하고 만다.

● 금융 침탈이 식민지배의 핵심

한일합방 직전까지 대한제국은 근대화 추진에 애를 썼다. 대표적인 것이 중앙은행제도 도입 추진이다. 1890년대에 접어들면서 당시 강대국들이 은본위제에서 금본위제로 전환함에 따라, 대한제국도 1898년 금본위제를 기본으로 하고 은화를 보조화폐로 결정했다. 그리고 1901년 2월 '화폐조례'를 제정·공포했다. 화폐발행권이 모두 대한제국 정부에 귀속된다는 점을 명시하고, 일본이 발행한 1엔 은화의 유통을 금지시켰다. 하지만 화폐주권 수립이 독립국가의 근간이라는 점을 간파한 일본이 가만있지 않았다. 자신들의 금융침탈 계획이 차질을 빚을 수 있기 때문이었다. 결국 일본이 러일전쟁에서 승리하게 됨으로써 대한제국의 독립적 통화개혁정책은 실패하고 만다.

1904년 한일협정서를 강제로 체결하고, 일본 대장성 주세국장을 대한제국의 재정고문으로 앉혔다. 고종황제가 용산에 설립한 전환국을 폐지하고, 화폐 발행 기계와 시설을 오사카 조폐국으로 빼돌렸다. 일본 화폐를 대한제국의 신화폐로 하고, 대한제국의 본위 화폐와 태환권을 일본 은행권으로 하는 등의 12개조를 1904년 11월 일본 대장성과 외무성으로부터 승인 받았다. 대한제국이 '화폐조례'를 통해 구화폐를 정리하고 신화폐로 단일화하려던 개혁정책을 역이용하여 대한제국의 모든 독자적 화폐를 없애기로 한 것이다. 대한제국의 국고 업무와 화폐발행권을 일본이 완전히 장악하고, 일본 제일은행이 대한제국의 중앙은행이 되고 말았다. 대한제국 금융을 장악한 일본은 중소상인 구제책을 만들지 않고, 금융공황 상태를 이용해 민간에 제일은행권 공급을 늘리는 기회로 이용했다.

대한제국은 1909년 7월 26일에 법률 제22호로 한국은행 조례를 공포하는 등의 노력을 하지만, 그럼에도 완전히 일제의 손아귀에서 벗어날 수는 없었다. 은행권의 태환과 지급준비는 금화와 일본은행권으로 하도록 되어 있었다. 또한 한국은행의 주식을 일본인도 소유할 수 있도록 되어 있었다. 일본 제일은행의 직원은 도로 한국은행의 직원으로 승계했다. 은행권 권리와 의무계승에 관한 각서를 교환한 주체인 대한제국 탁지부 차관은 일본인 아라이 겐따로로 일본인끼리 각서를 교환했다. 1909년 8월 16일에는 대한제국 총리대신 매국노 이완용이 일제 통감부와 협정을 맺었다. 여기에 한국은행의 중역은 일본인으로 한다고 명시했다. 한국은행 초대 총재는 일본 제일은행 한국 총지점장 모리히로 이치하라가 임명되었고, 중역 3자리를 일본 제일은행 간부들이 차지했다.

일제는 국권을 침탈한 다음해인 1911년 3월 29일 법률 48호를 통해 '조선은행법'을 발표했다. 구한국은행 총재가 그대로 조선은행 총재가 되고, 한국은행 이사와 감사를 차지했던 일본 제일은행 간부 3명도 그대로 조선은행의 중역 자리를 이어갔다. 감독권은 대한제국에서 일본정부로, 은행권 발행 인가기관은 대한제국에서 일본 대장대신 개인으로, 화폐의 모양과 종류 결정권은 조선총독으로(1924년 이후에는 대장대신으로), 주주자격은 조선인과 일본인에서 일본인과 제국신민으로 바뀌고 말았다.

● 한국전쟁과 엔화

한일 간의 역사는 항상 긴장과 아이러니의 연속이다. 제2차 세계대전 패전으로 거지가 된 일본에게 기적 같은 일이 일어난다. 1950년 6월에 터진 한국전쟁이다. 당시 요시다 일본 수상은 한국에 전쟁이 터졌다는 소식에 이렇게 외쳤다. "한국전쟁은 일본에게 신이 내린 선물이다." 이치마타 히사토 일본은행 총재도 한마디 거들었다. "우리 재계는 한국에서 전쟁이 터져서 구원받았다."

사실 일본은 한반도 분단의 원인 제공자다. 한국전쟁의 발발도 따지고 보면 일본 식민지배의 결과물인 셈이다. 패망한 일본은 한국전쟁 덕분에 근대 이후 사장 최대의 호황을 누렸다. 역사의 아이러니가 아닐 수 없다. 당시 일본인들은 제2차 세계대전으로 망가진 경제를 부활시켰다고 해서 한국전쟁의 특수를 '가미카제'라고 불렀다. '신이 일으킨 바람'이라는 뜻이다. 신이 도와서 일본은 다시 부활하게 됐다는 것이다. 일본경제의 부활은 한국전쟁 당시 미국이 대부분의 전쟁물자를 일본에서 조달한 덕분이다. 일본은 한국전쟁 기간 동안 약 100억달러 이상의 이득을 챙겼다. 제2차 세계대전으로 망가진 유럽경제를 살리기 위해 미국이 유럽 각국으로 뿌렸던 마셜플랜 자금 4분의 3에 해당하는 엄청난 액수다. 한국전쟁 기간 동안 일본은 연간 13%라는 엄청난 경제성장을 했다. 일본에서는 이때의 특수를 두고 '조선전쟁 붐' '조선동란 붐' '조선특수'라고 한다. 얼마나 대단했으면 이런 고유명사가 생겨났을까. 덕분에 패전국 일본의 국제수지는 적자에서 흑자로 반전된다.

한국전쟁이 발발한 직후인 1950년 6월 하순부터 미국은 일본에 '병참사령부'를 설치한다. 각종 식료품과 통조림, 군복, 군용 담요, 텐트 등의 섬유제품을 주로 매입한다. 파이프 철사, 철조망 등의 각종 철물도 사들인다. 시멘트와 골재, 콘크리트 재료, 차량 수리 등도 마찬가지다. 심지어 얼음까지도 일본에서 사다 썼다. 공산군들의 전향을 위해 뿌려졌던 수천만 장의 삐라도 일본의 인쇄소에서 제작됐다. 당시 아시아에서 제대로 된 산업시설이 남아 있는 곳은 일본 말고는 없었기 때문이다. 1951년 일본의 외환보유고가 9억5천만달러에 이르게 되자 미국은 대일원조 종료를 선언한다. 하지만 전쟁특수는 한국전쟁 휴전 후에도 계속된다. 1950년대 말까지 한반도에 미군이 10만명 가까이 주둔하고 있었기에 지속적으로 미국에게 군수품을 납품할 수 있었다.

1951년 하반기부터는 북한을 폭격을 통해 초토화시키는데, 여기에 필요한 폭탄을 일본에서 조달한다. 일본은 다시 군수물자를 제조할 수 있도록 생산허가를 받게 된다. 이후 일본은 다시 군수물자를 생산할 수 있게 되었고, 전투기와 전차의 수리까지 도맡아 하게 된다. 이에 제2차 세계대전

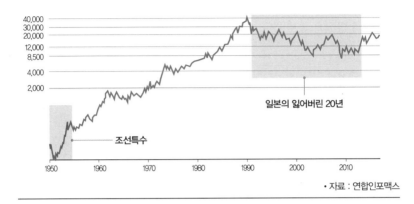

도표 15 1949~2017년 닛케이 평균 주가지수

일본의 잃어버린 20년

조선특수

1950　1960　1970　1980　1990　2000　2010

• 자료 : 연합인포맥스

당시 전투기와 전차를 생산하던 미쓰비시 중공업 등이 부활하게 된다. 뿐만 아니라 주문받은 기업들에게는 미국 기술자들이 찾아와서 직접 생산노하우 등을 알려주었다. 일본은 미국식 대량생산의 기술을 배울 수 있는 절호의 기회를 얻게 된다. 새로운 품질관리 기법까지 체득한다. 품질로 수출이 가능해진 일본의 제품 이미지는 바로 이런 과정을 통해 발전한 것이다. 세계적인 전략물자 사재기로 인해 국제 상품가격이 상승하고, 미군 특수로 일본의 수출은 급증하면서 일본경제는 생산, 고용, 이윤이 급증했다.

미군의 특수에 의한 외화수입은 막대해서 일본의 국제수지는 수출증가와 특수에 의해 단번에 개선됐고, 이로 인해 연간 20억달러 정도의 생산증가를 위한 원재료 수입이 가능하게 됐다. 1949~50년에는 10억달러 수입이 고작이었던 일본경제가 20억달러의 수입이 가능하게 된 것은, 수입 원재료에 의존하는 주요 산업의 생산규모를 거의 2배로 만들었기 때문이다. 당시에는 전력, 철강, 해운, 석탄 등 기초산업의 생산부족이 문제였다. 그러나 원료수입 증가로 이들 4대 산업을 중심으로 생산증가를 위해 기업의 설비투자와 기술혁신을 활발히 할 수 있게 하는 계기가 됐다. 경제부흥의 출발이었다. 고도성장을 만끽하게 된 일본 국민의 의식은 급속도로 경제 제일주의 방식으로 바뀐다. 한국전쟁 덕분에 다시 일어설 수 있다는 자신감을 가지기 시작했다.

한국전쟁으로 한국인 1/8이 죽었고, 수많은 시설들이 파괴되었다. 학자들은 300만명이 죽은 것으로 추정한다. 1천만명의 이산가족이 발행했고, 500만명의 난민이 발생했다. 한국전쟁은 누구도 승리하지 못한 전쟁이라고 한다. 하지만 최대 수혜자는 있었다. 바로 일본이다.

일본은 자의보다는 타의에 의해 전쟁특수를 챙겼다. 자위대를 출범시켜 재무장할 수 있는 기회도 만들었다. 한국전쟁 기간에 체결된 샌프란시스코 강화조약을 통해 제2차 세계대전에 대한 면죄부를 챙길 수 있었다. 이 회담에서 일본은 독도 문제를 자기 입맛에 맞게 처리할 수 있었다. 제2차 세계대전을 공식적으로 끝낸 이 조약을 통해 일본은 독립을 회복했다. 전쟁 책임국가인 일본은 한국전쟁이 터진 덕분에 배상 및 영토와 관련된 문제를 유리하게 해결했다. 대한민국의 입장에서는 기가 막힌 현대사다. 이런 사회 분위기 속에서 1955년 일본 자민당이 결성되고 이후 54년 동안 장기집권의 터전을 잡게 된다.

한국전쟁은 경제적으로 일본의 고도성장을 이루는 큰 주춧돌을 놓고, 패전으로 휴지조각이나 다름없었던 일본 엔화라는 화폐를 국제사회에서 준기축통화로 부활하게 했다. 정치도 보수화될 수 있게 만들었다. 일본 역사의 일대 전환점이었던 셈이다.

● 대일 차관

대일청구권 자금협상은 한일 간의 첨예한 사안이었다. 포츠담선언에는 실물배상을 원칙으로 규정했지만, 일본 항복 후 미국의 초기 일본에 대한 정책은 일본이 재무장을 하지 않는 전제에서 배상은 강요하지 않겠다는 것이었다. 미소 간의 냉전을 의식해 대일정책에 변화를 준 것이다. 대일 강화조약에서 미국은 무배상주의를 취하였으나 미얀마, 필리핀, 인도네시아 등 동남아시아 국가들은 이에 반대했다. 이들 국가들은 후에 각자 2억~5억달러 규모의 배상협정을 체결했다. 한편 1952년 한국의 청구권문제는 대일청구권 요강에 지불방법을 포함해 8개 항목이 제시됐다. 하지만 36년간의 일제강점기 동안 한 나라의 국민이 당한 정신적·물질적 피해에 대한 보상을 모두 적시한 것이 아니었다.

한국의 대일청구권 문제 타결을 위해 7차례나 회담이 계속됐지만, 한국이 요구하는 8억달러와 일본이 제시하는 최고액 7천만달러의 차이 때문에 좀처럼 의견이 좁혀지지 않았다. 그러다가 1962년 11월 김종필 특사와 오히라 마사요시 일본 외상과의 비밀회담에서 이른바 '김종필·오히라 메모'를 근거로 1965년 6월 22일 한일 기본조약이 체결됐다. 동시에 '재산과 청구권에 관한 문제 해결과 경제협력에 관한 협정'이 정식으로 조인됐다. 주요 내용은 재산청구권에 대해 일본이 무상으로 3억달러를 10년간에 지불하고, 경제협력으로 정부 간의 차관 2억달러를 연리 3.5%, 7년 거치 20년 상환이라는 조건으로 10년간 제공하며, 민간 상업차관으로 1억달러 이상 제공이었다.

36년간 당한 수탈과 강탈, 식민지배의 보상치고는 한마디로 '껌값'에 해당하는 보상금액이 아닐 수 없었다. 특히 징병과 징용보상은 성노예 피해 보상과는 전혀 다른 범주다. 간단히 말해 전쟁에 필요한 영업과 관리 직원의 미지급 급여와 보상은 '전쟁에 강제로 끌려간 성노예' 보상과는 차원이 다르다. 더군다나 2016년에는 박근혜 정부는 일본 정부로부터 10억엔을 위안부 할머니들에게 보상하고, 추후 이 문제를 재론하지 않기로 일본측에 합의해줬다. 한일관계가 미래를 지향해야 한다는 논리로 추진된 일이었지만, 과거에 대한 진지한 성찰이 없었다. 아무리 미국의 종용이 있었다 하더라도 국가 외교적으로도 매우 전략적이지 못한 '덜컥' 합의가 아닐 수 없었다.

한일 스와프협정

일본의 한국에 대한 금융침탈, 차관문제는 오랜 역사가 있다. 양국의 돈 문제, 금융협의는 21세기인 지금도 현재진행형이다. 2008년 글로벌 금융위기를 겪으면서 한국과 일본은 양국의 필요에 따라 서로 간에 바람막이가 되는 통화스와프 협정을 체결한다. 우리나라에게 국가 간 스와프는 2008년 글로벌 금융 위기 때 가산금리가 천정부지로 올라가 단돈 천만달러의 '라인Line'도 아쉬운 때에 선제적으로 유용하게 이용한 보험이었다. 일본 입장에서는 '엔화의 국제화'와 '영향력 확대'에 가장 긴요한 협력국은 한국이었다. 이 협정은 한때 700억달러까지 규모를 늘리기도 했다.

하지만 2016년 2월, 한일 통화스와프는 종료됐다. 일본 정부가 한일 간 통화스와프 협정 연장에 소극적인 태도를 보였다. 한일관계가 나쁘던 2015년 초 일본 관방장관이 한국 정부의 정식 요청이 있지 않은 경우 협정 연장을 검토하지 않겠다는 얘기가 나와 한국 측의 공분을 사기도 했다. 경제적인 문제를 위안부, 독도 문제 등 정치적인 지렛대를 삼으려는 시도인 것으로 받아들였기 때문이다.

현실적으로 화폐의 권력 서열 차원에서 보면 일본 엔화는 원화 위에 있다. 부인할 수 없는 사실이다. 화폐는 크게 기축통화, 결제통화, 국가통화로 나뉜다. 기축통화는 미국 달러가 유일하고, 결제통화에는 엔화, 유로화, 파운드화 등이 사용되고 있다. 그중에서 엔화는 준기축통화로 분류된다. 중국의 위안화가 결제통화로 발전하고 있다지만 아직까지는 국가통화에 불과하다. 결과적으로만 보면 한일 통화스와프 협정은 한국에 더 이득인 측면이 있기는 하다. 그렇다고 일본이 손해만 보는 것은 아니다. 통화스와프란 어느 한 국가에만 이득이 되는 것이 아니라 협정을 맺은 국가에게 서로 이득이 되는 것이다. 하지만 일본 관방장관이 무슨 시혜를 베푸는 것처럼 말한 것에 대해 한국측이 열을 받은 것이다.

통화스와프는 원래 민간기업의 환헤지, 즉 환율변동에 대한 위험을 줄이는 행위 혹은 시스템을 국가 간에도 적용해보자는 차원에서 처음 고안되었다. 국가 차원의 환차손에 따른 외환보유고 고갈 등의 위험을 줄이기 위해 특정 기간 환율을 고정시켜 약정한 것에서 출발했다. 국가 간의 통화스와프 협정은 상대국에게 일종의 마이너스통장을 개설해주는 것이다. 기간을 정하고, 통화스와프 액수 규모를 설정하며, 해당 통화량 한도 안에서 자국통화와 정해진 환율로 맞교환이 가능하다.

협정의 효과는 절대적인 금액의 한도는 있지만 일정 규모 환율이 고정되어, 환헤지 비용을 줄일 수 있는 효과가 있다. 실질적인 외환보유고를 늘리는 효과도 있다. 2016년 2월 이전까지 한일 통화협정 스와프는 100억달러 규모였다. 원화를 특정 환율로 100억달러 더 확보할 수 있다는 것이 중요했다. 통화스와프는 일방의 국가만 이득을 얻는 게 아니다. 물론 일본경제가 객관적으로 봤을 때 한국보다 선진화되어 있고 화폐의 지위도 더 높다. 그렇다고 한국경제가 일본이 통화스와프를 무기로 위협할 만큼 허술한 것은 아니다.

한국은 세계 10위권의 경제대국이고, 외환보유고도 상위권에 속하는 국가다. 무엇보다 인구 5천만명을 가진 나라가 생각보다 많지 않다. 한일 통화스와프는 한일 양국 경제에 서로 이득이 되는 것인데, 이를 제대로 활용하지 못해 안타깝다. 일본은 양적완화를 추진하는 국가다. 즉 화폐가치가 상대적으로 떨어지게 하는게 2017년 아베 정권의 경제정책이고 상당 기간 현실이 될 것이다. 한일 통화스와프를 연장하지 않는다는 것은 일본 입장에서는 잃게 되는 기회비용도 커짐을 의미한다.

지난 2011년 유럽의 경제위기가 본격화될 무렵 한일 통화스와프 규모는 700억달러까지 늘어났다. 그만큼 일본도 위기감을 느꼈다는 것이다. 한국과의 경제 연관성을 강하게 가져감으로써, 위기를 선제적으로 대응하겠다는 의지를 보였다. 그러던 것이 이명박 대통령의 독도 방문을 계기로 규모를 줄여버렸고, 2016년에는 100억달러로 쪼그라들어 유야무야해진 것이다. 자신들이 필요할 때는 적극적이다가 일본경제가 더 발전했고 화폐의 권력이 더 크다는 것을 이유로, 한국에 수혜를 베푼다는 모습을 보이며 정치적으로 이용했다. 경제라는 게 서로의 이해관계에 따라 좋아지기도 하고 나빠지기도 한다. 하지만 정치적인 것과 연계될 때, 양국의 관계는 윈윈win-win이 아니게 된다.

아베의 3개의 화살 정책이란?

잃어버린 20년을 거치면서 2012년 12월 말에 집권한 아베 총리는 절박했다. 그에 대한 일본인들의 기대는 컸다. '아베노믹스'는 그동안 일본 정책에서는 보기 힘든 대담한 정책들로 구성되어 있다. 최후의 발악이 담긴 마지막 정책, 쓸 수 있는 모든 카드를 던져보는 그런 정책들이다. 평상시에 쓰기 힘든 정책들이었다. 대담한 금융완화, 기동적인 재정정책, 민간투자를 촉진하는 성장전략, 이른바 '3개의 화살 정책'이다. 엔저를 통한 수출확대, 높은 법인세율 개선시도 및 분배강화 등이 아베노믹스의 기본 방향으로 제시됐다. 집권 당시 불안정한 해외경제에 비해 국내경제 기조도 나쁘지 않았다.

2016년 기준으로 금융완화 정책을 앞세운 아베노믹스가 3년을 넘겼지만, 성과는 당초목표에서 크게 밑돌고 있다. 아베 총리가 목표로 했던 '개인소비와 설비 투자 증가'와 '실질 국내총생산GDP 2% 성장'은 요원해졌다는 것이 전문가들의 대체적인 평가다. 가장 큰 이유는 GDP의 60%를 차지하는 개인소비 부진에 있다. 임금 총액인 고용자 보수는 3년 전과 비교하면 겨우 0.9% 증가한 보합 상태를 보였다. 물가 대비 임금은 오히려 0.9%나 줄어 4년 연속 감소를 기록했다. 양질의 정규직원은 줄어든 반면 비정규직이 증가한 것이 소비부진의 주원인이었다. 베이비붐 세대인 단카이세대는 퇴직하는 반면 이를 대신할 양질의 일자리는 줄었다. 후생노동성 발표에 따르면 2005년도에 비해 2015년(저자확인) 비정규직은 10년 만에 30% 늘었다. 비정규직 확대로 그만큼 실질임금도 준 셈이다.

기업들도 성장률 저조에 한몫했다. 수출기업을 중심으로 기업이익은 늘었지만 개인들의 소비촉진으로 이어지진 않았다. 기업이익을 사내유보금으로 쌓아놨지만, 근로자 임금인상으로 연결되지 못했다는 의미다. 임금인상도 기본급보다는 일시적인 보너스 지급에 치중해 있어 효과가 이어지지 못했다. 신흥국 경기둔화와 시장의 불확실성 증가 탓에 기업들은 불안정한 미래를 대비하기 위해 움츠러들었다.

주요 대기업 임금인상을 독려하는 아베 정부의 정책이 효과가 있을지가 상황 개선의 바로미터로 여겨진다. 기업실적이 좋지만 임금인상 움직임은 느린 상황이 얼마나 개선될 수 있을지가 포인트다. 중앙은행인 일본은행에 이어 기업들이 돈을 풀어야 할 때라는 점을 강조한 것이다. 일본 재무성 법인 기업 통계에 따르면 2014년도 기업 경상이익은 64조6천억엔으로 2012년도에 비해 16조엔 늘었다. 기업 내부 유보금도 350조엔 규모로 커졌다.

효과가 신통치 않자 다시 아베총리는 2016년 7월 추가 경기 부양책 카드를 들고 나왔다. 당초 경제대책 규모는 10조엔 정도였지만 규모확대에 대한 아베 총리의 강한 의지를 반영해 재무성이 19조엔 규모의 대책을 준비했다. 이마저도 부족하다는 압박을 받자 최종적으로 28조엔 규모가 됐다. 하지만 경제대책 등에 활용되는 전년도 결산잉여금은 엔고 등에 의한 법인세 감소 영향으로 2016년도에 사용할 수 있는 규모가 2,500억엔이었다. 지난해의 1조5천억엔에서 크게 줄었다. 재정형편도 좋지 않다. 그래도 대책이 소규모에 머물면 아베노믹스에 대한 신뢰가 흔들리기 때문에 국채발행은 공공공사 활용 건설국채 3조엔 정도로 최소화해 정부지출을 억제하면서 여러 방법으로 사업규모를 부풀렸다.

전체 사업규모는 28조엔 가운데 13조엔이 재정조치다. 중앙정부와 지방의 지출과 6조엔의 재정투융자가 포함된다. 규모확대를 위해 2017년에 하려던 사업을 앞당겨 시행하기로 했다. 보육사나 간병시설 직원 대우 개선 등 '1억총활약사회' 실현을 위한 관련사업이 대표적인 사례다. 또한 재정조치 제외한 약 15조엔에는 정부계 금융기관에 의한 중소기업 등에 대한 융자설정이나 정부보조를 받은 민간기업이 사용할 자금도 포함됐다. 하지만 경기가 감속한 시점에서 일본기업들이 투자 등에 소극적이고 신중한 상태이기 때문에 융자가 어느 정도 이용될지는 불투명하다.

일본의 양적완화, 이웃이야 죽든 말든

일본의 경제정책 중 내부 경제정책에 대해 우리나라가 시비를 걸 수는 없지만, 양적완화 정책은 사실 기가 막힐 노릇이다. 양적완화 정책은 엔화 환율을 인위적으로 하락시켜 일본 기업들의 수출가격 경쟁력을 부추기겠다는 외환정책과 궤를 같이 한다. 직접적인 언급은 없지만 결국 경쟁국가인 한국을 겨냥한 것이다. 전형적인 근린궁핍화 정책beggar my neighbor policy이다. 과거에는 달러−엔 시장에 개입하는 것에 미국 눈치를 보며 조심스러웠지만, 이제는 엔화 자체가 준기축통화라는 사실을 국제무대에서 거칠 것 없이 밝히고 위상을 과시하고 있다.

엔화의 가치를 스스로 결정하겠다는 일본 정부의 모습을 보며 한국은 무제한 양적완화 같은 화폐주권을 누릴 수 없다는 사실을 새삼 깨닫게 된다. 일본이 달러처럼 기축통화는 아니더라도 기축통화의 반열에 오른 화폐를 가진 국가라는 우리는 잊고 살았던 것이다. 가전제품과 자동차로 대충 따라 잡은 줄 알았는데, 아니었다. 결정적인 순간에 내놓은 아베노믹스를 보니 우리와는 차원이 다르다.

발권력을 동원해 통화가치를 약화시킬 수 있는데, 이는 아무 국가나 할 수 있는 게 아니다. 기축통화가 없는 우리나라의 경우 통화정책이 환율에 미치는 영향이 선진국보다 적어, 마이너스금리 정책으로 평가절하 효과를 기대하기가 어렵다. 하지만 일본은 가능하다. 미국 중앙은행의 양적완화를 흉내 내, 무제한 통화공급 정책을 단행할 수 있다. 그동안 일본은 미국 눈치만 보다가, 이제는 엔화가 기축통화의 일원으로써 제한 없는 가치의 공급과 창출에 나설 수 있음을 과시하고 있다. 이러한 화폐의 주도권과 자치권은 누가 부여한 것인가?

바로 일본경제의 힘이 그 배경이다. 대외보유 자산을 배경으로 해서 '준기축통화'로 부상된 화폐가 됐다. 미국 달러는 제2차 세계대전을 통해 피를 흘리고 기축통화 위치를 획득한 반면, 엔화는 전쟁에서 패했지만 개미처럼 일해서 수출해 모은 돈으로 해외재산을 사들여 자산가치를 바탕으로 기축통화 반열에 오른 통화다. 전 세계에 깔아놓은 자산의 힘이 준기축통화의 배경인 것이다. 이런 엔화의 위상이 국제적으로 인정받고 있는 것이다. 자국화폐 가치의 인위적인 가치평가에 나설 수 있는 역량과 자격을 가진 국가가 된 것이다. 자국화폐의 공급과 주조에 관한 권한을 전 세계 시장에서 주체적으로 행사하고 있는 것이다.

아베 집권 이전에는 물가와 엔화 가치 수호를 위한 일본은행 정책과 조심성은 독일 중앙은행인 도이체방크 못지않게 보수적이었다. 철저하게 주어진 경제여건과 제도 범위 안에서 움직였다. 화폐의 공급과 통화량의 조절정책은 일본은행의 독립성에 힘을 실어 주었다. 전후 일본은 엔화가치 안정에 주변국의 눈치도 살폈다. 하지만 아베가 집권하면서 모든 게 달라졌다. 경제를 빌미로 일본 정부가 중앙은행을 압박해 엔화의 공급량을 무제한으로 늘린 것이다. 화폐공급 판단의 자주권을 자의적으로 행사한 것이다. 이 문제는 아베가 헌법을 고쳐 전쟁 가능 국가로 나아가려는 것보다 훨씬 중대하고 심각한 의미가 있다. 오늘날 전쟁은 돈으로 한다. 엔화의 무제한 통화공급을 천명한 아베의 경제정책은, 일본의 독립적인 전쟁 선언보다 한발 더 앞서나간 실질적인 조치가 아닐 수 없다.

1985년 플라자합의로 미국에게 팔목을 꺾인 적이 있던 일본이 이제는 당당하게 미국, 유럽과 함께 준기축통화 힘을 행사하는 셈이다. 화폐공급의 도덕적 모럴을 벗어던지며 금본위제도 등의 어떤 기준에도 얽매이지 않고, 미국의 뒤를 이어 통화공급의 자주적 선언에 동참하게 된 것이다. 아베 총리의 공과를 따질 때, 공㎏이라면 엔화의 국제화 이후 누리는 화폐의 자기결정권을 맘대로 행사한 과단성이라고 봐야 할 것이다. 사실 영국이 브렉시트를 하려 했던 가장 큰 이유도 화폐의 자기결정권Self determination, 즉 자주권의 획득 때문이었다.

미국, 캐나다, 일본은 글로벌 금융위기 이후 무제한 양적완화에 나서는 등 화폐와 통화정책의 자주권을 마음껏 누리고 있다. 그러자 영국 정치 엘리트들은 생각했다. 왜 이런 문제를 결정할 때 프랑스와 독일의 눈치를 살펴야하는가. 유로라는 족쇄에 묶여 있는 한 자주권은 요원하다는 판단이 절박했다. 영국이 부러워한 일본의 화폐통화에 대한 자주권 행사, 그러나 이웃나라야 죽든지 살든지 상관없는, 우리에게는 인정사정없는 근린궁핍화 정책이 아닐 수 없다. 이웃이야 죽든 살든 상관없고 나만 살면 그만이라는 정책이다. 우리 입장에서 맘 편하게 손 놓고 볼 수 없는 이유다.

대한민국 환율의 다섯 번째 비밀은 일본 엔화는 준기축통화이며, 일본이 향유하는 권리를 우리는 먼발치에서 불구경하듯 쳐다봐야 한다는 점이다. 일본 알기를 우습게 아는 우리나라 지식층들이 간과하는 점이 바로 엔화라는 화폐가 국제사회에서 차지하는 비중이다. 이 비중을 활용해 일본이 자국의 경제적 이익을 극대화하고 있다. 우리가 어떻게 해도 따라잡을 수 없는 부분이다. 일본에 수출하는 우리 기업들이 피땀 흘려 1엔이라도 더 벌려고 애쓸 때, 아베 정권은 구름 위에 앉아서 엔화의 무제한 공급으로 환율 조작에 거리낌 없이 나서고 있다. 한일협약의 국치가 여전히 21세기에도 언제든지 반복될 수 있는 양국의 능력 차이가 여전한 것이다. 극복하기 불가능하고 어려운 상황을 지켜보는 것은 자존심상하는 일이 아닐 수 없다. 하지만 이것이 우리의 현실이며, 공개적으로 아무도 말하지 않는 일본과 한국의 화폐와 환율의 비밀이기도 하다.

원-엔 환율은 어떻게 결정되나?

원-엔 환율은 시장에서 매매되는 환율이 아니라 임의로 산출하는 환율이다. 달러-엔 환율과 달러-원 환율이 실시간으로 각각 국제외환시장과 서울외환시장에서 매매가 이루어지는 것과는 달리, 계산상 편의를 위해 산출되는 것이다. 달러와 엔이 국제시장에서 매매되고 달러와 원이 서울시장에서 매매되지만, 원-엔 환율은 시장에서 트레이딩이 이루어지지 않는다. 다만 달러-엔과 달러-원의 거래를 기본으로 삼각관계로 간접환율을 계산해 산출하는 방식이다. 그래서 원-엔 환율을 크로스환율Cross rate 이라고 부른다.

공항에서 환전하는 원-엔 환율은 이런 메커니즘으로 계산한 환율이다. 기축통화 국가의 환율이 아닌 경우에는 크로스레이트로 산출해서 매매기준율을 고시한다. 요즘 외환시장이 워낙 장중 등락이 심해서 매매기준율 고시가 하루에도 수십 번에 걸쳐 업데이트된다. 공항환전도 예전과 달리 오전과 오후가 다르다.

원과 엔의 거래가 직접 외환딜러들이 매매하는 외환시장이 형성될 정도로 크지 않지만, 장중에는 거의 실시간으로 크로스레이트가 계산되어 지표로 활용한다. 원-엔 환율의 형성은 달러-엔의 향방과 달러-원의 향방에 따라 다르게 나타난다. 원-엔 환율 크로스레이트를 한번 계산해보자. 현재 외환시장에서 달러-원이 1,200원에 매매되고, 달러-엔이 110엔에 형성돼 있다고 하자. 이때 원-엔 환율은 얼마가 될까? 크로스레이트를 구할 때는 방정식을 만들면 쉽다. 1\$=1,200원, 1\$=110엔 이므로, 1,200원=110엔이 된다. 이를 100엔당으로 환산하면 1,090원이 된다. 원-엔 환율은 1,090원이 되는 것이다. 그렇다면 달러-원이 오름세를 보이고 달러-엔이 오름세를 보이면, 원-엔은 어떻게 될까? 또 달러-원이 오름세를 보이고 달러-엔이 내림세를 보이면, 원-엔은 어떻게 될까?

크로스환율은 우리나라 대외수출에서 중요한 지표다. 원-엔 환율의 산출과 추세는 대외적으로 한국제품과 일본제품의 가격경쟁력을 보여준다. 우리 수출기업뿐만 아니라 개개인의 여행수지, 농축산물의 수출에도 영향을 주는 중요한 변수다. 원-엔 환율등락에 따라 제주도 넙치가격이 울고 웃고 제주도 넙치 생산량에도 영향을 준다. 환율 파급효과는 모든 경제에 전방위적이다. 민간연구소나 당국자의 이야기를 들어보면 '원-엔' 환율에 대한 우려는 결국 대일 수출경쟁력의 훼손과 제3국에 대한 일본 경쟁상품과의 우리나라 수출가격 경쟁력 때문이다. 하지만 최근 제3국에 대한 가격경쟁력은 과거보다 많이 완화됐다고 한다.

지역신문인 제주신문은 최근 제주지역 수출과 관련해 '원-엔' 환율문제

도표 16 원-엔 환율 추이

• 자료 : 연합인포맥스

를 언급하는 사설을 실었다. 금융시장 측면에서 환율만 쳐다보다가 실물 지역경제에까지 환율이 영향을 미치고 있다는 분석을 읽으면서, 환율의 파급효과가 모든 경제에 전 방위적이라는 점을 새삼 깨닫게 된다. 제주도 가 밝힌 국가별 수출점유율을 보면 일본이 81.3%를 차지한다. 일본이 기 침하면 제주도는 중병이 든다. 제주도산 넙치, 소라, 해조류 등 수산물과 돼지고기 등 축산물업계 종사자들은 이미 일본 기침에 만성 독감이 걸린 다. 제주도의 생산자와 수출업체들은 일본의 경기상황과 정책에 목숨을 걸 수밖에 없다. 그래서 원-엔 환율만 쳐다볼 일이 아니라 수출시장 다변 화가 절실하다고 촉구하는 목소리가 나오고 있다.

원-엔이 하락하면 넙치 값에도 전가된다. 예컨대 원화가 일본 엔화에 대해 강세를 보이면 제주도 수출경제 전반에 큰 부정적 영향을 미친다. 원-엔 환율 움직임은 앞서 설명했듯이 엔화와 달러화, 원화의 움직임에 대해 어떤 경우 동조화하고, 어떤 경우에는 비동조화하기도 한다. 원화가 치가 상승하면 더 적은 비용으로 상품을 수입하고 일본여행도 할 수 있게 되는 등 긍정적 측면도 있다. 하지만 원화강세가 일본 시장으로 편중된 제 주 상품의 가격경쟁력을 약화시켜 수출에 지장을 초래하고, 또 이것이 제 주 경제회복의 걸림돌로 작용할 가능성이 생긴다.

브렉시트에 직격탄를 맞은 엔화

여행사의 매출에 가장 큰 영향을 주는 요인은 사드 같은 정치외교적인 돌출 사안도 결정적이지만, 평상시에는 단연코 환율이라고 한다. 분기별 매출·연간매출과 이익률은 전적으로 환율에 크게 영향을 받는다. 우리나라 여행객들뿐만 아니라 일본인, 중국인(요우커)들도 환율에 대단히 민감하다.

2016년 6월 24일, 브렉시트가 결정된 그날에만 파운드화, 유로화 가치는 기록적으로 폭락하고, 반면에 엔화가치는 폭등했다. 엔화가 '안전자산' 통화가 된 것이다. 외환시장에서는 상대적으로 선호하는 통화가 어느 것이냐가 중요하다. 일본도 경제가 어려운 상황이지만, 유럽보다는 상대적으로 낫다는 인식이 엔화를 '사자Buy'로 연결된 것이다.

그날 하루 동안 우리나라 코스피는 장중 100포인트가 폭락했다. 달러-원 환율은 30원(3%)이 폭등했다. 달러-엔은 장중 5시간만에 무려 5엔(5%) 추락했다. 1엔은 보통 국제외환시장에서 큰 숫자Big Firgure라고 부른다. 아베총리가 아베노믹스를 통해 4년 동안 죽기살기로 추진해온 달러-엔의 강세정책이 이날 5시간 만에 도로아미타불이 되었다. 파운드화는 이날 하루 달러에 대해 10% 폭락하고, 유로화는 5% 하락했다. 원-파운드화는 크로스레이트로 계산하면 100원 이상 폭락했다.

이렇게 되면 개인들의 해외여행에 어떤 영향을 미칠까? 당시 관광·여행업계가 비상이 걸렸다. 브렉시트 현실화로 유로화와 파운드화 가치 하락세가 당분간 이어진다면, 유럽행 여행수요에 긍정적 영향을 미칠 수 있다는 전망이 나왔다. 실제로 이날 원-파운드화 환율은 100원 이상 폭락했고, 원-유로 환율은 전거래일보다 15원 안팎 떨어진 채로 거래되었다. 환율이 낮아지면 파운드화나 유로화로 표시된 호텔요금, 교통비, 식비 등이 상대적으로 저렴해져 유럽을 가려는 여행객들에게는 이득이다. 개별 여행객들에게도 환율이 영향을 미칠 수 있으니, 환율변동이 장기화되면 여행객의 선택에 분명이 영향을 준다. 평소에 유럽으로 떠나려고 하는 개별 여행객의 경우 항공권, 호텔, 유레일 패스 등을 예약하려면 했다면 브렉시트로 파운드화와 유로화가 약세를 보이는 시점이 적기일 수 있다.

반대로 유로화 가치가 떨어지면 우리나라를 비롯해 해외로 여행을 떠나는 유럽인들의 발길은 줄어들 수 있다(우리나라는 입국하는 해외 관광객 가운데 유럽인 비중이 매우 작기 때문에 영향은 제한적이다). 브렉시트에 따른 엔화 가치 강세가 일본여행 상품 수요에 영향을 미칠 가능성도 있다. 브렉시트 직후 엔화가치는 달러당 100엔 선이 무너지면서 폭등했다. 최근 엔화가치가 상승세를 보였음에도 일본으로 가는 개별 여행객은 꾸준히 증가해왔는데, 엔화가치 고공행진이 계속되면 일본으로 여행을 가는 수요는 줄어들 수밖에 없다. 엔화 상승세가 계속된다면 일본여행 상품가격 자체가 오를 수밖에 없다. 호텔업계는 환율변동 등에 따른 직접적인 영향은 없을 것으로 내다보면서도 간접적인 영향을 미칠 가능성은 배제할 수 없다. 브렉시트로 우리나라 기업들이 어려워지면 가장 먼저 줄이는 것이 출장비와 접대비 등인데, 이 경우 호텔도 영향을 받을 수 있다.

한국과 일본의 환율갈등

13세기 후반 고려는 몽고와 연합군을 형성해 10년 동안 두 차례에 걸쳐 일본정벌에 나섰다. 1차 원정 때 하이테크 무기와 병력으로 하루 만에 규슈 일대를 쓸어버렸다. 역사상 최초의 열도 침입에 일본 사무라이들은 혼이 쏙 빠졌다. 당시의 쇼크가 얼마나 컸던지 700년이 지났는데도 일본어에 그 흔적이 남아 있다. 일본인들은 큰 충격을 받았을 때 쓰는 '무쿠리 고쿠리(몽고와 고려) 귀신'이라는 단어가 그렇다. 이런 역사적 전통을 가진 탓에 전 세계에서 한국처럼 일본을 우습게 여기는 나라도 없는 것 같다.

한국은 일본 전자업체와 자동차업체에게 위협적인 경쟁자다. 소니의 시가총액이 삼성전자의 3분의 1로 추락했다. 이런 초조함은 2010년 11월경 일본 총리와 재무상의 한국 원화에 대한 '환율 시비'에서 극적으로 나타난 바 있다. 당시 간 나오토 총리와 노다 요시히코 재무상은 10월 13일 중의원 예산위원회에서 대단히 이례적으로 한국 외환정책에 대해 비판했다. "한국은 원화 환율에 수시로 개입하고 있으며 한국은 주요 20개국^{G20} 의장국으로서 그 역할을 엄하게 추궁당할 것"이라고 말이다. 남의 나라 '(환율)주권'에 대해 '밤 놔라 대추 놔라' 한 격이다.

일본이 환율 문제에서 다른 모든 나라를 제쳐놓고 한국에게 원색적으로 시비를 걸었던 이유는 뭘까? 달러-엔 환율보다 원-엔 환율이 일본에게 훨씬 중요해졌기 때문이다. 일본 재무성 통계를 보면 일본 주요 제조업체들의 생산기지 해외이전은 해마다 심화하고 있다. 도요타의 해외 생산은 2010년까지는 48%에 머물렀지만, 2011년에는 57%에 달했다. 닛산도 66%였지만 71%로 뛰었다. 해외이전 덕분에 달러-엔이 하락하더라도 이들 제조업체의 해당 기간실적은 큰 영향을 받지 않았다. 이 때문에 일본 기업들과 정치권에서는 20년 전 슈퍼 엔고 시절과 달리 불평이 쏟아지지 않고 있다.

특히 현재 일본의 소비자물가가 1990년대에 비해 70%에 머물고 있어, 1995년 79.95엔이었던 환율은 물가변동을 적용하면 현재의 56엔 정도다. 아직도 미국을 상대로 하는 수출입에서는 달러-엔 환율이 한참 더 여유가 있다는 얘기다. 아시아 지역도 환율이 큰 문제는 아니다. 일본은 아시아 지역 수출품의 48%를 엔화로 결제하고 있다. 1.7%가 현지통화로 결제되고 달러화 결제는 50%에 머물고 있다.

문제는 미국 시장에서 한국과의 경쟁이다. 일본에게 가장 호락호락하지 않은 상대는 한국기업이며, 여기서 원-엔 환율은 가장 치명적인 부분이다. 해외 생산기지 이전은 일자리의 축소로 이어져 일본 내수를 크게 좀먹고 있다. 일본이 이런 상황을 타개하려면 대미수출이 유일한 숨구멍인데, 원-엔 환율이 오름세를 보이면 눈엣가시로 여긴다. 일본 총리가 한국의 원화를 걸고넘어진 것은 이러한 초조함을 반영한 것이며, 잠재의식 속에 숨어 있던 '무쿠리 고쿠리'들에게 겁을 먹은 탓이다.

브렉시트를 대처하는 현대기아차와 도요타의 전략 차이

엔화를 길게 설명했다. 다시 이야기를 브렉시트로 옮겨, 브렉시트가 한국과 일본 자동차업계에 어떤 영향을 미치는지 한번 보자.

현대기아차의 경우 영국시장은 유럽 판매의 20% 정도다. 이 중 90%는 체코와 슬로바키아에서 생산된다. 유로화와 파운드화가 약세를 보이면 유럽 경기위축에 따라 현지에 자동차를 수출하는 완성차 업체들의 피해가 예고된다. 한·EU FTA^{자유무역협정}와 역내생산 지위에서 벗어나면서 관세가 부활하는데다, 파운드·유로화의 평가절하, 영국 및 유럽의 경기하강이라는 거시경제적인 악재까지 추가되기 때문이다. EU탈퇴 유예기간 동안 영국이 수입국과 따로 FTA를 체결할 가능성도 현재로는 기대이하이다. 유예기간 동안 영국이 준비해야 할 것이 산더미기 때문이다.

현대기아차와 쌍용차는 직접적인 영향이 불가피할 전망이다. 현대기아차는 2015년 16만 7천 대를 영국에서 판매했다. 이는 유럽 전체 판매량의 20%에 달하는 비중이다. 현대기아차가 영국에 수출한 차량 중 90%는 체코와 슬로바키아 공장에서, 10%는 국내생산된 물량이다. 또한 브렉시트로 현대기아차는 영국에 수출하는 국내·해외공장 생산분 승용차와 상용차에 10~22%의 관세 부담이 불가피하다. 영국 내에 공장을 두고 있는 도요타, 혼다, 닛산 등 일본 브랜드보다 가격경쟁력이 낮아 불리한 입장이다. 다만 영국을 제외한 유럽 지역에서는 EU와의 FTA에 따른 무관세 혜택으로 영국에서 생산되는 일본차보다 가격경쟁력에서 우위를 점할 수 있다. 쌍용차 상황도 비슷하다. 쌍용차는 2015년 6천여 대의 차량을 국내에서 영국에 수출했다. 이는 같은 기간 전체 유럽 수출량인 2만 2천 대의 30%다.

완성차 업계는 브렉시트로 직접적인 영국 수출 타격보다 유럽 경기위축을 더욱 우려하고 있다. 영국의 EU 탈퇴가 결정됐지만 EU와 FTA를 통해 적용받던 관세혜택이 앞으로 2년간 유지되기 때문에, 직접적인 수출타격보다 심리적인 경기위축에 따른 유럽 전역의 판매감소가 더 큰 문제라는 입장이다.

일단 현대기아차는 유럽에서 생산되어 들어가는 물량에 전부 관세가 붙으면서 차량가격이 좀 높아지는 효과가 있을 것으로 보인다. 현대기아차와 도요타의 경쟁은 관세보다는 환율이 더 치명적이라고 한다. 특히 미국 시장에서 그렇다. 국내업체들이 짭짤한 수익을 내는 차종이 3000cc인데, 미국이 이 차종에 대한 관세철폐를 3년이나 유예시켜 그다지 재미를 못 보고 있다. 물론 관세는 없는 것이 낫지만, 한국 자동차업체에게 관세효과는 환율에 비하면 '조족지혈'이다. 한국업체가 미국서 고전하는 대부분의 이유가 '환율'이기 때문이다. 예컨대 한 해 동안 환율이 10% 이상 떨어진다면, 관세가 조금 낮아진다고 해서 만회될 수 없다. 2000cc 정도의 차에 관세 2.5%가 미치는 효과는 고작 몇 십만원이지만, 환율급락은 몇백만원의 가격상승 악영향을 주기 때문이다.

세계 빅 5로 도약한 현대기아차의 환율대응 전략과 일본 도요타를 비교해보는 것은 환율위험관리 이해에 많은 시사점을 준다. 현대기아차와 도요타가 환율급락에 대응하는 전략의 가장 큰 차이점은 해외 생산기지 확보를 핵심 경영전략으로 추진하고 있느냐 아니냐라는 사업전략의 차이에서 시작된다. 도요타는 에너지 비용의 효율성 제고 및 환율 급등락 헤지 전략 차원에서 1980년대 이후부터 주요 전략 차종의 생산기지를 미주 등지로 옮겨, 환율에 대해 자연 '헤지' 능력을 갖추고 있다. 엔화가 떨어지면 해외생산량을 늘리고, 반대로 엔화가 올라가면 일본 내의 생산량을 늘리는 전략을 구사하는 것이다. 이는 환율 급등락으로부터 완전히 자유로운 상태에서 품질과 마케팅에 전력투구할 수 있는 체제다.

이러한 환율헤지 전략이 도요타를 세계 최고로 만들어준 반면, 국내 자동차업체는 그나마 현대기아차를 시작으로 최근에야 해외 생산기지 확보에 눈을 뜨고 있는 실정이다. 현대기아차가 해외 생산기지를 적극적으로 추진하고 있지만, 도요타의 총매출에서 해외 생산매출이 차지하는 비중은 여전히 큰 차이를 보이고 있다. 환율급락에 대해서도 그만큼 비례해 위험에 노출되어 있다는 얘기다.

환율 급변동에 따른 위험을 극복하는 방법에서도 도요타와 현대기아차는 다르다. 도요타는 환리스크가 피할 수 없는 악재라면 이에 맞는 품질경쟁력 제고 등 사업계획을 통해 정면돌파하겠다는 전략을 취하고 있다. 반면에 현대기아차는 비상경영, 비용절감 등 수세적이고 방어적인 환리스크 대책을 내놓고 있어 대조적이다. 국내 대표적인 기업의 글로벌 경쟁력 갖추기에서 환율위험 관리는 사활이 걸린 사안이다. 멀리서 찾을 것도 없이 현대기아차와 도요타의 비교에서 알 수 있다.

4장

중국 : 위안화의 과거와 현재

Preview

Q1. 위안화는 세계경제를 어떻게 흔들고 있는가?

Q2. 위안화는 한국경제를 어떻게 흔들고 있는가?

Q3. 위안화의 기축통화 꿈은 이뤄질 것인가?

Q4. 중국의 변화가 전 세계에 미치는 영향은?

Q5. 위안화와 원화는 어떻게 얽히고 설켜 있는가?

위안화가 나타났다

1997년도 필자가 환율 관련 책을 처음 썼을 때, 위안화의 존재감은 미미했다. 그런데 20년이 지나면서 국제정세와 경제환경은 극적으로 변했다. 위안화의 전면등장도 그중 하나다. 필자도 위안화가 이렇게 빠르게 급부상할 줄은 몰랐다. 13억명의 가난한 중국, 그것도 중국의 화폐가 국계 금융계에 이렇게 화려하게 주인공이 될 줄은 몰랐다. 환율 이야기를 하면서 달러보다 위안화를 먼저 하는 이유다. 세상이 그만큼 크게 바뀐 것을 강조하고 싶어서다.

중국경제가 한국에 미치는 영향력은 2016년 기준으로 10년 전보다 3배로 커졌다. 한국은행 자료에 따르면 미국 경제성장률 상승이 국내경제에 미치는 효과는 지속적으로 줄어든 반면, 중국은 크게 강화됐다. 중국경제 성장률이 1% 포인트 오를 경우 한국은 2005년 1분기에는 약 0.1%포인트 상승효과가 있었던 것으로 분석됐다. 10년이 지난 2015년 1분기에는 성장률 견인효과가 0.3% 포인트로 3배가 늘어났다. 반면에 미국은 2005년 1분기에는 0.25%포인트 상승효과를 가져왔으나, 2015년 1분기에는 0.1% 포인트로 효과가 절반 이상으로 줄었다. 중국이 한국 성장률에 미치는 영향이 2010년 이후 큰 폭으로 증가해, 주요 국가 중 가장 큰 영향을 미치고 있는 것이다.

우리나라의 대중 수출비중이 2002년 15%에서 2015년 26%로 확대되는 등 경제 연관성은 어느 때보다 강화되고 있다. 국제금융센터에 따르면 2015년 중국 자금의 한국 금융시장 유입액이 200억달러 수준이며, 3~4년 내에 600억달러 규모로 커질 것이라고 한다. 예컨대 중국 외환보유액 4조 달러 중 1% 정도인 400억달러로 한국의 국고채를 추가 매수한다고 가정해보자. 국고채 금리는 폭락하고 한국의 통화 및 금리정책은 중국 인민은행人民銀行 수중에 떨어질 것이라는 우려마저 나온다.

이런 와중에 시진핑 국가주석이 위안화 중심의 금융질서 재편이라는 거대 소용돌이의 가속 페달을 세게 밟고 있다. 한국 원화와 중국 위안화를 바로 교환할 수 있는 외환시장을 설립하고, 한국에 최대 800억위안(약 13조원) 한도의 RQ-FII(위안화 적격 외국인 기관투자가) 자격을 부여했다. 한국 내 금융회사들이 위안화로 중국 본토 주식·채권시장에 투자하는 길도 열어주기로 했다. 중국에 대한 직접 금융투자 허용은 위안화 허브를 구축하기 위해 영국과 프랑스에게는 제한적으로 용인했지만, 지금까지는 중화경제권인 홍콩·대만·싱가포르에만 허용한 것이었다. 중국의 속셈이 역사적으로 오랫동안 특수관계였던 한국을 중화경제권으로 편입하기 위한 전략이라는 평가를 받을 만하다.

한중 FTA까지 체결되어 한국은 금융뿐만 아니라 전 산업분야가 중화경제권으로 편입이 가속화할 것이다. 근세 들어 잠시 주춤했던 중국의 한반도에 대한 구심력은 더 커질 것이고, 사드 배치 갈등 등에도 불구하고 금융과 경제의 의존성 심화가 정치와 사회·문화 분야로 급속하게 확대될 전망이다.

차이나머니의 한반도 공습

신라 6두품 출신이었던 어린 최치원이 자신의 운명을 바꾸기 위해 찾은 탈출구는 당나라 유학이었다. 엄격한 골품제에서 6두품은 아무리 능력이 뛰어나도 아찬阿飡 이상의 벼슬에 오를 수 없었기 때문이다. 그리고 유학 6

년 만인 874년, 피나는 노력 끝에 18세의 나이로 빈공과賓貢科에 장원으로 합격했다. 1200년이 지난 지금, 이번에는 당나라의 후예들이 돈과 자본을 싸들고 한반도에 들이닥치고 있다. 한반도의 미래를 보여주는 축소판이 제주도에서 벌어지고 있다. 이제 제주도는 삼다도가 아니라 사다도四多島가 됐다.

제주를 방문한 중국 관광객이 200만 명을 넘어섰다고 한다. 급기야 제주특별자치도가 공직자와 시민을 대상으로 대대적인 중국어 교육에 나섰는데, 제주 지역 면세점 매출이 2011년보다 10배가 늘어났으니 중국어를 배우지 않고는 먹고살 수가 없기 때문이다. 제주도의 내수와 고용은 이미 중국 '왕서방'들의 투자와 관광에 의해 목줄이 잡혔다. 그렇게 해서 제주도는 돌, 바람, 여자의 삼다도가 아니라 여기에 중국인까지 합쳐 사다도가 됐다.

차이나머니의 공습은 제주도에만 일어나는 것이 아니다. 강원도는 물론이고 일부 자금은 이미 서울 강남 등 주요 상권 대로변 부동산에도 투자가 속속 이어지고 있다. 부동산투자이민제 대상지역인 제주도와 부산에만 집중되던 중국인들의 부동산 관심이 최근에는 홍대 쪽으로 확장됐다. 홍대 상권을 중심으로 연희동, 연남동, 망원동으로 확산되고 가로수길, 세로수길 등 강남까지 넘어오고 있다. 중국인들 입장에서는 자국 부동산 시장 거품이 곧 꺼질 것 같아 상대적으로 가격이 비싸지 않은 한국 부동산에 장기적으로 투자하려는 분위기가 강하다. 뭉치 돈을 들고 와서 반포 래미안 퍼스티지나, 아크로리버파크 같은 아파트 10채를 한 번에 구매하기도 한다. 국토교통부와 서울시에 따르면 중국인들의 토지보유는 2016년 들어 눈에 뜨게 늘고 있다.

국내 부동산 업자들 입장에서는 중국자본으로 부진한 개발사업에 물꼬가 트이고 경기가 활성화되는 긍정적인 요소도 있을 것이다. 하지만 지역 경제에 불균형이 심화되고, 부동산 가격에 거품이 생기는 새로운 요인이 될 수도 있어 마냥 반가운 일만은 아니다. 대중 무역의존도 26%, 한국은 '중국의 열기fever of china' 속으로 급속하게 빨려 들어가고 있다. 이러니 사드 배치에 따른 갈등에도 불구하고 중국경제와 중국 위안화 환율을 살피지 않을 수가 있겠는가?

아편전쟁으로 끝난 은의 시대, 새롭게 등장한 인민폐

현재 중국의 화폐에 대해 짧게 이야기해보자.

금에 대한 유럽인들의 신앙은 절대적이었다. 오죽하면 황금의 도시를 찾겠다고 신대륙인 아메리카를 탐험했겠는가? 반면에 인도와 중국은 금보다 은이 화폐의 기본이었다. 왜 그럴까?

중국이 은화를 좋아한 것은 역사적 연원이 있다. 중국은 명나라 말부터 무역이 성해져 멕시코 은, 스페인 은 등이 유입되어 양은洋銀 사용이 증가했다. 이 시기까지는 주조된 동전이 주로 사용되고 금과 은 등은 칭량화폐秤量貨幣 형태로 사용되고 있었다. 1912년의 중화민국 혁명 후 국민정부는 1914년 국폐조례에 따라 은본위제를 채택했다. 그러나 1931년 만주사변부터 전시체제로 들어갔기 때문에 은본위제는 실질적 운영이 곤란하게 됐다. 결국 1936년에 은본위제를 폐지한다.

공산당 정권 수립 후 인민은행이 설립된다. 인민은행권이 중국 본토에서 유통되고, 타이완 영역 안에서는 타이완 은행권이 유통된다. 인민폐는 1948년 12월 1일 중국 인민은행의 설립과 함께 발행된 제1차 인민폐가 출발이다. 1955년 제2차 인민폐, 1962년 4월 제3차 인민폐, 1987년 4월 제4차 인민폐가 각각 발행된다. 1999년 10월 1일 제5차 인민폐를 발행했다. 현재 중국 시장에 유통되고 있는 화폐는 제4차 인민폐와 제5차 인민폐인데, 점점 5차 인민폐로 대체되는 중이다. 이 중에서 1차 인민폐가 가장 의미가 크다. 이 화폐를 통해 혁명전쟁 시기에 사용되던 각 혁명 근거지의 화폐를 통일함으로써, 국민당 통치 아래 몇 십년간 지속된 통화팽창을 해소하려고 했다. 1차 인민폐가 나오기 전까지 중국 전역은 하이퍼 인플레이션이 지속되고 있었다.

당시 중국의 수많은 지역군벌들은 조세착취 정책과 전비조달을 위한 무분별한 지역화폐 발행으로 중국 민중들의 삶을 피폐하게 만들었다. 국민당 정권의 실패가 경제정책의 실패라고 하는데, 속내를 들여다보면 화폐정책의 총체적 실패인 셈이었다. 중국 민중들이 체험한 혹독한 물가폭등은 민심의 향배를 갈라놓는 결정적 변수가 됐다. 중국 공산당 주도로 제1차 인민폐가 발행되자, 100년간의 구중국 체제에서 외화와 금은이 시장에서 유통되고 매매되던 역사가 마감된다.

중국 공산혁명은 물가폭등에 지친 인민들을 해방하는 큰 의미가 있다. 중국이 개혁개방 정책을 취하면서 중국 인민의 실질적인 경제생활과 삶에 그토록 신경 쓰는 이유는 간단하다. 국민당 정부가 관리하지 못했던 물가폭등과 피폐한 민중의 삶에 대한 현재 문제의식이 중국 공산당 출발의 바탕에 있는 것이다. 물가정책은 현재 중국 공산당이 가장 신경 쓰는 국가적 정책 아젠다이기도 하다.

제2차 인민폐의 발행으로 중국의 국민경제 회복은 거침없이 진행되고, 이 화폐의 발행으로 중국인민공화국 성립 이전의 다년간 지속된 통화팽창의 악영향을 말끔히 지우게 된다. 중국 인민들의 공산당에 대한 지지는 가장 근본인 일자리를 포함한 경제정책, 물가정책, 화폐정책에 대한 지지로 볼 수 있다.

대한민국에 침투한 위안화, 그리고 시진핑

G2로 부상한 중국을 빼놓고는 이제 한국경제의 앞날을 이야기할 수 없게 됐다. 1980~1990년대에 위안화는 관심 밖의 화폐였지만, 이제 더 이상 위안화 가치의 움직임과 전망을 외면해서는 안 된다. 위안화의 위상이 기축통화에 버금갈 정도로 높아졌고, 글로벌 시장에서의 영향력이 갈수록 커지고 있다. 위안화는 한국 실물경제와 금융시장에 깊숙이 침투해 있다. 중국의 국경절이나 춘절 연휴가 되면 서울 명동거리는 중국 상하이의 번화가인 난징루를 방불케 할 정도다. 요우커들로 발 디딜 틈이 없다. 2016년에 한국을 찾은 요우커가 600만 명이 넘고, 2018년에는 1천만 명을 돌파할 것으로 예상되고 있다.

단순하게 보면 요우커는 한국을 찾아온 외국인 관광객이다. 하지만 경제란 안경을 쓰고 보면 대한민국 곳곳에 위안화가 넘실거리는 형국이다. 중국의 기업, 금융, 개인들이 부동산, 주식과 채권, 콘텐츠와 기술을 찾아 한국을 찾아오고 있다. 지리적 인접성과 특수성으로 인해 위안화 영향권으로 급속도로 빨려들어가고 있는 것이다.

먼 훗날 되돌아보면 2014년은 대한민국 경제사에 한 획을 그은 해가 될 것이다. 한국경제가 중국, 엄밀히 말하면 위안화 경제권에 편입되는 전환기로 기록되는 해이기 때문이다. 2015년 7월 시진핑 중국 국가주석의 방한으로 한국은 단숨에 위안화 금융허브 경쟁에 뛰어들었고, 그로부터 4개월 후 한중 양국 정상은 베이징에서 한중 자유무역협정의 실질적 타결을 선언했다. FTA와 위안화 허브를 통해 한국경제는 실물과 금융시장 측면에서 위안화의 직접적인 영향권에 들어서게 된 것이다. 한국경제에 위안화는 양날의 칼이다.

중국과 위안화가 새로운 기회의 문을 열어줌과 동시에 그에 따른 리스크도 남겨줬다. 이제 중국과 위안화라는 변수를 떼놓고 한국경제를 말하기 힘든 상황이 더욱 심화될 것이다. 하지만 그 칼에 베일 것인지, 벨 것인지는 우리의 대응에 달렸다고 할 수 있다. 한국경제가 위안화를 새로운 성장동력으로 활용할 수 있을지, 아니면 위안화 경제권에 빨려 들어가 중국의 입김에 좌지우지될지 선택의 기로에 서 있다.

마지막으로 특정 국가의 화폐를 이해하기 위해서는 그 나라의 정치·경제·사회를 큰 그림으로 이해할 수 있어야 한다. 특히 화폐가치의 지속 가능과 관련해 그 나라의 정치·경제 시스템을 이해하는 것도 중요하다. 당연히 이 시스템을 운용하는 사람도 중요하다. 위안화 환율을 이이야기 할 때 중국 지도부를 빼놓을 수 없다. 그들은 위안화의 가치를 지키는 수뇌부, 몸에 비유하면 머리에 해당하는 '독수리 형제들'이기 때문이다.

우리나라 역사에서 가장 다루기 버겁고 힘든 나라는 중국이었다. 근대 이전까지 한반도 역사는 중국과의 긴장과 평화, 구심력과 원심력, 균형과 불균형의 기록이라고 해도 과언이 아니다. 황제의 최측근인 외교관 비위를 잘못 건드리면 한반도에서는 왕위 승계와 사직의 정통성 시비가 일어나기 일쑤였고, 조공의 빈도와 크기에도 영향을 주었다. 한반도에 있었던 모든 왕조에게 중국을 관리하는 것은 국정의 핵심이었다. 이런 양국 관계는 현재도 나타났다. 과거보다 더 강력한 모습으로 말이다. 5000년 관계의 골격은 그대로 유지된 채 '게임의 룰'만 조금 바뀐 셈이다.

지금의 중국 지도부는 과거 황제 칙사들과는 비할 바가 아니다. 강인하고 똑똑해졌다. 7천만 명의 공산당원 중 치열한 경쟁으로 선발되고 훈련된 이들의 인력의 질質은 과거와 비할 바가 아니다. 시진핑을 비롯한 현재 50~60대 권력 핵심층은 소년 시절 중국 역사의 격동기인 문화대혁명(1966~1976년) 시기를 온몸으로 체험했다. 죽창竹槍 든 홍위병의 인민재판에 동참했거나 또는 구경했거나, 죽음을 피해 도망을 다녔거나, 들과 강에 즐비한 시체를 뛰어넘으며 생존한 아이들이었다.

중국 지도부의 사고, 감정, 역사관을 이해하려면 중국 현대사에서 구체적으로 설명되지 않은 채 고스란히 빠져 있는 문화대혁명을 공부할 필요가 있다. 동시에 이들은 이런 체험을 바탕으로 덩샤오핑이 1979년부터 10만 명의 국외유학이란 '통 큰' 결정의 혜택을 입은 세대이기도 하다. '무서운 생존 능력'에다 '전문지식'까지 보탠 중국의 지도부를 상대로 우리는 사드THAAD를 포함한 한반도 주변의 외교뿐만 아니라, 한-중 FTA의 세부 사안 조율 및 이행과 원화-위안화 직거래, 기업진출과 투자 등의 먹고사는 문제도 다루어야 한다.

위안화가 성공할 수 있을까?

폴 볼커 FRB 전 의장은 위안화가 국제통화로써의 역할은 당분간 어려우며, 다음 세기에나 가능할지 모른다고 비관했다. 하지만 최근에 서브프라임 위기가 달러화의 위기로 이어지면서 생긴 틈새를 위안화가 비집고 들어가는 모습은 이채롭다. 중국이 IMF와 세계은행에 대항해 AIIBAsian Infrastructure Investment Bank(아시아인프라투자은행) 은행을 설립하고 일대일로의 기치를 내건 모습은 위안화의 위상이 높아질 시점이 좀 더 당겨질지도 모른다는 전망을 하게 만든다.

강대국 힘은 그 나라의 화폐가 누린 영향력으로 대치가 가능하다. 로마의 데나리우스, 스페인의 페소, 네덜란드의 길더, 영국의 파운드화 등 대국굴기大國堀起 시절에 이들 화폐가 풍미한 기간은 평균 100~200년이었다. 지난 200년간 이어온 달러화 리더십의 원천은 무엇보다 미국에서 본격적으로 열린 민주주의가 가장 컸다. 경제력과 국방력은 이를 뒷받침하는 기능을 했다. 아직 위안화의 국제적 위상은 그 정도까지는 아니다. 여러 조건들이 필요할 것이다. 하지만 위안화가 유로화를 넘어 달러화와 비견될 때, 한국 원화 환율은 어느 쪽 풍랑과 바람에 몸을 맡겨야 할 것인지 결정해야 할 것이다.

위안화가 국제통화로서 성공하기 위해서는 넘어야 할 산이 아직 많다. 중국 국내통생산GDP가 10년 내에 세계 최대가 될 수 있을까가 의문이다. 경제규모가 미국을 넘어서더라도 이것만으로 국제통화를 만들 수 없다. 민주주의적 절차와 투명한 시스템, 특히 경제분야에서 효율적인 금융시스템과 안정적인 금융기관과 제도가 뒷받침되어야 한다. 국제통화는 국내 금융부문이 대부분 자유화되고 환율이 자유변동제로 바뀌어야 한다. 개방적인 자본계정에서만 교환가치가 제대로 형성된다. 중국 내부뿐만 아니라 전 세계 모든 사람들이 '위안화가 자유롭게 변동되는 화폐'라는 신뢰가 형성되어야 한다. 위안화의 국제화, 중국 국내의 금융 자유화, 자본계정의 개방은 2인 3각 경주를 하는 것처럼 진전되고 있다.

하지만 이러한 제도적 인프라는 먼 미래의 일이며, 결정적 요소는 아니다. 위안화의 국제화는 세계의 기업들이 거래에 위안화를 사용하게 될 때, 사용하는 것이 이득이 된다고 판단할 때 자연스럽게 이뤄질 것이다.

이미 홍콩과 싱가포르를 비롯한 아시아 각국은 위안화를 기반으로 전자거래를 하고 채권을 발행하는데 익숙해지고 있다. 기업들이 위안화 기반제도의 발전을 자극하고, 제도발전은 다시 효율적인 기업 활동을 돕게 되는 과정을 거칠 것이다.

중국정부는 위안화 국제화와 환율안정 사이에서 골머리를 앓고 있다. 위안화 국제화는 무역과 재정수지 적자를 용인해야만 가능하기 때문이다. 미국의 달러화가 그러하듯이 말이다. 그러려면 위안화 약세를 감수해야 한다. 그러나 국제통화로써 위안화의 가치를 떨어트릴 수 없다는 게 중국 입장이다. 기축통화국으로써 1960년대 미국이 겪었던 트리핀 딜레마 Triffin dilemma(기축 통화국이 통화 패권을 유지하려면 해외에 끊임없이 유동성을 공급해야 하지만 그럴수록 통화가치가 떨어지는 현상)를 이제 중국도 맛보고 있는 셈이다.

하지만 초기 계획과 달리 중국의 전체 무역에서 차지하는 위안화 결정 비중도 2016년 들어서는 줄어들고, 학자금 송금 등 국제결제 자본거래 규모도 쪼그라드는 실정이다. 중국 당국의 외환시장 규제 때문이다. 2009년부터 위안화 결제를 허용했지만 2015년부터 규제강화에 나섰다. 2017년 기준으로 500만달러 이상 해외로 송금하거나 환전할 경우 당국의 사전승인을 받아야 한다. 중국 당국의 환율안정과 자본유출 억제정책이 원래 정책목표인 위안화 국제화를 희생시키는 상황이다. 2017년부터 다시 해외 송금규제를 완화하는 등 자본규제 부작용을 인식하고 있지만 정책신뢰는 잃은 상태이다. 위안화가 IMF의 SDR 통화 바스켓에 포함되는 등의 국제화 진일보에도 불구하고, 실제 벌어지는 규제는 정반대다.

'쩐의 전쟁'으로 상징되는 국제 자금흐름 구조에서 높아진 중국의 위상에 대한 관심이 필요할 것이다. 글로벌 자금 안내판 역할을 하는 벤치마크지수인 파이낸셜타임스 스톡익스체인지 지수^{FTSE}와 모건스탠리캐피털인 터내셔널 지수^{MSCI}들에 의해 제대로 된 평가를 받는 것도 중요하다. 글로벌 투자가들의 투자 3원칙인 수익성, 안정성, 환금성 차원에서 보면 위안화는 이 조건에 여전히 미흡하다.

리스크 이론 측면에서 특정 국가의 통화가 3가지 조건에 부합하면 안전 통화로 평가된다. 첫째는 시장 리스크, 시장상황의 변화로 자산가치가 변동할 가능성으로 가격의 표준편차, 분분산 등으로 평가할 수 있다. 둘째는 유동성 리스크, 자산유동성이 부족해 결제의무 이행에 문제가 생길 가능성으로 거래량, 매매호가 스프레드 등으로 측정한다. 셋째 신용 리스크는 각종 채무를 이행하지 못할 가능성으로, 통화는 국가신용등급(무디스 등 3대 신용평가회사), 신용부도스와프^{CDS} 프리미엄으로 반영한다. 이 3가지에 위안화가 어느 정도 부합되고 있는지가 중요하며, 기존 기축통화들보다 상대적으로 더 평가받게 될 때 위안화 국제화는 언젠가 도달할 수도 있을 것이다.

미국과 중국의 돈 전쟁

남중국해를 둘러싼 미국과 중국의 문제가 한반도 긴장과 별개의 사안이 될 수는 없다. 한반도 사드 설치 문제가 중국과 미국 패권 경쟁의 산물이라는 사실도 새로운 일이 아니다. 거칠 것 없던 미국은 중국의 급부상에 상당히 당황하고 있다. 당초 미국은 소련과의 패권 경쟁에서 소련을 견제하고자 중국을 미국 쪽으로 끌어들였다.

리처드 닉슨과 헨리 키신저가 중국을 개혁개방으로 이끈 외교정책의 당초 지향점은, 중국을 키워 소련을 견제하려는 목적이었다. 핑퐁외교로 중공의 개방이 이뤄지고, 미국과 중국이 관세무역협정을 맺어 미국이 중국의 물건을 사주면서 중국 제조업은 도약했다. 미국은 저가의 소비재를 수입해 물가안정을 기했다. 중국은 수출로 번 돈으로 외환을 쌓고 미국의 직접투자를 통해 산업을 일으켰다. 1980~19980년대만 해도 양국은 서로에게 유익한 관계였다. 중국에 대한 서방의 직접투자가 천문학적으로 늘어나고 중국 수출이 폭발적으로 증가하면서, 2010년 들어 중국경제는 일본과 독일을 넘어 세계 2인자로 올라섰다. 이때부터 중국은 야심을 드러내기 시작했고, 미국과의 관계도 꼬이기 시작했다.

미국과 중국이 서로의 다름을 인정하고 공존할 것인지 말 것인지는 불투명하다. '3권 분립, 의회주의, 민주주의 vs 공산당 일당독재, 집단지도체제, 인권에 대한 무감각'의 구도가 대치국면으로 지속될 것인지는 시간이 좀 더 흘러봐야 한다. 미국과 중국의 패권 경쟁은 금융부문에서도 첨예하게 나타나고 있다. 아시아인프라투자은행AIIB의 출범이 그것이다. 그래서 패권국가 간 경쟁으로 치달을지는 우리에게도 매우 중요하다.

중국이 AIIB를 설립하고 성공에 사활을 거는 이유는 미국 중심의 세계 금융질서를 바꾸고 싶기 때문이다. 중국이 진정한 G2가 되려면, 반세기 이상 기축통화 달러를 기반으로 한 국제통화기금IMF과 세계은행WB, 아시아개발은행ADB을 첨병으로 앞세운 미국의 화폐패권을 반드시 넘어서야 한다. 그래서 그런 것이다.

그동안 중국은 IMF, WB, ADB 체제 내에서 영향력 확대를 위해 노력했지만 빈번하게 좌절했다. 급기야 시진핑 주석 취임 이후 중국은 완전히 방향을 틀어 AIIB라는 기폭제를 통해 기존 체제를 대체하는 새로운 세계 금융질서를 추진하고 있다. 이미 AIIB에 중국과 아세안 9개국, 인도, 파키스탄, 스리랑카, 몽골, 네팔, 카자흐스탄, 우즈베키스탄, 아랍권의 쿠웨이트, 오만, 카타르, 방글라데시, 인도네시아, 뉴질랜드, 사우디아라비아, 타지키스탄, 요르단 등 28개국이 회원 예정국을 확정지었다. 전 세계적인 경기침체 속에서 아시아, 유럽, 아프리카를 아우르는 일대일로一帶一路, One Belt One Road 신실크로드 경제벨트와 21세기 해양 실크로드 개발을 주도하는 은행에 회원국으로 참여해야 '국물 한 방울'이라도 떨어지게 된다.

특히 2015년에는 G7 국가인 영국이 참여를 결정해 미국 중심의 국제 질서에 금이 가고 있다. 미국과 뿌리를 같이하는 맹방 국가가 중국과 손을 잡는다는 것은 충격이 아닐 수 없다. 먹고 사는 문제에 직면하면 과거에 연연하지 않고 새 강자 쪽에 붙는다는 것을 보여주는 냉정한 국제질서의 극적인 한 장면이다. 잠재시장과 돈 앞에서 미국의 또 다른 맹방인 프랑

도표 17 중국 외환보유고

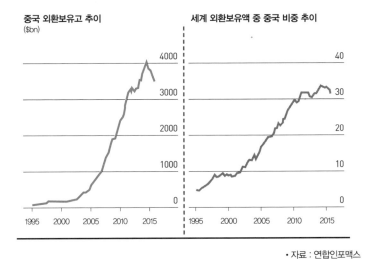

중국 외환보유고 추이
($bn)

세계 외환보유액 중 중국 비중 추이

• 자료 : 연합인포맥스

스, 독일, 이탈리아, 호주도 마찬가지로 전향적으로 이 은행에 가입할 것임을 선언한 것도 그렇다.

미국의 만류를 뿌리치고 유럽국가들이 AIIB 은행에 주주로 참여한 이유는 간단하다. 최대 외환보유국인 중국의 투자와 아시아 지역의 사회간접자본 건설시장에 숟가락을 얹어 경제침체를 극복하려는 절실함이 크기 때문이다. 60개국에 이르는 거대한 인프라 투자를 주도할 AIIB와 400억 달러를 투자한 신실크로드 기금을 통해, 중국은 자국기업의 국외진출을 촉진하고 아시아의 경제권을 주도할 계획이다. 홍기紅旗 깃발을 높이 꽂은 이러한 계산은 현재까지 착착 맞아 들어가고 있다. 중국이 제시하는 돈과 기회 앞에 대한민국도 회원국으로 참여했다.

마오쩌둥은 "권력은 총구에서 나온다"고 말했다. 하지만 지금의 국제질서에서는 총을 사려면 돈이 필요하고, 결국 권력도 돈에서 나온다고 할 수 있다. 중국과 미국 간의 화폐패권 경쟁, 본격적인 '돈 전쟁'이 우리 앞에서 격렬하게 펼쳐지고 있다.

샤오강 사회, 모든 인민을 중산층으로

2016년 기준으로 중국경제를 한번 돌아보자. 30년 동안 매년 두자릿수 고도성장, 3조8천억달러의 사상 최대 외환보유액, 국내총생산GDP 10조 달러, 1인당 GDP 7,500달러, 베이징 올림픽, 탐사위성 달 착륙 성공, 이것이 창업한 지 90년 된 중국 공산당의 성취다. 하지만 전체 인구의 20%를 차지하는 2억 7천만 명의 밑바닥 생활을 하는 농민공農民工들은 묻는다. "내 삶과는 무슨 상관인데? 그래서 어쩌라고?"

중국의 지니계수는 0.5 수준이다. 불평등한 사회를 보여주는 지니계수가 0.3을 돌파하면 긴장이 고조되는 사회라고 한다. 정치학자들은 0.4를 사회불안의 '레드라인'으로 여긴다. 이 선을 넘으면 '시위 다발 사회'로 용암이 언제 터질지 모르는 분위기가 형성된다. 이런 불평등 상황에서 '양적 성장'만을 지속하면 어떻게 될까? 도농, 지역, 계층, 민족 격차 등으로 중국 사회는 해체의 길을 걷게 된다. 중국 공산당이 '질적 성장'으로 전환한 절박한 이유다. 중국 공산당은 사회불안 증대, 집단소요 빈발로 모택동의 혁명정신이 박제화될지도 모른다는 초조함에 내몰리자, 외형 중심의 성장이 더는 의미가 없다는 해석을 내렸다.

그래서 지난 2002년부터 국가발전 전략을 수정해, 특히 민생 · 사회분야에서 취업, 주택, 교육, 의료, 4대 문제해결에 총력을 기울였다. 저성장, 양극화 문제를 해결하기 위해 인민생활 속에서 체감할 수 있는 정책으로 전환하고, 국부國富보다는 민부民富를 중시하기 시작했다. 농촌 거주자에 대해 농업세 전면폐지하고, 도시 농민공을 위한 파격적인 처우개선과 지원책을 가동하고, 저성장과 고령화에 대비한 정책도 대대적으로 시행 중이다.

물론 이들을 소비 주체로 키우면 거대한 유효수효를 창출하게 되고, 결과적으로 경제 전체의 선순환을 작동시킨다는 차원에서 투자한다는 계산도 깔려 있다. 2015년에 중국 경제성장률이 26년 만에 6%대로 낮아진 것은 이러한 정책 전환과 노력의 일환이다. 중국 공산당은 창당 100주년을 맞는 2021년까지 인민들에게 '전면적인 샤오강小康 사회', 즉 모든 국민이 중산층 수준에 다다르는 사회를 건설하겠다고 약속하고, 사회주의는 말로만 하는 것이 아니라는 것을 보여주기 위해 노력 중이다.

위안화 강화의 시작, 해외 기업 사냥

2015년에 잠시 주춤했지만 중국은 4조달러 가까운 외환보유고를 가지고 있다. 또한 중국은 해외의 기업들을 무차별적으로 사냥하고 있다. 이는 위안화의 영향력을 확대하는 기반이 된다. 국가 기업뿐만 아니라 금융회사, 제조회사가 직접 사냥에 나선다. 전 세계 경쟁력 있는 IT 소프트웨어 회사, 호텔, 광산, 농장 등 오대양 육대주에 걸쳐 무차별적으로 사들이고 있다. 이 변화가 중요한 것은, 이제 중국은 '금융의 세계화' 국면에 본격적으로 편입되고 이에 그치지 않고 중심 역할을 하게 될 것이라는 점이다. 국제금융시장에서도 중국의 두드러진 영향력과 특징들은 여실히 나타날 것이다. 과거 일본이 축적된 자산으로 해외자산을 매입하는 것과 같은 효과가 수십 년에 걸쳐 나타날 것이다.

글로벌 회계 컨설팅회사 프라이스워터하우스쿠퍼PwC 보고서에 따르면, 중국기업들의 해외 인수합병은 2016년 상반기에만 총 493건에 1,343억달러(약 148조원)으로 집계됐다. 반년동안 해외기업에 인수한 돈이 우리나라 외환보유고의 3분의 1 금액이다. 2015년 같은 기간과 비교하면 인수 금액 기준으로 350%가 증가한 수치다. 해외 M&A규모는 지난 2년간 해외 M&A 거래액 전체를 합친 것보다 많다. 중국기업 해외 M&A 규모 급증은 중국 국가기업과 보험사 등 과거와는 다른 투자자들이 늘어난데 따른 것이다.

중국 대형 국유기업들은 선진기술 습득을 위해 해외 유명 기업을 사들이는데 집중하고 있다. 특히 보험사들은 보험가입 고객이 급증하면서 돈이 남아돌아 실탄이 두둑한 상태다. 2016년에 인수한 스위스 농화학 기업인 신젠타를 430억달러(약 50조원)에 인수한 중국화공그룹ChemChina도 국유

기업이다. 이렇게 해외 M&A를 할 수 있는 또 다른 배경은 중국증시의 활성화 덕분이다. 기업공개IPO를 하거나 신주발행 방법으로 자금을 조달해 첨단기술과 브랜드 인지도를 가진 글로벌 기업을 무차별적으로 사들이고 있었던 것이다. 중국 은행들도 기업의 해외 M&A 자금조달에 적극 나서고 있다. 금리가 최소수준으로 떨어져 수익성이 나빠지자 해외 M&A 자금조달을 새로운 수익원으로 삼기 시작한 결과다. 중국계 은행이 주도하는 금융 컨소시엄은 2016년 상반기에만 글로벌 M&A 거래에서 총 199억 달러(약 22조원) 규모의 자금을 댔다.

중국기업들의 해외 기업 싹쓸이 사냥은 상당 기간 이어질 전망이다. 영국의 유럽연합 탈퇴 결정 이후 통화가치가 약해진 영국과 다른 유럽 국가들을 중심으로 중국 기업들의 M&A 입질은 계속될 전망이다. 1980년대와 2000년대 일본의 저금리 자금이 해외로 튀어 나가면서 전 세계에서 가장 확실한 자산통화가 된 것처럼, 중국의 해외 기업 사냥은 위안화 위상을 더 강화시킬 것이다.

중국 식생활 패러다임의 변화

덩샤오핑의 개혁개방으로 절대 빈곤에서 해방된 이후, 13억 명 중국인들이 그동안의 돼지고기 집착을 버리고 소고기로 입맛이 바뀌면 어떻게 될까? 전 세계 돼지고기 생산의 50%, 소비의 50%를 차지하는 중국이 돼지 대신 소를 먹게 되면 전 세계 곡물·원자재·식품 시장은 지진이 일어날 것으로 예상한다. 중국 농업부 통계에 따르면 소고기뿐만 아니라 닭고기, 어류 소비량이 늘어난 탓에, 1989년에 85.9%까지 늘었던 돼지고기 소비량이 최근에는 65%대로 줄고 있다.

생활수준이 향상된 중국인들이 좀 더 '있어 보이는' 소고기나 양고기를 먹기 시작하고, 중앙정부의 규정 때문에 요식업과 호텔업 쪽에서도 돼지 소비가 줄어드는 추세다. 특히 체면을 중시하는 중국 고소득층들의 유기농 혹은 안전한 돼지고기에 대한 요구가 늘고, 고급 냉장 돼지고기에 대한 선호도 높아졌다. 23만 명의 중국 내 거주 외국인들도 현지 생산보다 수입 돼지고기를 선호한다. 매우 보수적인 중국인의 식생활 패러다임에 최근 변화가 감지되는 양상인 셈이다.

물론 중국 GDP에서 돼지고기가 차지하는 비중도 여전히 절대적이다. 국민 1인당 소비량이 연간 약 39kg, 소비자가격이 오르면 물가상승률이 들썩일 정도로 물가지수 산출 소비자 바구니consumer basket에서 돼지 생고기는 가장 비중이 큰 단일품목이다. 지난 20년 동안 양돈산업은 연평균 2.1% 성장했다. 양돈농가의 평균규모는 암퇘지 9마리, 전체 양돈농가의 42%가 양쯔강 주변에 집중되어 있다. 농촌 뒤뜰에 키우는 소규모 양돈은 정확한 통계가 없지만, 일부에서는 약 5천 만 농가로 추정한다.

양돈은 농촌 소득증대의 큰 부분이다. 하지만 동시에 돼지고기 값이 올라 물가가 오르면 도시 저임금 근로자들에게 타격을 주어 돼지고기 구매가 어렵게 된다. 그래서 중국 국가발전계획위원회, 농업부, 상무부 등은 민심 관리 차원에서 돼지고기의 수요공급을 맞추는데 행정력을 집중한다. 최근에 중국정부는 양돈농가를 인구밀집이 낮은 지역으로 이동시키고, 보조금을 지원해 소규모 생산농가들을 대규모 생산 시스템으로 대량 전환시키고 있다. 세계 양돈시장의 중심축인 중국에 급격한 변화가 일어나고 있다. 조만간 GDP가 1만달러를 넘어서게 되면 중국인 밥상에 혁명이 일어날 것이다. 미국, 캐나다, 호주, 유럽의 낙농업자와 농업 유통 및 관련 산업 종사자들은 여기에 승부를 걸기 위해 준비하고 있다.

중국 식생활 패러다임 변화에 한국도 영향을 받는다. 최근 중국 어선이 우리나라에서 죽기 살기로 불법조업을 하는 이유도 소득이 늘어난 중국인의 해산물 수요 폭발 때문이다. 이로 인해 황해와 연근해, 멀리 동해안의 어족자원의 씨가 마를 것이라고 우려한다. 가장 대표적인 예가 중국요리에 많이 쓰이는 전복이다. 특히 완도 전복이 인기가 높아지면서 씨가 마를 지경이라고 한다. 지리적으로 가장 가까운 한국의 농업과 어업은 어떤 전략으로 미래에 대비해야 할지 머리를 짜내야 한다. 단순히 보호·보조하는 것에 머물 것이 아니다. 중국이라는 큰 시장이 FTA로 열린 만큼 중국 고소득층을 겨냥한 고품질 농업상품을 개발할 수 있도록 민관이 총력을 기울여야 할 때인 것 같다.

민스키 모멘트 경고와 소로스의 베팅

민스키 모멘트Minsky Moment란 과도한 부채로 경기호황이 끝나고, 채무자의 부채상환능력 악화로 건전한 자산까지 팔기 시작하면서 자산가치가 폭락하고 금융위기가 시작되는 시기를 의미한다. 이는 미국의 경제학자인 하이먼 민스키가 주장한 '금융 불안정성 가설Financial Instability Hypothesis'에 따른 이론이다. 금융시장이 내재적으로 불안정성을 내포하고 있으며, 금융시장에서 활동하는 경제 주체들은 비합리적인 심리와 기대에 의해 크게 좌우되므로 자산가격과 거품과 붕괴를 주기적으로 겪게 된다는 내용이다. 이 이론은 주류 경제학계에서 주목받지 못하다가 2008년 글로벌 금융위기 이후 재조명받고 있다.

최근 중국 은행권의 부실채권 규모와 비중이 급증하면서, 2016년 기준으로 5년 안에 중국경제 경착륙이나 금융위기를 촉발하는 민스키 모멘트가 도래할 수 있다는 전망이 제기되고 있다. 경기둔화로 지난 2년간 중국 은행권의 부실채권은 2배가량 증가했다. 2015년 2월 중국은행의 부실채권 규모는 1조4천억위안이다. 공상은행과 중국은행, 건설은행 등 중국의 주요 은행 순이익도 10년 만에 최악의 성장률을 기록했다. 이에 중국 정부는 은행의 부실채권을 증권화해 시장에 매각하는 방안과 부실채권을 대출한 기업의 주식으로 바꾸는 방안 등 대책을 마련하고 있다.

하지만 중국 정부의 구조조정 변화시도가 어정쩡하다. 시한폭탄인 부실기업의 정리가 시급한데, 성장률 하락 때문에 오히려 이들 기업을 지원하고 있다. 실제로 중국기업의 부채는 시한폭탄이다. 국제결제은행^{BIS}에 따르면 2015년 말 중국의 비 금융기업 부채는 17조8,130억달러(약 1경 9,858조원)에 달한다. 중국 국내총생산^{GDP}의 171%나 되는 액수다. 글로벌 금융위기 이전인 2007년에 3조6,800억달러였는데, 8년 사이에 4배나 급증했다.

금융기관의 감독을 제대로 받지 않은 그림자금융 증가도 중국경제의 성장 걸림돌이다. 국제신용평가기관인 무디스는 2015년 말 중국 그림자금융 자산이 54조위안(약 9,055조원)으로 전년 대비 30% 늘었다고 분석했다. 중국 정부가 과잉생산 산업정리와 지방 부동산 난개발 해소, 서비스업 활성화 등 구조개혁을 내세웠지만 성장률을 유지하기 위해 구조조정을 미루고, 부동산 거품을 방치하고 있기 때문이다.

중국의 그림자금융과 기업부채, 공공부채가 세계 언론을 뜨겁게 달구고 있다. 하루도 기사가 나오지 않는 날이 없을 정도다. 이에 대해 앨런 그린스펀 전 미국연방준비제도이사회 의장이나 조지 소로스는 중국경제의 경착륙은 사실상 피할 수 없다고 분석하고 있다. 특히 조지 소로스는 2016년에 위안화 약세에 베팅하기도 했다. 이에 당시 중국당국도 바짝 긴장하는 모습을 보였다.

소로스가 중국의 위안화 약세에 베팅하는 이유는 간단했다. 그가 보기에 중국은 상당기간 저성장과 구조조정이라는 숙제를 피할 수 없고, 고도성장에 공짜는 없기 때문이다. 이 과정에서 해외투자자들의 자금이 지속적으로 빠져나가고 중국의 외환보유고도 4조달러를 기점으로 지속적으로 축소되지 않을 수 없다. 정치적 리더십도 시험대에 오를 것이고, 결국 이것은 중국경제와 금융부분의 문제해결을 어렵게 할 것이다. 조지 소로스는 중국 정치시스템과 경제·금융부문이 개방과 투명성을 지향해야 하는데, 2015년 중국증시 폭락과 같은 금융부문의 혼란 때문에 퇴보할 위기에 놓였다고 지적한다. 또한 중국이 상당기간 물가하락과 임금하락이 동시에 진행되는 디플레이션 위험에서 직면하게 될 것으로 예상하고 있다. 이러한 중국의 어려움은 미국과 다른 이머징 마켓에도 크게 악영향을 미칠 것으로 보고 있다.

미국은 기축통화인 달러환율을 조절해 국제자금 흐름을 조정할 수 있는 능력이 있다. 이미 1980년대 중반에 플라자합의로 당시 최대 달러 보유국인 일본을 '한 방'에 길들인 경험이 있다. 250엔대 환율이 100엔대로 낮추자 일본은 환율절상분 만큼 달러보유 자산을 고스란히 게워내야 했다. 이러한 미국의 칼끝이 이제 세계 두 번째 외환보유국인 중국을 향하고 있다. 하지만 중국은 일본처럼 그렇게 호락호락한 상대는 아니다. 중국의 법안개정은 1년에 한 번 있는 전국인민대표대회에서나 가능하고, 중국의 제도나 중미 관계를 보면 위안화의 급격한 절상이 단기간에는 쉽지 않아 보인다.

위안화의 가치와 비중은 국제금융시장에서 이제 미국 달러화 가치 못지않게 중요해졌다. 중국경제에 좋던 나쁘던 큰 변화가 생긴다면 원화의 환율도 직접적인 영향권에 들어간다. 앞서 언급한 민스키 모멘트 같은 문제가 중국에서 벌어진다면 남의 일이 아니게 된다. 하지만 우리의 대응전략은 제한적이다. 2016년 기준으로 우리나라 무역의 26%를 차지하는 국가의 급변동에 대해 우리가 할 수 있는 일은 자체 구조조정을 통해 산업 경쟁력을 가져야 한다는 정도다.

이 구조조정도 중국을 의식해서라도 빨리 진행해야 하는데, 정치적인 사안들과 얽혀 쉽지 않다. 중국 쪽이 앞으로 계속 불안정할 것이라는 점 때문에 한가할 수 없는데 말이다. 중국의 부실문제가 이어지고 여기에 국내 부실이 쌓이면 우리 경제는 큰 위기를 맞을 수 있다. 중국이 무사하면 다행이지만, 리스크관리 차원에서는 중국이 언젠가 사고를 칠 수 있다는 시나리오가 항상 준비되어 있어야 한다. 언젠가 한 번은 치러야 할 사안이라는 점에서 그렇다.

중국의 펀더멘탈에 문제가 있다는 점을 부정하는 전문가가 없고, 낙관론의 유일한 근거는 "중국 정부가 매니징할 수 있다" 정도다. 하지만 이에 대해 국제금융시장은 신뢰하지 않고 있다. 고속성장 국가는 필연적으로 정부가 시장의 변화속도를 따라 갈 수가 없게 되어 있다. 관리가 되지 않는 영역이 점차 커질 수밖에 없고, 특히 경제적인 측면에서 고속성장의 후유증이 금융부문에 쌓이지 않을 수 없다. 이것이 한꺼번에 처리되느냐, 시간을 두고 지루하게 처리되느냐의 차이가 있을 뿐이다. 여기에 중국만 예외가 될 것이라는 근거는 많지 않다.

일부 전문가들은 중국의 은행이 모두 국책은행이라는 점을 중요하게 보고, 큰 문제가 없을 것으로 분석하기도 한다. 하지만 우리나라 산업은행

부실을 보듯이 모럴헤저드는 필연적일 수밖에 없다. 감춰져 있을 뿐이다. 이것이 중국경제의 큰 위험요인이다. 시진핑이 아무리 부패척결의 기치를 다잡더라도 시간이 흐를수록 감추어질 뿐 없어지는 것이 아니다. 부실은 부실로 남게 된다. 거의 모든 나라에서 예외 없는 진실이다.

시진핑의 부정부패 척결

시진핑 주석 집권 이후 수만 명의 공직자를 처벌하고, 최고위급 당국자들이 포함된 '큰 호랑이' 사냥이 멈추지 않고 있다. 하지만 중국의 부패는 하루아침에 해결되기가 어렵다. 중국 관료들의 모럴헤저드가 어느 정도냐 하면, '요트 · 첩 · 뇌물의 천국'이라고 해도 과언이 아니다.

"지금 중국中國 공직사회는 자본주의 욕망의 집어등集魚燈이다. 이곳에는 두 종류의 노예만 존재한다. 탐욕에 집착하는 노예와 그 노예를 시기하고 질투하는 또 다른 노예들. 만약 중국에서 한국과 같은 고위 공무원 인사청문회를 거친다면 몇이나 살아남을지 의문이다. 그런 의미에서 한국은 엄청나게 민주화된 선진국이다."

서울에 온 지 수년째 되는 중국인 사업가 친구 A씨의 한탄이다. 그는 한국 고위 공무원들은 주말이면 등산 아니면 달리기, 자전거타기, 영화관람으로 건전하다 못해 성스러울 지경으로 시간을 보내지만, 중국의 수많은 고위 관리들은 콘도나 요트에서 애인과 시간을 보내거나 노름에 탐닉한다고 탄식했다. 그런 의미에서 한국에서 2015년에 통과된 '김영란 법'은 가히 혁명적인 법안이 아닐 수 없다고 혀를 내두른다.

중국은 뇌물과 매관매직 같은 부패 중 특히 5000년 전통의 색관色官들이 문제다. 각종 인적·물적 자원을 배분하는 지위에 있는 관료에게 색色은 중요한 인센티브가 되고 있다. 애인에게 비싼 가방을 사주고, 오피스텔을 구해주고, 생활비를 대주려니 뇌물과 향응에 의존하지 않을 수 없는 구조다. 기업들이 공무원을 다루는 방식도 1960년대 한국과 크게 다르지 않다. 처음에는 술, 이게 안 통하면 돈, 돈도 실패하면 최후의 한 방으로 접대가 이루어진다. 여기에 넘어가지 않는 이가 거의 없다. 영화 〈색계〉에 나오는 국민당 고위관리의 애인 두기는 현재 중국에 만연한 풍습이다. 이런 분위기에 편승해 요즘은 취업이 어렵다 보니 일부 베이징대 여대생 꿈이 고위관료나 재력가의 첩이 되는 것이라고 한다.

중국 금융시장은 2015년 주가 대폭락 이후 여전히 어수선하다. 국내 금융시장도 미국 쪽의 금리인상 등의 뉴스보다 중국의 경기위축 쪽으로 시선을 옮기며 민감하다. 중국의 중앙·지방정부의 부채, 은행부채의 숫자는 불투명하고 갈수록 악화되고 있다. 제조업지수PMI와 산업부가가치와 고정자산 투자도 과거 8% 성장하던 시절과 비교하면 크게 위축되고 있다. 2016년 단기금리 지표인 상하이 은행 간 대출금리 시보SHIBOR 1일물 금리가 수시로 최고치(13.44%) 수준을 오락가락한다. 첸황錢荒(돈가뭄)이 시작되며 중국 금융—산업계에 빨간 경고등이 들어왔다.

하지만 시진핑 주석은 금융계에 흥청망청하는 '신용거품'을 제거하기 위해 아직까지는 인민은행을 직접 동원하지 않고 있다. 성장률 위주의 정책보다 신뢰라는 사회적 자산 획득에 방점을 찍는 모습이다. 시장대책을 내놓기보다 부패척결을 내세운 정풍운동에 더 매진 중이다. 금융시장이 겪는 다소간의 긴축과 고통은 부차적이며, 뇌물과 애인이 통하지 않는 공직 분위기를 만드는 것이 오히려 중국경제 미래에 더 중요하다고 믿는 것 같다.

서로 얽히고 설킨 관계, 한국과 중국

2017년 11월을 기준으로 사드배치로 얼어붙었던 한국과 중국의 관계과 풀리는 분위기가 조성되고 있다. 어찌 됐든 결론부터 말한다면 한중 수교 이후 한국과 중국의 경제적 이익 공유는 이미 돌이킬 수 없을 지경으로 진전되어 있다. 제조업의 생산, 조달, 제조, 유통, 판매의 분업과 협업 등 밸류체인value chain이 서로 간에 깊숙이 얽혀 있어, 어느 한쪽의 경제무역 보복조치가 쉽게 본격화하기는 어려운 구조다. 양국이 동시에 손실을 봐야하는 처지에 놓여있기 때문이다.

앞서 살폈지만 중국 공산당은 연간 600만 개의 일자리를 공급해야 하는 절박한 상황에 놓여있다. 연간 성장률이 8%대로 밑으로 떨어져 6%대로 추락하는 상황은 일자리 창출이라는 측면에서 빨간불이 켜진 것이다. 뿐만 아니라 중국 내부 부의 양극화도 위험한 지경으로 치닫고 있다. 일자리 창출과 국내 수요기반의 확대를 통한 국민통합이 중국 공산당 발등에 떨어졌다. 이러한 상황에서 한국과 중국의 투자와 교역에 차질이 발생한다면, 한국도 피해를 보겠지만 중국도 마찬가지로 큰 피해를 감내해야 한다.

중국은 WTO 체제에 가입한 이후 세계 자본주의의 일부분으로 편입됐다. 이것은 무슨 의미일까? 바로 중국이 제조업뿐만 아니라 무역, 금융 등 서비스업에서도 국제 간 상품과 자본의 이동을 기반으로 경제를 꾸려가야 하는 입장이 됐다는 것이다. 특히 중국과 한국은 중간재 상품의 수출입으로 양국 제조업이 긴밀하게 연결되어 있다. 중국은 한국의 반제품과 중간재를 수입해서 조립하여 세계시장에 수출한다. 구매와 조달, 생산과 유통이 전 세계 곳곳에 밸류체인을 형성하고 있다. 이를 통해 중국 국내 일자리를 유지하고 있는 상황이다.

중국 공산당의 한류금지와 관광비자에 대한 제한은 전형적인 공산당식 심리전술의 하나일 뿐이다. 중국의 제재조치도 제조와 무역에 직접적인 영향이 적은 분야, 특히 심리적인 압박이 극대화될 수 있는 일부 서비스업 분야에 집중되었다. 중국 공산당도 각 성(省)의 일자리와 교역 이슈가 생기는 한국과의 제조와 무역에 대해 확전을 꺼리기는 마찬가지다.

5장

미국 : 달러는 어떻게
세계를 지배했나?

Preview

Q1. 달러는 세계 넘버원 자리를 영원히 차지할 것인가?

Q2. 세계 화폐의 순위는 어떻게 결정됐나?

Q3. 달러 패권은 어떻게 시작됐는가?

Q4. 달러 패권의 막강한 힘의 근원은 무엇인가?

화폐 패권, 달러는 여전히 넘버원이다

트럼프의 등장으로 미국 달러화의 위상은 더욱 공고해졌다. 안전통화로써 위치는 타의 추종을 불허하게 됐다.

조지프 나이 하버드대 석좌교수는 한 국가가 힘을 행사하는 요소를 다음과 같이 정의했다. 군사력, 경제력, 그리고 이념과 사상이다. 군사력과 경제력이 '하드파워Hard power, 군사력 혹은 경제력'라면, 이념과 사상은 강압이나 대가 없이도 다른 나라가 자발적으로 따르게 되는 '소프트파워Soft power, 문화적 영향력'다. 특히 소프트파워에는 전 세계를 소통하게 해주는 '영어'라는 수단도 포함된다고 봐야 한다. 하드파워와 소프트파워, 둘 중 어느 것이 우선인지는 중요하지 않다. 역사적으로 보면 두 개 요소가 모두 강력한 시너지를 내는 경우도 있었고, 두 가지가 따로 놀아 힘의 응집이 장기화되지 못하는 경우도 많았다. 화폐 패권의 우위가 어떻게 결정되느냐는 이 두 가지 요소가 결합된 어느 지점이다. 경제력에서는 오늘날 부富의 원천이 공장 생산력에서 지식정보로 바뀌는 세기적인 전환이 이루어지고 있다. 지식과 정보의 영향력, 즉 제3의 물결이 정치에도 밀려와 권력과 힘의 무게 중심이 하드파워에서 소프트파워로 이동하는 양상이다.

21세기 화폐 패권 경쟁은 군사력과 경제력 싸움만이 아닐 것이다. 누가 어떤 스토리로 승리하느냐로 승부가 날 것이다. 중국은 미국과 대결할 만한 하드파워를 추구하고 있다. 시진핑이 추진하는 일대일로 건설, 신실크로드 구축이 그렇다. 또한 하드파워를 실현할 수 있는 소프트파워를 위해, 시진핑은 주변국과 친하게 지내고 성의를 다하며 중국 발전의 혜택을 나누면서 포용하는 외교를 하겠다고 선언했다. G2, 미국과 중국은 문명의 충돌이 아니라 누가 더 좋은 문명인가로 대결을 벌일 것이다. 이 대결에서 승리하는 것은 하드파워와 소프트파워를 효과적으로 결합시켜 권력을 행사하는 스마트파워Smart power에 달려 있다.

하지만 아직까지는 미국이 중국보다 우위의 스마트파워를 갖고 있는 것이 자명하다. 미국 달러화의 세계 최고 지위는 하드파워와 소프트파워가 합쳐져 이룬 결과이다. 미국이 유엔 안보리 상임이사국으로서 지위와 전 세계에서 차지하고 있는 핵 억지력도 매우 중요하다. 한마디로 전 세계에서 발생하는 문제에 해결사 역할을 할 수 있는 역량을 가진 것이다. 2000년 9·11 테러를 겪고 2008년 금융위기의 진앙지였던 월가가 거친 파고를 거치면서 미국이 일시적으로 흔들리기도 했지만, 총체적인 국가의 힘을 바탕으로 거뜬하게 세계 화폐 달러의 패권을 다시 회복했다. 양적완화라는 무제한 달러공급으로 쓰러져가던 경제의 하강국면을 반전시켰다. 그동안 마이너스금리로 치달았던 통화정책도 금리인상을 검토하며 정상화할 움직임이다.

대국굴기의 역사는 로마의 디나르, 네델란드의 길트, 스페인 페소, 대영제국의 파운드, 미국의 달러로 화폐 패권이 이동하였다. 어쩌면 미국이 아닌 다른 국가의 화폐가 언젠가 패권을 차지할지도 모른다. 하지만 결국 화폐 패권의 바탕은 대국이 가진 모든 자원과 자산, 가치체계의 총량이라는 점에서 미국의 패권국가 위상은 아직 훼손당하지 않았다.

화폐의 순위를 결정하는 국제정치 방정식

1등이 있으면 2등이 있는 법이다. 국제 금융계에는 화폐비중 서열이 존재한다. 1장에서 살펴본 달러인덱스의 구성비가 대표적으로 화폐의 비중과 서열을 보여주는 순서표다. 그렇다면 달러, 유로, 위안화, 엔, 파운드, 스위스프랑 등 주요 통화의 중요도 서열이 매겨지는 기준은 무엇일까?

기축통화급 국가들 간 화폐비중과 중요도 순서는 경제력, 무역 등 국력의 크기와 거의 비슷하다. 무엇이 국력일까? 경제력, 정치·외교적 역량, 국방력, 기술력, 인구수 등 많은 요소들이 나열될 수 있을 것이다. 하지만 경제력은 돈만 많다고 되는 일이 아니다. 돈으로만 따진다면 사우디아라비아의 리얄화가 세계 주요 통화가 되어야 한다. 경제력은 무역뿐만 아니라 기술력, 가격경쟁력을 결정하는 생산성 수준도 중요하다. 뿐만 아니라 금융시장의 효율성과 투명성도 중요하다. 자금조달이 효율적이며 이를 뒷받침하는 금융기술이 고도화되어야 한다.

이러한 질서를 구축했더라도 잠시 흔들리는 틈을 보이면 추격자가 치고 올라오는 법이다. 국제사회라는 곳은 절대 강자가 약한 모습을 보이기만 하면, 2~3등 국가들이 호시탐탐 틈을 노린다. 대표적인 사례가 글로벌 금융위기로 미국이 타격을 입었던 2008년 11월 14일 즈음, 달러화의 패권을 위협하는 담론이 등장한 것이다. 발언의 주인공은 당시 프랑스 대통령 니콜라 사르코지였다. 그는 미국에서 열리는 G20 긴급정상회담을 위해 출국하기 전에 "달러화는 제2차 세계대전이 끝난 이래 세계 유일의 통화였으나, 이제 더 이상 기축통화라고 부를 수 없게 됐다"고 말했다. 또 "20세기 시스템을 21세기에 유지할 수 없다"며, 달러를 기축통화로 정한 브레튼우즈 체제 개편을 G20 정상회의에서 의제로 올리겠다고 선언했다. 유럽이 요구하는 '뉴 브레튼우즈 체제' 대신 IMF를 확대 개편하겠다는 미국의 방침에 정면으로 반기를 들고 나선 것이다.

유럽의 뉴 브레튼우즈 체제가 '다극多極체제'를 의미하는 것인 반면, 미국의 IMF체제 강화는 기존의 '일극一極체제' 유지를 의미한다. 중국과 러시아가 최근 달러화를 배제하고 양국 화폐로 무역결재를 하기로 합의하는 등 상당수 강대국들이 더 이상 달러화를 기축통화로 인정하지 않으려는 움직임을 보이고 있는 가운데 나온 발언이었다. G20 정상회담에서 미국과의 팽팽한 신경전을 예고하기도 했다. 이런 움직임은 프랑스만 있는 것이 아니었다.

일본도 움직였다. 미국에 '공동맹주' 자리를 요구한 것이다. 앞선 G20 재무장관 회담에서 잠정적으로 IMF체제 확대개편으로 의견으로 모았는데, 일본의 아소 다로 총리가 G20 정상회담에서 현재 IMF기금 2천억달러를 배로 늘리자고 제안한 것이다. 또 늘어날 기금 중 절반에 해당하는 1천억달러를 일본이 부담하겠다고 밝혔다. 겉으로만 보면 위기에 처한 신흥국들을 위해 헌신적으로 나선 것이지만, 속내는 따로 있다. 미국이 절대맹주 역할을 해온 IMF에 거액을 출연함으로써 미국과 함께 IMF의 공동맹주가 되겠다는 것이다. IMF 내 발언권은 돈의 지분에 비례하기 때문이다. 이는 일본이 IMF 공동맹주가 되는 것을 계기로 유엔안보리 상임이사국이 되겠다는 플랜을 본격적으로 밀어붙여 보겠다는 심산이기도 하다.

2008년 미국발 금융위기로 미국이 치명상을 입자, 프랑스를 비롯한 유럽, 일본, 중국, 러시아 등이 일제히 준동하며 일극체제를 위협했다. 물론 이후 미국경제가 다시 살아나면서 2등 국가들의 목소리가 잦아들었지만, 슈퍼파워 미국이 힘을 잃어버리는 모습을 보이면 2등들은 언제든지 발톱을 드러낼 것이다.

G20의 의장국가로 정상회담 개최국이기도 했던 우리나라의 경우, 제2차 세계대전 종전과 유엔이 출범할 즈음 브레튼우즈에서 철저하게 소외되었다. 하지만 이제는 세계무역 11번째 국가로써 국제 금융계의 영원한 약자로 머물 이유가 없다. G20 회원국가들이 미국에 대드는 모습에서 보

앉듯 영원한 1등도 없고 영원한 꼴지도 없다. 골리앗 같은 거인들이 치열하게 싸우는 중간에서 우리나라도 신중하면서 적극적으로 대응할 필요가 있다. 환율은 그런 의미에서 국제정치 그 자체이다.

달러는 어디서 태어났나?

달러는 어디에서 태어났을까? 미국 달러화에 숨겨져 있는 국제정치를 비롯한 총체적 힘의 구성과 논리가 어디서 시작됐는지 되짚어보자. 달러 이야기는 미국에서 벌어진 전환기적 사건을 역순으로 펼쳐보기로 한다.

슈퍼파워 국가 미국의 화폐 달러화 패권의 핵심 지휘소는 연방준비제도이사회FRB, Federal Reserve Board of Governors or Board of Governors of the Federal Reserve System다. 연방준비제도이사회는 미국 연방준비제도Federal Reserve System의 중추적 기관으로 1914년 발족했다. 본부는 워싱턴에 있다. 미국의 경제·금융 정책의 결정과 실행에 핵심적 역할을 하는 기구로서, 특히 FRB 금리정책은 전 세계 통화시세에 직접적인 영향을 줄 수 있다. 미국 전역의 12개 연방준비은행Federal Reserve Banks들을 총괄하여 감독하는 일로 공정할인율, 예금준비율의 변경 및 공개시장 조작, 연방준비권의 발행과 회수 감독, 재할인율 등의 금리 결정, 지급준비율 조절을 통한 통화량 결정, 달러 발행, 주식거래에 대한 신용규제 등을 한다. 국가의 중앙은행 역할을 하는 연방준비은행들을 관할하는 기관이지만, 실제로는 미국 정부의 통제를 받지 않는 독립적인 민간기관이다. FRB는 7명의 이사로 구성되며, 임기는 14년(2년에 1명씩 교체, 재임불가)이다. 이사들은 미국 대통령이 임명하고 상원에서 승인하지만 이는 형식적인 절차에 불과하다. 의장과 부의장의 임기는 4년이며, 연임이 가능하다.

상상 속의 개념에 불과한 화폐가 현실에서 유통되는 힘의 근원은 신뢰의 최후 방어선이 누구냐는 점이다. 1달러 지폐 뒷면에는 "IN GOD WE TRUST"라고 쓰여 있다. 미국 건국의 설립자들이 지폐에 최종 지불보증 책임에 신神을 언급해 인쇄한 것은 달러 환율의 여섯 번째 비밀이다. 달러화 지폐에 표시된 '신God'처럼 현실에서는 신을 대리하는 존재가 필요했다. 아마도 이런 신뢰와 신화를 뒷받침하는 현실의 제도는 중앙은행일 것이다.

인류역사에서 화폐의 발행과 유통의 주체는 왕과 상인이었다. 다시 말해 권력자와 금융업자(상인)다. 현대적인 언어로 표현하면 국가와 시장일 것이다. 노무현 전 대통령은 권력이 정부에서 시장으로 옮겨갔다고 말한 바 있다. 시장이 정부보다 더 커지고 강해졌다는 의미다. 근대 이전에 동서양의 왕들은 제 맘대로 통화를 발행했다. 권력과 금융을 다 가지고 있었다. 간혹 어떤 왕들은 무분별하게 돈을 발행해, 자국화폐의 신뢰를 떨어뜨리기도 했다.

하지만 장거리 교역이 차츰 활발해지면서 거대상인들은 약속어음(환어음)을 수시로 주고받기 시작했고, 민간인들은 금을 맡기고는 보관증을 일상 거래에서 마치 화폐처럼 편리하게 사용하기도 했다. 왕이 발행한 공식화폐에 민간의 화폐 대용물이 맞선 것이다. 그러다가 17세기 중반에 들어 영국에서부터 균형이 무너지기 시작했다. 윌리엄 3세는 프랑스와의 전쟁비용을 대고자 영국의 금융업자들로부터 금 120만파운드를 빌리는 대가로 역사적인 칙령을 내린다. 정부가 이자만 물고 원금은 갚지 않는 대신, 은행(주식회사)을 설립할 권한을 허락한 것이다. 바로 영란은행Bank on England, 중앙은행의 어머니라 불리는 은행이다.

미국도 다르지 않다. 건국 정부의 최대 고민은 화폐문제였다. 주화를

미국 달러 지폐 뒷면의 문구, IN GOD WE TRUST

만들 금과 은은 부족한 데다, 독립전쟁을 치르느라 막대한 부채를 짊어진 탓이다. 미국 독립에서 화폐의 독자성과 독립은 정치, 외교적인 사안을 능가하는 중차대한 백년대계였다. 정치가들과 외교가들은 이 문제의 중대성과 대부분 심각성을 잘 몰랐지만, 초대 재무부 장관 알렉산더 해밀턴은 고민했다. 그는 민간자금으로 국가은행을 세워 독점적 화폐 발행권을 내주는 대신, 은행이 기존 국가부채를 떠안는 해법을 찾아냈다.

이후 권한이 지나치다는 비판에 밀려 두 차례나 문을 닫았던 미국의 중앙은행이 현재의 모습을 갖춘 건 금융재벌 제이피모건이었다. 1914년 창설된 연방준비제도(현재의 중앙은행)는 이름에 '연방'이라는 단어가 들어가 있으나, 사실은 월스트리트 대자본이 세운 민간법인이다. 중앙은행 제도는 화폐발행 권력의 이동과 함께 등장한 역사적 산물이다. 정부가 중앙은행에 돈을 '찍을' 권리를 주고, 그 돈을 '빌릴' 권리를 얻는 것. 중앙은행은 화폐를, 정부는 부채증서(채권)을 각자 발행한 뒤 서로 맞교환하는 구조다. 돈을 빌렸으니 이자를 무는 건 당연한 일이다. 나라 살림을 운영하는

데 돈이 모자라 국채를 발행해 벌충하는 통상과 별개로, 정부는 영원한 채무자다.

영란은행은 제2차 세계대전 후 국유화됐다. 우리나라 한국은행은 무자본특수법인으로 설립됐다. 하지만 그렇다고 해서 정부와 중앙은행 관계의 본질이 달라지는 건 아니다. 초기 영란은행을 지배했던 대부호 네이선 로스차일드가 남겼다는 한마디는 중앙은행의 본질을 꿰뚫고 있다. "나는 어떤 군주가 해가지지 않는 영국을 지배하는지 신경 쓰지 않는다. 다만 영국의 화폐를 지배하는 세력이 대영제국을 지배하는 것이고, 나는 영국의 통화를 지배한다." 독립적인 금고지기 중앙은행의 탄생이 정부가 방탕해질 위험을 없애는 역할을 한다. 왕이나 국가가 제 맘대로 통화를 남발해 화폐가치가 폭락하고, 그 결과 빚더미에 올라앉은 사회는 무거운 세금부담에 허덕이던 오랜 악순환을 끊어낸 것이다. 특히 중앙은행에서 시중은행으로 이어지는 금융시스템을 통해 막대한 신용창출의 효과를 내어 경제가 빠르게 성장하게 되었다.

문제는 신뢰와 신용이 괴물로 변해가는 점이다. 미국을 위시한 선진국 중앙은행들의 무제한 '양적완화'가 좋은 예이다. 중앙은행의 지급준비방식이 항상 논란의 대상이다. 오늘날 통화량에서 중앙은행이 발행한 실제 화폐는 극히 일부다. 우리나라는 2015년 말 기준으로 시중에 존재하는 돈의 총량M2, 광의의 통화이 2,183조원이지만, 이 중 한국은행이 발행한 본원통화는 고작 121조원뿐이다. 나머지는 중앙은행이 발행한 통화를 밑천 삼아서 금융시스템 속에서 저절로 만들어진 '장부상의 돈', 곧 신용화폐다. 신뢰와 신용을 통해 지폐와 동전을 발행한 이후, 또 한 번의 신용 재창출 과정이 전개된 것이다. 선진국들의 양적완화는 여기에서 한발 짝 더 나아가, 두 번의 신용창출 변신을 밀어붙이 것이다.

2016년 미국 대통령 선거 때 당시 후보였던 트럼프는 CNN과의 인터뷰에서 "미국 정부의 빚 문제는 걱정할 것이 없다. 인쇄기로 돈을 찍어내면 된다"고 말했다. 현재 19조달러에 달하는 미국의 빚도 '달러를 찍어내서 갚으면 끝'이라는 얘기였다. 불온하기 그지없는 발언이었지만, 비슷한 내용을 미국 역사에서 찾을 수 있다. 링컨 대통령 시절의 국가화폐Green Back 가 대표적이다. 당시 링컨 대통령은 정부의 신용을 근거로 직접 지폐를 발행해 남북전쟁 비용을 댔다. 전시라는 특별한 상황이었다고는 하나, 이렇다 할 부작용 없이 경제는 순조롭게 돌아갔다. 중앙은행이 아니라 정부가 직접 화폐를 발행했으니 국가부채도 늘지 않았다. 이러한 모습은 극심한 경제불황이나 심각한 경제위기가 닥칠 때마다 언제나 터져 나오는 주장이다. 화폐발행의 주체가 정부냐, 중앙은행이냐는 논쟁은 사실 무의미하기도 하다. 중앙은행장의 임명에 정부의 입김이 근본적으로 작용하기 때문이다.

벤 버냉키 전 연준의장이 '헬리콥터 벤'라는 별칭을 붙을 정도로 돈(유동성)을 푼다는 사실 자체가, 직접 나서지 않더라도 그 뒤에는 정부의 그림자가 아른거린다는 혐의를 받기는 충분한 것이다. 돈을 공급하는 주체와 경로와 문법을 근본적으로 흔들고 있는 게 사실이다. 국가와 중앙은행, 시중은행으로 복잡하게 엮인 기존 금융시스템을 무시하고, 마치 돈을 찍어 헬리콥터에서 무작위로 뿌려대는 상황이 벌어지는 것이다. 신뢰와 신용을 기반으로 한 중앙은행 제도의 출발에 근본적인 물음표가 생길 수밖에 없다. 금융위기와 재정위기를 거치면서 각국 중앙은행들의 무제한 돈 풀기는 돈의 위기가 닥쳐올 것 같다는 불안감을 드리운다.

달러 패권의 근원 1_금융시스템

뉴욕 월스트리트는 세상의 중심이다. 전 세계 기업과 정부가 이곳에서 자금을 조달하고, 투자하고, 중개하고, 보험과 법률 서비스를 제공받는다. 지구에서 가장 크고 방대하며 촘촘한 금융 클러스트가 뉴욕을 중심으로 형성되어 있다. 이러한 금융의 중심지가 형성되면서 자연스럽게 금융망, 특히 은행의 지급결제망이 뉴욕을 중심으로 전 세계로 거미줄처럼 이어져있다는 점도 중요하다. 이는 달러가 세계의 중심통화가 되는 기반이기도 하다.

이러한 시스템을 가진 미국은 어떤 힘을 발휘할까? 좋은 예가 있다. 미얀마, 이란, 북한 같은 나라를 제재하는 방식은 오늘날 오프라인상의 무역을 통한 제압보다 효과적인 것이 있다. 국제 금융망에 접속을 차단시키는 것이다. 가혹하고 무서운 제재다. 전 세계의 모든 은행은 뉴욕에 계좌를 개설한다. 소위 '에스크로'라 불린다. 수출과 수입 등 모든 무역거래와 자본거래에서 교환되는 결제대금의 이체 등을 위한 용도이다.

미국 재무부가 지난 2016년 6월 1일에 북한을 '주요 자금세탁 우려 대상국primary money laundering concern'으로 공식 지정했다. 이 조치로 어떤 일이 벌어질까? 우선 북한은 미국과의 금융거래가 전면금지되는 것은 물론, 중국 등 제3국의 금융기관도 거래가 제한될 가능성이 높아졌다. 전 세계 모든 금융기관들 중 미국과 거래하지 않는 금융기관은 없기 때문이다. 미국의 금융기관에서 거래가 중지되면 금융 전산망 자체에 접근이 어려워지고 오프라인 상에서 지폐를 보따리로 들고 다니며 지불해야만 한다. 이렇게 되면 북한으로서는 '해외 현지 외화벌이→평양 송금→김정은 통치 자금화'로 이어지는 등식을 유지하기가 어려워지는 것이다. 미국 금융시스템 차단 같은 직접 효과는 물론, 미국과 환대리계좌를 보유하는 외국 금융기관이 북한 금융기관과의 거래를 중단하지 않으면 미국과 금융거래가 중단되는 간접 효과도 나타난다.

미국의 북한에 대한 금융망 접근 차단 조치는 일차적으로 외화벌이 해외송금 차단에 따른 효과다. 북한이 러시아, 중국, 쿠웨이트 등 세계 50여 국가에 약 6만 명의 노동자를 파견해 연간 2억～3억달러(2,287억～3,430억 원)를 벌어들이는 것으로 추정된다. 김정일 시대엔 2만～3만 명이 1억～2억달러를 벌었으나 김정은 노동당 위원장 집권 이후 거의 2배가 됐다. 북한 해외 노동자들은 급여의 80～90%를 충성자금 등의 명목으로 북한으로 송금하고 있다. 이렇게 송금된 돈은 북한 핵심 계층이 사치품을 사거나 핵 혹은 미사일을 개발하는 데 쓰이는 것으로 알려졌다.

이 조치로 앞으로 북한과 실명 또는 차명계좌를 유지하고 송금하는 것으로 드러날 경우 제3국의 금융기관들은 미국과의 거래가 끊기는 제재를 받게 되므로 북한 해외 노동자들의 본국송금이 사실상 쉽지 않을 것으로 보인다. 일부 미국 언론에서는 세계 금융결제망인 스위프트SWIFT(국제은행간통신협회)에 북한이 접속하는 것도 원천적으로 차단해야 한다는 주장도 나오고 있다. 2012년 미국과 유럽연합EU이 이란에 했던 것과 마찬가지로 북한의 스위프트 접근을 차단해야 한다는 주장이다.

앞의 북한 예에서 보듯이 금융 인프라에 대한 미국의 영향력은 절대적이다. 미국 금융기관이 전 세계를 상대로 장사를 하고 있고, 이들 금융기관에 대한 미국 행정부의 감시·감독권도 막강하다. 금융에서만큼은 미국의 영향력이 여전히 절대적이다. 이 같은 금융 인프라 자체는 슈퍼 통화 달러의 힘의 배경이기도 하다.

달러 패권의 근원 2_군사력

하나마나한 얘기지만 세계 무역거래에서 달러화가 대표적인 지불수단으로 자리 잡는 것은 미국이라는 나라의 강력한 국력에 따른 후광 효과 때문이다. 전 세계에서 미국의 무역을 위해 오가는 모든 상선과 항공기의 안전은 누가 도모하는가. 전 세계에 가장 많은 나라에 대사관을 설립한 국가는 어디인가. 전 세계 각국에 파견된 미국기업의 수많은 비즈니스맨은 누가 보호하는가. 미국이라는 나라는 오늘도 전 세계 구석구석에서 바삐 움직인다. 미국은 전 세계에 800개가 넘는 군사기지를 운영하고 있다. 한국에도 83개가 있다. 역사상 그 어떤 제국도 이러지 못했다. 세계 거의 모든

도표 18 **세계 각국 군사비 지출 비교**

(단위 : 달러)

순위	국가명	군사비 지출액
1위	미국	6,110억
2위	중국	2,150억
3위	러시아	692억
4위	사우디	637억
5위	인도	559억
6위	프랑스	557억
7위	영국	483억
8위	일본	461억
9위	독일	410억
10위	한국	368억

• 자료 : 연합인포맥스

국가들의 정치, 외교, 경제, 문화 현안에 관심을 갖고 자료를 모으고 매사에 개입한다. 미국의 이익을 보호하기 위해서다.

이를 뒷받침하는 결정적 요소는 미국의 국방력이다. 미국의 진정한 힘은 말이 아닌 실질적인 군사력, 즉 국방력에서 나온다. 미국은 지구상에 현존하는 유일한 경찰국가다. 미국은 전 세계 각국의 모든 이슈에 개입하고 이해관계를 관철시키는 노력을 끊임없이 한다. 세계 경찰국가로 군림하고 있는 것은 달러화가 기축통화로 자리매김하는데 필수적인 전제 조건이다. 결국 미국의 국방력은 달러라는 화폐의 가치 유지에 가장 든든한 뒷배다. 이런 국방력을 유지하려면 천문학적인 돈이 든다. 2015년 기준으로 국방예산은 미국 전체 예산의 10%를 넘어선다. 금액으로는 2016년 기준으로 6천억달러다.

2010년 기준으로 미군의 숫자는 140만 명이다. 영국 국제전략문제연구소IISS의 자료를 보면 인도군 132만 명, 러시아군 120만 명, 프랑스군 34만 명, 독일군 28만 명, 영국군 20만 명 정도다. 미국보다 현역 병력이 많은 유일한 국가는 235만 5천여 명의 병력을 보유한 중국뿐이다. 하지만 예비 전력을 감안할 경우 세계 최대라는 중국의 병력규모도 무색해진다. 미국의 예비 전력은 총 116만여 명으로, 이 중 긴급예비군Ready Reserve이 114만여 명, 대기예비군Stand-by Reserve이 2만 명 내외다. 현역 부대를 대신해 전장에 투입할 만큼 예비 전력의 질은 뛰어나다. 중국의 예비군은 총 80만 명 규모지만 전투 수행 능력은 미국의 예비 전력에 비할 바가 아니다. 무기체계의 우열을 감안하지 않고 단순히 병력규모와 병력의 질만 감안해도 미군은 이미 세계 최대 규모, 최강의 군대인 것이다.

다시 국방예산을 들여다보자. 〈도표 18〉을 보면 미국의 국방비는 세계 1위, 타의 추종을 불허한다. 미국 혼자서 쓰는 국방비가 전 세계 모든 국가 국방예산의 절반을 넘어서는 수준이다. 2~10위 국가의 국방예산을 합친 것보다 더 많다. 우리나라 2016년 기준으로 외환보유고가 3,700억달러다. 이를 감안하면 미국은 딱 1년 동안 우리나라 외환보유고 2배의 돈을 국방비에 쏟아 붙고 있는 것이다. 가늠이 가지 않는 천문학적인 규모가 아닐 수 없다. 미국 달러화가 전 세계 유일무이한 기축통화로 군림하는 배경에는 미국의 무력이 있다. 미국 달러화의 패권을 이야기하면서 어디에서도 이런 얘기를 하는 설명이 뒤따르지 않는 것은 이상한 일이다. 그런 의미에서 미국 돈의 가치, 달러 환율의 일곱 번째 비밀은 어쩌면 모두가 알고 있는 상식일지 모른다.

물론 미국 국방력은 거꾸로 미국 정부의 예산을 구성하는 경제력이 있기에 가능하다. 미국 정부의 세입과 세출이 어느 정도 균형이 잡히면서 가능한 일이다. 결국 국방력도 미국의 경제력, 즉 국민들과 기업이 납부하는 세금의 뒷받침이 없으면 하루도 버티기 어렵다. 한 국가의 화폐가치는 국방력으로 지켜지고, 이는 최종적으로 경제력의 뒷받침에 뿌리를 두고 있다. 미국 달러라는 화폐의 가치는 근원적으로 미국기업의 기술력 등에 힘입은 경쟁력이 있기에 가능하다는 얘기다.

슈퍼파워 국가이자 위기의 진원지, 미국

미국은 슈퍼파워 국가이자 위기의 진원지 역할도 수시로 하고 있다.

2008년, 150년 역사의 미국 금융 자본주의의 상징인 리먼브라더스가 파산보호 신청을 하고, 황소 엠블럼을 자랑하던 메릴린치가 뱅크오브아메리카BOA에게 인수합병됐다. 지구촌 경제에 '퍼펙트 스톰'이 발생했다.

외환과 픽스트 인컴Fixed income 등 파생상품으로 1990년대에 홍역을 치른 이후, 크레디트(신용) 시장의 폭발적 확대에 따른 후유증이 터져나온 것이다. 제2차 세계대전과 9·11테러를 겪으면서도 건재했던 미국 대형 투자은행IB들의 강인한 생명력이 신용파생상품이라는 '독배'에 온 몸이 썩고 무기력해져 결국 무너진 것이다. 그리고 같은 해 9월, 7천억달러의 미국 구제금융법안이 통과됐다.

모든 문제의 시작점은 미국 주택가격의 하락이었다. 바로 서브프라임 모기지 사태였다. 초저금리 정책이 지속되면서 주택시가의 110%를 대출해주는 주택담보대출이 번졌고, 너도나도 여기에 뛰어들었다. 신용상태가 좋지 않은 개인들까지 가담하고 금융기관들은 경쟁적으로 주택담보대출에 열을 올렸다. 투자금융기관IB들은 이틈을 이용해 대출채권을 묶어 증권화Securitize해서 팔아넘기고, 대형투자은행들이 물건들을 넘겨받아 다양한 '트랑셰Tranche'로 뜯어 붙이고 파생화해서 팔며 구전을 뜯어 먹었다. 하지만 이 과정에서 어마어마한 리스크는 제거된 것Eliminate이 아니라 다양화Diversify되고 숨겨졌다.

전문가들은 당초 미국의 GDP 5%에 해당하는 7천억달러만 있으면 신용위기가 말끔히 정리될 것으로 봤다. 주택담보대출 총액이 1조달러에 달하고, 부동산 가격이 지금까지 30% 정도 떨어졌다고 보고 어림잡아 7천억달러라는 계산을 내놨지만, 향후 집값이 10~15% 더 떨어지면서 여전히 뒷감당이 안 될 것이라는 우려가 커져갔다. 또한 누가 이 어마어마한 재원을 조달할 것이며, 조달의 구체적인 방식도 문제였다. 설사 미국이 국채발행 등을 통해 조달하더라도 사용방식과 범위에서도 논란은 남아있었다. 총체적인 모럴 해저드의 뒷감당을 누가 한다는 약속도 없었다. 워낙 사안이 긴급해서 전대미문 엄청난 규모의 응급조치가 긴급하게 결정된 것이었다.

역사상 초유의 신용위기로 글로벌 금융위기가 발생하자, 책임론도 거세졌다. 앨런 그린스펀 의장이 '비밀의 사원'에서 너무 오랫동안 해먹었다는 주장이 대표적이었다. 무엇보다 2000년 초부터 실시된 그린스펀 전 FRB 의장의 초저금리 정책이 금융기관의 무분별한 대출을 부추긴 핵심 원인이라는 비판이다. 저금리정책이 지속적으로 가능했던 것은 그의 견제 받지 않은 권력 때문이었다. 절대 권력은 절대 실패한다는 속설이 미국이라고 예외가 아니었다. 미국이라는 나라에서 전무후무하게 무려 4번이나 연임해 18년이나 재직한 권위가 그린스펀이라는 존재를 신격화하게 만들었다. 행정부도 의회도 견제하지 못했던 절대 권력이 참담한 결과를 초래했다는 지적이다.

미국의 대형 IB의 몰락에 그동안 선진 금융기법을 흠모하고 따라 배우기에 급급하던 한국을 포함한 이머징마켓의 '시장추종자'들도 길을 잃어버렸다. 이러한 격변은 환율, 주식, 금리 등 금융시장뿐만 아니라 선진국과 이머징마켓에도 영향을 미치고 결국 국내 실물경제에도 큰 타격을 줬다. 2005년까지 국제금융이 팽창할 때 외국인들이 우리나라 주식에 많은 투자를 했고 외국인 주식 보유 비율이 40%까지 갔다. 국제금융 팽창기에 자본이 다른 나라보다 많이 들어온만큼, 리먼 사태가 터지면서 국제금융이 수축할 때 다른 나라보다 더 큰 영향을 받은 것이다. 금융이 실물을 뒤흔든 충격은 모든 면에서 전방위적이었다.

우리나라는 2007년 기준으로 연간 외환거래 규모가 800조달러가 넘는 반면, 세계 상품수출액은 12조달러를 넘는 수준에 불과했다. 서비스 수출을 포함하더라도 외환거래액 중 3% 이내만이 실물거래와 연결되어있을 뿐이고, 97% 이상은 단기차익을 따라 움직인다. 이런 상황에서 시장환율은 실물 부문의 펀더멘탈에 따라 결정될 수밖에 없었다. 오히려 투기적으로 돈이 움직여 실물거래가 영향을 받는 현상이 보편적인 상황이 됐다. 금융이 실물을 잡아먹는, 꼬리가 몸통을 흔드는 모습이었다. 주식시장, 채권시장, 외환시장이 완전히 개방되고 수출입에 의존하는 한국은 대외변수에 취약할 수밖에 없다는 것을 재확인하는 계기가 됐다.

2008년 위기의 시작, 주택

2008년 글로벌 금융위기는 서브프라임 모기지 사태라고도 불린다. 좀 더 쉽게 설명하면 '저신용자 주택담보대출'이다. 이 말은 글로벌 금융위기가 주택대출 부실로 인해 발생했다는 얘기다. 물론 단순히 주택대출 상품 하나가 부실화되면서 전 세계 경제가 충격에 빠진 것은 아니다. 여러 가지 요소들이 영향을 미쳤다.

서브프라임Subprime은 미국 주택담보대출의 등급을 뜻한다. 우리나라가 그러하듯 미국도 신용등급에 따라 대출 유무와 가산금리 유무가 결정된다. 미국은 신용등급이 가장 높은 프라임Prime, 프라임보다 낮지만 우량한 편이어서 채무불이행을 하지 않을 가능성이 높은 알트-AAlternative-A, 저신용자인 서브프라임, 3단계로 나뉜다. 특히 가장 낮은 서브프라임 등급의 대출자들은 원금을 갚지 못할 가능성이 높아서 가산금리가 일반 프라임보다 2~3% 높게 적용된다. 은행들은 통상적으로는 저신용자들의 대출을 꼼꼼히 관리하고, 충당금을 쌓는 등 대책을 세운다. 너무 답이 없다고 생각될 경우에는 대출을 거절하기도 한다. 그런데 2008년 모기지론 업체와 은행들은 이 서브프라임 등급의 모기지를 확대했다. 그러다 부실이 터지

• 자료 : 연합인포맥스

면서 모기지론 업체와 은행들이 통째로 몰락하는 초유의 사태가 벌어지고 만 것이다.

왜 은행들이 이런 고위험 주택담보대출을 늘리게 되었을까? 가장 큰 이유는 부동산 가격상승 때문이었다. 사실 이 시기에는 미국뿐만 아니라 전 세계적으로 부동산 가격상승이 일어난 때였다. 우리나라도 2006년 ~2007년 부동산 투기세가 몰리면서 기록적인 상승이 발생했다. 그렇다면 부동산 가격상승의 원인은 무엇이었을까? 바로 '유동성 확대'다.

미국을 비롯해 전 세계적으로 유동성이 크게 증가했고, 이 유동성이 투자할 곳을 모색하다보니 부동산이나 주식시장으로 몰렸고, 여기서 거품이 발생하다가 한 번에 터졌던 것이다. 그리고 그것이 2008년 글로벌 금융위기가 됐다는 얘기다. 문제는 왜 갑자기 2000~2008년에 미국에서 유동성이 증가했냐다. 이에 대한 견해는 크게 2가지로 나온다. 첫째는 '저금리 원인설'이고, 둘째는 '과잉저축설'이다.

먼저, 저금리 원인설을 살펴보자.

저금리설은 미국을 비롯한 여러 나라들이 저금리 정책을 꾸준히 이어왔는데, 이로 인해 풀린 유동성이 결국 거품을 발생시켰다고 보는 논리다. 미국만 보더라도 한 때 기준금리 수준이 6.5%에 달했으나 부시 행정부 직전부터 그린스펀 의장의 주도로 금리를 꾸준히 내리기 시작했다. 2001년 12월에는 1.75%까지 낮아졌고 2003년 1월에는 1%에 달했다. 기준금리가 하락하면서 시장의 대출금리도 낮아졌다. 시중에 유동성이 넘쳐나자 사람들은 보다 돈을 쉽게 빌릴 수 있었고, 기존 주택담보대출을 받던 사람들도 대출을 갈아타는 경우가 많아졌다. 특히 2000년대 이후 IT 기술의 발달로 은행에 직접 가지 않고도 대출심사를 받을 수 있게 되어 이전보다 쉽게 대출을 받을 수 있게 됐다.

이 과정에서 담보대출을 전담하는 모기지 전문회사들 시장이 확대되었고 경쟁도 크게 증가했다. 소비자들 역시 유례없는 낮은 대출금리에 환호했고, 은행과 모기지 회사들도 '묻지마 대출'을 하는 등 도덕적 해이까지 가세하면서 서브프라임 모기지 사태가 터졌다는 것이다. 여기서 비롯된 용어가 '그린스펀의 함정Greenspan's trap'이다. 당시 FRB 의장이었던 앨런 그린스펀이 금리인하 정책을 지나치게 밀어붙이면서 이 사태를 초래했다는 것이다. 실제로 과거에 비해 국내외에서 그린스펀 의장에 대한 평가가 박한데, 바로 이 글로벌 금융위기 사태를 초래한 원흉으로 지목되었기 때문이다. FRB 부의장 출신이었던 앨런 블라인더 프린스턴대학 교수나 FRB 관료 출신의 스티븐 세체티 브랜다이스 대학 교수 등도 당시 그린스펀이 부시 행정부의 감세정책과 저금리정책에 힘을 실어주는 바람에 주택시장에 거품을 일으켰다고 시인한 바 있다.

미국 부동산 가격폭등을 바라보는 두 번째 견해인 과잉저축설을 보자.

과잉저축설은 유동성 확대가 미국 등의 저금리에서 비롯된 것이 아니라고 강변한다. 이 견해를 대표하는 인물은 벤 버냉키 전 FRB 의장과 이를 지지하는 폴 크루그먼 교수이다. 과잉저축설은 중동, 중국 및 아시아국가의 저축량이 크게 증가하면서 이것이 투자로 이어지지 않고, 유동성으로 이어져 거품을 만들었다는 이론이다. 1997년 아시아 금융위기로 인해한국을 비롯한 아시아 국가들은 국제자본을 통제하고 외환보유고를 늘리는데 집중하게 된다. 여기에 엄청난 속도로 성장하게 된 중국, 그리고 중국 등에 원유를 수출해 외환보유고를 바짝 늘리게 된 중동 국가들이 있다. 전 세계의 저축량이 크게 늘어난 것이다. 저축량이 늘어나면 결국 돈을 빌릴 사람보다 돈을 빌려줄 사람이 많아지므로 실질 이자율이 자연스레 하락하게 된다.

이런 와중에 미국은 수출보다 수입이 많은 만성적인 경상수지 적자국이다. 경상수지가 적자가 난다는 것은 결국 돈을 빌려야 한다는 것을 의미하므로(자본수지 흑자) 중동, 아시아, 중국 등에 풀려있던 유동성들이 미국 등으로 밀려들어오기 시작한다. 결국 이 유동성이 미국에 거품을 일으켜 서브프라임 사태를 발생시켰다는 것이 과잉저축설의 핵심이다.

저금리가 문제냐 과잉저축이 문제냐는 아직도 많은 논란을 낳고 있다. 과거에는 '2008년 글로벌 금융위기=저금리'로 보는 시각이 많았지만, 최근에는 벤 버냉키가 FRB 전 의장이나 폴 크루그먼 교수 등이 등장하면서 '과잉저축설'이 지지를 받고 있는 모양이다. 확실한 것은 저금리던 혹은 글로벌 과잉저축이던, 그 당시 미국의 유동성을 확장시켰고, 결국 부동산 시장에 버블을 일으켜 서브프라임 사태를 가져온 것이라는 점이다.

1985년, 미국은 어떻게 힘을 과시했나?

'환율은 곧 정치'라는 사실을 가장 극명하게 보여준 사건이 있다. 1985년에 미일 간에 결의된 플라자합의다. 이 역사적 이벤트가 중요한 이유는 이 사건이 정치·경제적으로 우리나라뿐만 아니라 전 세계 모든 사람에게 영향을 줬기 때문이다. 이 사건은 초강대국의 필요에 따라 국제정치 권력을 재편한 것으로, 앞으로도 반복해서 역사에 등장할 가능성이 높다. 시장원리로만 정해진다던 환율의 결정이 국력의 역학관계로 강제로 결정되는 적나라한 모습이 드러난 환율의 비밀이 아닐 수 없다.

21세기 오늘날 각국의 화폐가치는 통상적으로 국제금융시장에서 결정되는 변동환율제다. 특정한 시점에 강제적으로 이벤트성으로 결정되는 일이 아니라, 매일 시시각각 외환시장에서 끊임없이 동태적으로 형성된다. 동태적이라는 것은 한 번 결정되면 한동안 멈춰 있는 것이 아니라 쉼 없이 맥박 친다는 얘기다. 스톡Stock의 개념이 아니라 플로Flow의 개념이다. 돈의 가치의 교환비율이 국제금융시장에서 24시간 움직이며, 이 책을 읽고 있는 지금 이 순간에도 계속된다. 끊임없이 움직이는 각국 돈의 교환비율인 환율에 따라, 현재와 미래의 경제상황이 오락가락하게 하게 된다. 그런데 이런 환율의 움직임을 인위적으로, 강제적으로, 일방통행 식으로 개입해 바꿔놓은 대표적 사례가 바로 플라자합의다. 시장원리에 의해 작동되던 환율을 강제적으로 전환시키면 상대국가 경제의 운명은 송두리째 바뀐다. 일본의 잃어버린 20년 출발점인 플라자합의 때문이었다. 이것을 시점으로 일본경제의 침체가 촉발됐다.

1960년 도쿄올림픽을 기점으로 일본은 세계 무역대국으로 떠오른다. 일본 주가가 4만선을 터치하고 도쿄 지역의 땅을 팔면 미국을 살 수 있다는 신화가 창조된다. 전후 일본기업의 부활은 미국에 대한 무역수지 흑자로 연결된다. 패전국 일본이 이제는 수출을 통해 미국을 궁지로 몰아넣게 된 것이다. 1980년대 초 석유파동으로 경제적 불황을 맞은 미국에게 일본은 가전제품, 자동차, 반도체를 신바람 나게 수출했다. 일본제품과 독일제품은 미국의 가정주부를 사로잡았다. 미국 전역은 일본의 제2의 진주만 공습인 공산품 대공세에 여론이 들끓었다. 일본이 다시 미국을 잡아먹는다는 공포감이 미국 의회와 정치권, 언론을 장식했다.

미국 행정부가 결국 나서지 않을 수 없었다. 다급한 미국은 일본의 팔목을 비틀기로 한다. 일본정부에게 엔화와의 환율 재조정을 요구한다. 요구라기보다 일반적인 통보였다. 그리고 1985년 미국 뉴욕 맨해튼 플라자 호텔에서 일이 벌어진다. 일명 플라자합의다. 미국은 일본, 영국, 독일, 프랑스의 중앙은행 총재들을 집합시켰다. 환율비율을 재조정하기 위함이다. 각국이 합의했다는 형식으로 발표되지만 일방적인 미국의 전횡이었던 셈이다.

맨해튼에 모인 각국은 미국의 일방적인 요구를 들어주지 않을 수 없었다. 냉전의 시대에 미국의 정치·군사적인 보호 아래 밥 먹고 사는 국가들로서는 요구를 거절하기 힘들었다. 무역질서 흐름을 바꾸기 위한 초강대국 미국의 이해와 전략은 일방향이었다. 닉슨의 선언으로 시장에서 결정되도록 한 변동환율제의 결과가 신통찮아졌으니, 다시 한 번 정책 당국자들이 모여 시장환율의 기준을 다시 조정한다는 통보였다. 미국 달러화 가치에 대한 느닷없는 리밸류에이션이었다. 재정적자와 대외 무역적자, 즉 쌍둥이 적자로 신음하던 미국의 입장이 먼저였던 셈이다. 주 타깃은 미국에 대해 가장 무역수지 흑자 폭이 컸던 일본과 독일이었다. 이러한 환율 재조정은 패전국인 일본과 독일을 경제원조로 살려냈더니, 미국 앞마당

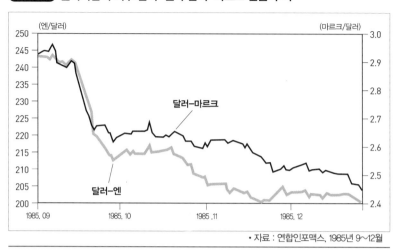

도표 20 플라자합의 직후 달러-엔과 달러-마르크 환율 추이

• 자료 : 연합인포맥스, 1985년 9~12월

에 깊숙이 넘어 들어와 자국의 이익을 갉아먹는다는 불만이 미국 국내에서 터져나왔기 때문이다.

플라자합의로 일본 엔과 독일 마르크화는 불과 일주일 만에 달러화 대비 각각 7%, 8.3%가 절상됐다. 이후 수직절상이 이어졌다. 당시 9월 플라자합의 이후 달러-엔 환율은 달러당 238.50엔에서 3년 후인 1989년에 128.10엔까지 떨어졌다. 3년 동안 무려 46.3% 하락이었다. 이렇게 화폐교환 조건이 드라마틱하게 결정된 일는 전무후무한 일이었다. 일본과 미국의 무역상황은 하루아침에 급변한다. 일본 산업계는 날벼락을 맞았다. 이후 일본기업들은 미국에 일방향 수출우위를 보이지는 않지만 가격경쟁력뿐만 아니라 기술경쟁력에 눈을 돌려 경쟁력을 유지하는데 총력을 기울인다. 일본의 수출 의존적 대기업들은 달러-엔이 어떻게 변하더라도 가격경쟁력을 유지하는 능력을 이때부터 키운 것이다.

플라자합의 이전의 상황이 어떻길래 미국이 일본의 팔목을 비튼 것일까? 1980년대의 미국은 경기회복을 위해 감세정책을 실시한다. 투자와 소비를 활성화시키려 한 것이다. 또 동시에 국방비 지출도 늘렸다. 하지만 결과는 미국 의도대로 되지 않았다. 대외무역 적자폭이 더 커진 것이다. 이를 완화하기 위해 대규모 국채를 발행되고, 경기가 좋지 않았던 당시 사정상 금리를 올려야 했기 때문에 달러가치가 상승한다. 국채공급의 증가와 금리의 상관관계, 그리고 달러환율의 상관관계는 이 책 뒷부분에서 설명하겠지만 금융시장 간의 영향이 커지면서 연쇄적인 쇼크를 먹었다. 미국의 수출은 점점 악화된다. 레이건 행정부는 이 상황을 수출로써 경제를 회복시키려 했고, 이를 위해 일본과 독일에 대해 화폐가치의 절상을 요구하기로 결정한 것이다.

플라자합의로 시작된 '잃어버린 20년'

플라자합의로 일본의 대미 수출은 순식간에 큰 타격을 입고 일본경제 전체가 기우뚱한다. 일본이 미국의 요구를 수용하지 않을 수 없었던 데에는 미국 수출로 보유하고 있던 달러자산의 가치 유지도 중요했기 때문이다. 달러가 기축통화로써 유지가 불안정해지면 일본도 궁극적으로 좋을 게 없다는 나름의 계산도 있었다. 미일 관계에서 일본만 너무 잘나가면 부딪히게 될 반발을 어느 정도 무마해야 한다는 고려도 작용했다. 무역보복 조치를 당할지도 모른다는 위협 속에 일본은 미국의 요구를 승인한다. 일본은 미국의 환율 요구를 들어주는 대신 정치적, 군사적, 외교적 협력을 얻어내고 이후 플라자합의는 일사천리로 이행된다.

금태환조치 폐기 직후부터 당시까지 외환시장 환율은 수요와 공급에 의해 변동되어 결정되는 것이 일반적이었다. 바로 변동환율제다. 설사 고정환율제라고 하더라도 해당 국가에 환율 결정권이 있었다. 화폐가치의 결정은 국가의 고유한 주권이며 자기결정권이다. 그러나 플라자합의는 미국경제가 불황이고 일본제품이 미국의 적자에 미치는 영향이 너무 크니 앞으로 일본의 화폐 교환가치를 끌어올려 제품가격을 올리라는 얘기였다. 이는 자본주의 시장경제에서, 국제 경제계에서 벌어진 역사적인 사건이 아닐 수 없다. 그 이후 일본의 대미 수출은 주춤해지고 GDP 성장률은 뚝 떨어진다. 1985년 6.3%가 이후 2.8%까지 하락한다.

엔화강세로 화폐 교환비율이 바뀌자 일본제품들은 가격경쟁력이 약화된다. 경기침체 위기에 빠지자 일본은 국내용 정책인 저금리정책에 손을 대는 쪽으로 선회한다. 일명 초창기의 양적완화로, 엔고로 인한 경제성장의 둔화를 막아보려 한 것이다. 저금리정책은 일본 국내 가계 및 기업의 대출이 빠르게 늘어나는 쪽으로 분위기를 바꿔놓는다. 금리가 낮아지자 각종 국내투자와 부동산 거래가 기승을 부리게 된다. 특히 상업지구 부동산 가격은 천정부지가 된다. 일본 도쿄의 부동산을 팔면 미국 전체를 살 수 있다는 계산도 나왔다. 전무후무한 각종 자산가격 폭등을 경험하게 된다. 대표적인 게 주가였다. 1985년 플라자합의 이후 1만선 대에서 횡보하던 닛케이지수는 1990년에 4만선을 터치한다. 버블의 급팽창이었다. "천정부지로 무한히 자라는 나무는 없다"는 우려가 확산됐다. 버블이 폭발할 때 감당 못할 재앙이 닥칠 수 있다는 경고도 나왔다.

1989년에서야 일본 대장성은 이 문제를 인식하고, 브레이크를 걸기 위해 금리를 인상했다. 1989년 2.5%였던 금리를 1990년 4.5%로 올리고 동시에 부동산 융자에 총량제한을 두어 급격한 브레이크를 밟았다. 문제는 정책의 집행 시간이었다. 시간을 두고 천천히 브레이크를 걸어야 하는데, 당시 일본 국내 정치적 상황에 의해 급격하게 시행됐다. 정책의 방향은 맞았지만 타이밍의 선택과 시차가 문제였다. 부동산 거래는 1990년대 초반 부동산 규제에 반응해 시장거래 규모의 20%가 줄어든다. 추가적인 금리 인상이 잇따르자 마침내 완전히 얼어붙고, 부동산 가격은 급락한다. 모든 자산가치의 거품형성과 폭발과정을 이처럼 확연하게 보여준 사례가 없을 정도였다. 일본이 전후 일궈놓았던 성취가 거품의 폭발로 마침내 터진 것이다. 자산가격의 절벽을 경험하게 된다.

언제나 그렇지만 거대한 경제기조의 변화에서 피해를 보는 것은 개인들이었다. 담보를 내서 부동산을 샀던 이들의 피해는 천문학적이었다. 수많은 개인이 파산한다. 기업들도 본연의 업무인 제조보다 투자에 열을 올리다 역풍을 맞았다. 수많은 기업과 개인의 파산, 일본경제는 디플레이션이라는 괴물을 맞이하게 된다. 일본의 잃어버린 20년이 시작된 것이다. 이런 일본의 사례에서 우리는 무엇을 배울 수 있을까? 이처럼 환율의 결정이 한 시대 경제의 수레바퀴를 근본적으로 바꾸는 기폭제가 될 수 있다는 것이다. 환율흐름의 큰 변동이 한 국가와 기업, 그리고 개인의 삶에 영향을 미친다는 것은 현재의 대한민국에서도 언제든지 일어날 수 있음을 시사해준다.

1971년, 닉슨의 느닷없는 선빵

미국은 1985년 플라자합의로 왜 일본의 팔목을 비틀었을까? 그 연원을 살피면 1971년 8월 15일 미국 닉슨 대통령의 금태환제도 폐지선언을 꼽을 수 있다.

모든 사태와 사건은 원인이 있다. 1948년 브레튼우즈 협정으로 금에 묶어둔 미국 달러의 가치가 지속되기란 쉽지 않았다. 미국은 제2차 세계 대전 후 피폐된 서구 각국에 비해 금을 압도적으로 보유하고 있었다. 이를 배경으로 미국 달러는 절대적 우위를 차지했고 국제경제에서 압도적인 지위를 누렸다. 또 IMF를 통해 달러는 금의 대리代理라는 탁월한 지위를 인정받았다. 그래서 미국은 종전 이후 전후 유럽, 일본 등의 부흥에 천문학적인 돈, 즉 달러를 쏟아 부을 수 있었다. 대통령 중심제와 의회제도의 정치체계가 효율적으로 작동했고, 달러라는 돈이 뒤따라 해결사 노릇을 했다. 전후 미국의 영향력은 눈부셨다.

종전 후 미국의 서독, 프랑스, 영국, 일본 등에 대한 원조는 천문학적인 금액이 투하되었다. 일본의 성장은 그중에서 단연 우등생이었다. 그러다가 서서히 문제가 나타났다. 일본과 서독에 비해 미국경제는 정체하고 국제수지도 만성적으로 적자를 누적시켰다. 원조를 하던 미국도 뒤늦게 아차 싶었을 것이다. 금 준비와 대외 단기달러 채무잔고의 비율이 악화되기 시작했다.

이렇게 시작된 달러 지위의 동요는 1960년 가을에 표면화됐다. 그 후 이런 경향은 만성화되고 심각해지면서 금융위기인 '달러위기'로 이어졌다. 여기에 베트남 전쟁은 미국의 경제적 부담에 기름을 부었다. 미국 국제수지 적자가 커지기 시작했다. 전비조달을 위한 통화량 증가로 인플레이션이 발생했고 달러가치가 급락했다. 미국이 원조했던 서방국가들이 수출로 벌어들인 달러를 들이대며 금태환을 요구해왔다. 믿었던 자들의 뒤통수 때리기였다. 미국 입장에서는 이들 국가들이 괘씸하지만 어쨌든 약속은 약속이었다.

결국 미국은 비장의 카드를 꺼내들었다. 1971년 8월 15일 닉슨의 연설은 결연했다. 내용은 유럽이나 일본이 수출해서 모아놓은 달러는 더 이상 미국이 보유한 금으로 바꾸어주지 않는다는 것이었다. 금태환 정지 선언이었다. 서독과 일본은 충격에 빠졌다. 땀 흘려 물건을 만들어 미국시장에 수출해서 달러를 개미처럼 모아놓았는데, 이제 와서 이게 무슨 소리냐 싶었을 것이다. 전 세계 주요 국가들의 비명이 터졌다. 서독과 일본은 닭 쫓던 개의 심정이었다. 하지만 힘의 논리를 바탕으로 하는 국제정치란 그런 것이었다. 원리와 룰을 항상 새로 만들 수 있는 국가, 전 세계에서 미국만이 가능한 일이었다. 미국은 이 선언을 통해 제2차 세계대전 이후 다시 한 번 세계사에서 전무후무한 슈퍼파워로 도약했다.

닉슨의 금태환제도 폐기조치는 달러위기를 타개하려는 것이었지만, 이 선언에 따라 브레튼우즈 체제는 사실상 붕괴된다. 이후 국제통화제도는 혼란에 빠지고, 세계무역은 축소화의 경향을 보이며, 후진국에도 악영향을 줬다. 로베르 트리핀이라는 화폐 경제학자는 금본위제도가 처음부터 실현불가능한 모순을 잉태하고 있었다고 지적한다. 유동성 문제와 신뢰성 문제라는 딜레마 속에서 무너질 수밖에 없는 체제였다는 것이다. 여기서 유동성 문제란 세계경제의 발전과 함께 달러의 수요는 많아지나, 금의 생산량은 제한적이므로 발생하는 문제다. 만약 유동성 문제를 해결하기 위해 달러의 공급을 증가시킨다면, 달러가치에 대한 신뢰성이 하락하는 딜레마에 봉착한다는 것이다.

100% 환율상식

● 금본위제

금본위제는 국제수지 자동조절기능 약화와 통화팽창 가능성이란 약점 때문에, 1929년 대공황을 계기로 1931년에 붕괴했던 전력이 있는 시스템이다. 당시 전 세계 무역정책을 보면 강력한 보호무역조치가 만연하는 경향이 나타났다. 특히 1930년대의 세계대공황은 국제통화 질서에 회복하기 어려운 결정타를 가했다. 주식시장 붕괴는 전 세계로 급속히 확대되어 유럽 각국의 연쇄적인 파산을 촉발했고, 그 후 미국마저 달러화 평가절하를 단행해 주요 선진국은 일시적으로 변동환율제를 채택하게 됐다. 그리고 금본위제는 붕괴하고 말았다.

금본위제가 붕괴한 후, 세계경제는 걷잡을 수 없는 혼란에 빠졌다. 각국은 보호주의를 강력히 추구하여 관세장벽을 높였다. 한편 수입할당제, 수입허가세 등 비관세 수단에 의한 무역규제도 나타나게 되었다. 뿐만 아니라 각국의 경쟁적인 평가절하도 만연했다. 제2차 세계대전 직전에 이미 화폐전쟁, 환율전쟁은 치열하게 전개됐었다. 대영제국, 스칸디나비아, 포르투갈, 일본을 중심으로 하는 파운드 블록, 북중남미 국가를 중심으로 한 달러블록과 같은 블록들이 형성되었다. 그 결과 자유무역은 자취를 감추고 자유무역원리와 금본위제가 뒷받침한 20세기 경제질서는 완전히 붕괴됐다.

금태환제도 폐기선언, 슈퍼통화의 출발

1971년 닉슨 대통령의 금태환제도 폐기선언은 쉽게 말하면 이렇다.

미국 : 달러는 어떻게 세계를 지배했나?

"이제부터 미국 맘대로 찍는다." 물론 실제로 그런 말을 한 것은 아니다. 미국이라는 나라의 화폐주조권을 자의적으로 행사할 것임을 선언한 것으로, 인류 경제사적으로 엄청난 역사적 사건으로 기록되어야 한다. 브레튼 우즈 체제가 미국이 영국 파운드화를 제치고 달러 패권국이 되게 한 제1의 변신영역이었다면, 닉슨의 금태환제도 폐기는 21세기에 미국은 아무런 구속도 통제도 받지 않는 달러 패권국일 뿐만 아니라 마음먹으면 달러 수량을 언제든지 조정할 수 있음을 다짐하는 것이다. 통제받지 않는 권리를 선언하는 제2의 변신이었다. 브레튼우즈 출범을 능가하는 세기적인 사건이었다.

금값에 달러값을 고정시킬 때만 해도 최소한 화폐공급에 대한 정치가들의 양심과 도덕적 마지노선은 건재했다. 하지만 금태환제도 폐기선언은 공개적으로 언급하지는 않았지만 달러화는 미국이 마음대로 찍을 수도 있다는 슈퍼통화의 지위를 획득한다는 자기 선언이었다. 자국의 필요에 따라 세계 어느 국가, 누구의 눈치도 보지 않고 화폐의 수량과 공급에 제한을 두지 않는다는 출발이었다. 물론 선언 직후에 달러를 마음대로 찍은 것은 아니지만, 이후 미국이 2008년 금융위기를 겪으면서 전무후무한 '양적완화'라는 조치를 할 수 있는 근거를 마련한 것이었다.

닉슨의 선언 이후 사람들은 질문했다. 그렇다면 달러가치는 앞으로 무엇을 기준으로 삼는가? 직접 언급하지는 않았지만 이렇게 설명되었다. "앞으로 달러가치는 금값에 연동되지 않는다. 금의 족쇄로부터 해방된다. 달러가치는 그 무엇의 가치에 연동되는 것이 아니라, 이제 달러 스스로가 세상 모든 가치의 기준이 될 것이다." 이는 결국 미국 정부와 중앙은행이 알아서 판단한다는 얘기였다. 스스로 판단해 달러를 주조하거나 양껏 찍을 수 있다는 엄청난 의미였다. 로마 황제가 자체 판단으로 디나리우스(디나르 금화) 주조권을 행사한다고 선언한 것이나 마찬가지다. 로마보다 국력이나 경제력에서 더 월등한 현대 제국 미국이 그러한 길에 들어선 것은 역사의 아이러니가 아닐 수 없다. 미국의 화폐패권이 역사상 전인미답의 상황으로 달려갈 준비가 됐다는 것이다. 신^{God}의 보증을 받는 유일한 화폐 달러는 이제 전 세계를 위험으로 몰고 갈 가능성이 높아졌다는 의미이기도 하다.

어떠한 것에도 구애받지 않고 돈을 발권할 수 있는 국가가 미치는 영향은 무엇일까? 미국이 양적완화에 나서자 유럽과 일본도 여기에 동참했다. 선진국 중앙은행들이 2008년 이후 양적완화에 퍼부은 돈이 2016년 기준으로 총 16조달러다. 이 돈의 힘으로 세계경제가 위기로 치닫지 않고 그나마 돌아가고 있다고 미국 정책 당국자들은 믿고 있다. 그뿐만이 아니다. 2016년 미국 대통령 예비선거가 한창일 때 당시 도널드 트럼프 후보는 미국의 천문학적인 빚은 한 방에 돈을 찍어^{Print}서 해결할 수 있다고 발표했다. 전 세계 금융전문가들을 멘붕에 빠트리는 공약이었다. 발권국가 미국 정치인들의 속마음을, 진정한 모습을 적나라하게 보여준 발언이었다. 닉슨의 금태환제도 폐지가 50년이 지난 뒤 미국의 대통령 후보의 입에서 폭로된 셈이다.

1944년, 전 세계 넘버원 화폐의 등장

마지막으로 닉슨의 금태환제 폐기선언의 출발이 되는 1944년 브레튼우즈 협정이 벌어진 전후 상황을 살펴보자.

파운드화는 20세기 초반까지 해가지지 않는 나라 영국의 얼굴이었다.

남아프리카 공화국을 비롯한 넓고 넓은 아프리카 식민지를 넘어 중동의 국가들, 인도, 싱가포르, 심지어 호주와 뉴질랜드에도 식민지를 경영했다. 캐나다와 미국, 중국을 아편전쟁으로 굴복시키고 홍콩을 차지했다. 심지어 우리나라 거문도까지 점령한 제국이었다. 그 당시 영국 화폐 파운드화는 유일무이한 국제통화였다. 영국 여왕의 정식 직함을 보면 영국이라는 나라의 세계경영 자부심을 엿볼 수 있다. 영국 여왕은 수백 개의 직함을 갖고 있었는데 대표적인 것이 "엘리자베스 2세, 신의 가호 아래 그레이트 브리튼, 북아일랜드, 그리고 모든 그녀의 소유지의 통치자, 영연방의 수장이며 신앙의 옹호자Her Majesty Elizabeth the Second, by the Grace of God of the united Kingdom of Great Britain and Northern Ireland, and of Her other Reals and Territories Queen, Head of the Commonwealth, Defender of the Faith"이다.

영국은 세계 최고의 선진국이었고, 타의 추종을 불허하는 방대한 제국이었다. 20세기 초까지 국제질서는 영국의 화폐와 신용, 금융이 전 세계를 주도하는 시스템이었다. 그러나 이 시스템도 제1차 세계대전이 벌어지면서 균열이 생겼다. 독일이 전쟁을 일으키면서 식민지들은 독립하려는 움직임을 보였고, 독일과의 전쟁으로 국가적인 자원이 소진되는 결과가 나타났다. 제국의 융성에 진이 빠지기 시작한 것이다. 제1차 세계대전을 계기로 세계의 자원과 두뇌와 돈은 미국으로 흘러들어갔고, 산업혁명 이후 선진기술들도 신대륙인 미국으로 몰려갔다. 힘의 균형이 급격히 미국으로 기울기 시작했다.

영국과 미국의 갑을관계도 서서히 바뀌고 있었다. 역시 돈이었다. 제1차 세계대전 이후 미국은 전후 재건자금을 공급하기 시작했다. 미국의 돈인 달러가 파운드화를 제치고 급부상하기 시작한 것이다. 불과 10여년 만에 달러가 파운드화를 앞지르기 시작했다. 달러가 이렇게 빨리 국제통화가 될 줄은 영국도 예상하지 못했다. 돈의 힘이 국제정치적 역학관계를 바꾸게 될 줄은 더욱 몰랐다. 여기에 결정타는 제2차 세계대전이었다. 두 차례의 전쟁을 거치면서 달러의 역할과 비중은 폭발적으로 성장했다. 그리고 마침내 제2차 세계대전이 종전으로 치닫자 미국은 국제무대에서 정치·외교·군사적 주도권을 완전히 쥐면서 패권국가가 된다.

유럽경제도 제2차 세계대전으로 인해 거덜나게 된다. 소련이 가장 큰 타격을 입었는데, 2,700만 명이 사망했다. 소련은 전후 노동력의 불균형으로 고통을 받았다. 경제도 만신창이가 되었다. 독일은 동부전선에서만 530만 명이 죽었다. 독일은 연합국의 '전략폭격'으로 국토 전체가 황폐화됐다. 주요 생산시설, 동력시설, 교통·통신시설, 정치·군사적 요충지, 중추도시, 미사일 및 전략 공군기지 등이 폭격되었다. 독일의 모든 도시가 파괴된 것이다. 영국도 만신창이가 되었다. 독일의 무자비한 런던 공습은 잘 알려진 것 중 일부일 뿐이다. 독일과의 전쟁에 영국의 모든 자원이 동원됐다. 인력과 물자, 돈은 밑 빠진 독에 물 붓듯 사라졌다.

전쟁을 위한 규모는 유럽 각국이 전쟁을 위해 만든 최첨단 무기 전투기 숫자를 살펴보면 이해가 쉽다. 영국은 제2차 세계대전 동안 총 3만 8천 대의 최첨단 전투기를 생산했다. 독일은 5만 7천 대 정도를 생산했다. 현재 우리나라 보유 총 전투기가 450대 정도인 걸 생각하면 엄청나다. 이 전투기 제조에는 수많은 부품과 원료가 들어간다. 여기에 노동 가능한 민간인, 기술자, 심지어 여성들까지 군수공장에 총 동원됐다. 24시간 교대로 말이다. 모든 국민들의 노동과 고통을 최대한 짜내고, 투입자원이 바닥에 이르렀을 때 종전이 된 것이다.

전쟁으로 전 세계 바다를 호령하며 식민지를 경영하던 대영제국의 자원이 고갈된 것이다. 당연히 정치와 경제 권력을 미국에게 넘기지 않을 수 없게 된 것이다. 수많은 강대국들의 흥망성쇠에는 이렇게 전쟁이라는 빅 이벤트가 큰 역할을 한다. 제2차 세계대전은 전 세계를 지배하던 영국을 무대에서 내려오게 한 변곡점이었다. 히틀러 덕분에, 빌빌 거린 프랑스를 돕는다는 차원에서 휘말린 전쟁에서 영국은 완전히 알거지가 된 것이다. 이 같은 상처의 흔적은 70년 후 2016년 7월에 결정된 브렉시트에서도 나타났다. 영국의 입장과 영국 국민들의 유럽에 대한 인식에 그대로 진행형으로 연결된다. 완전히 파산한 영국은 경제 권력을 미국에 넘기고 협조하지 않을 수 없었다. 자존심 강한 제국의 추락은 신생 권력 미국의 등장으로 모든 것은 내놓게 된다.

브레튼우즈 체제의 출범은 그 완결판이었다. 제1차 세계대전 이후 그나마 영향력을 연명하던 파운드화의 역할에 완전히 종지부를 찍은 것이다. 지구상에 새로운 '넘버원' 화폐, 달러가 화려하게 등장했다.

브레튼우즈 협정, 달러를 금에 묶어두다

1944년 브레튼우즈 협정은 세계의 화폐가 영국 파운드화에서 미국 달러화로 바뀐, '환율=국제정치'라는 대목을 가장 극명하게 보여준 사건이다. 제2차 세계대전이 대충 마무리될 조짐이 보이자 미국을 위시한 각국 정치가들은 계산에 골몰했다. 승리와 마무리도 중요했지만, 승전 이후 제 밥그릇을 제대로 챙기는 일이 더 중요했다. 강대국들 정치인과 외교관들, 경제 관료에게 새로운 세계경제 질서의 기준을 세우는 일은 실제 전쟁보다도 각축이 치열한 전장터였다.

특히 미국이 그랬다. 전쟁이 끝난 뒤에 세계경제 질서를 어떻게 세울 것인가. 미국은 각국의 대표를 모아놓고 몇 날 며칠을 협의했다. 사실은 미국의 사전각본대로 결정될 일이었지만 대외적으로 모양을 갖추는 일도 중요했다. 미국은 44개국의 대표들을 뉴햄프셔 주의 시골 마을 브레튼우즈라는 숲속의 휴양지에 집합시킨다. 이때 미국 대표는 재무부 차관 해리 덱스터 화이트였으며, 영국의 대표는 세계대공황을 타개하는데 기여한 케임브릿지대학 경제학자 존 메이너드 케인스였다. 케인스는 미국이 전쟁을 주도하는 지위를 이용해 영국의 식민지에 '사망선고'를 내리려 함을 알고 있었다.

미국은 전쟁 후의 세계를 자본이 자유롭게 흐를 수 있도록 '평평한' 세계를 만들려고 했다. 자원과 공산품이 자유로이 교환될 수 있는 경제적인 기초를 만들어, 질서 있고 조화로운 세계를 위한 토대를 구축하려 했던 것이다. 그래서 통화와 재정을 중심으로 한 경제적인 준비를 했다. 브레튼우즈 체제로 유엔이 잘 작동할 수 있는 경제적 기초를 다지고, 지구상의 모든 주권국가가 참가하되 4대 강국이 주도하는 시스템을 위한 것이었다. 국제기구 유엔 창설의 뼈대도 브레튼우즈에서 만들어진 것이다. 유엔에 총회와 안전보장이사회를 설치하고, 국제사법재판소를 운영한다는 기본골격을 마련했다. 그래서 브레튼우즈 체제를 통해 돈의 조달, 화폐의 기준, 그리고 환율의 운용에 대한 골격이 필요했다. 그게 가장 중요한 사안이었다.

오늘날까지 모든 국제금융의 많은 사안들이 브레튼우즈에 뿌리를 두고 있다. 그렇다면 브레튼우즈 협정의 주요 결정 사항은 무엇일까? 이 협정에서 가장 중요한 것은 향후부터 미국 달러화를 기축통화로 하는 금본위제도를 실시한다는 선언이었다. 세상의 기준이 바뀌는 협약이었다. 이 협약을 계기로 영국의 파운드는 세계를 장악하는 기축통화 자리에서 물러났다. 대영제국의 화폐가 세계 제1의 자리에서 내려오는 것, 무대의 주인공 자리에서 내려오는 것을 최종적으로 확인하는 자리가 브레튼우즈 협약에서 벌어진 일이었다. 돈의 중심이 영국 파운드가 아니라 미국 달러라는 선언이다.

제2차 세계대전의 승리는 이처럼 어마어마한 값어치가 있었다. 세상의 기준점을 획득한 역사적인 사건이었다. 전 세계 돈의 가치의 중심이 특정 국가의 화폐가 된다는 것은 그 화폐가 전 세계 모든 사람들의 경제활동을 지배하는 놈^{Norm}(기준)이 된다는 얘기다. 문명사적 분기점이었다. 이 모든 것은 전쟁에서 주도적 역할을 한 미국의 힘 때문이었다.

그렇다면 종전 이후 달러의 가치는 어떻게 정할까? 신이 정하는 것일까, 미국 대통령이 정하는 것일까? 그래서 인류사에서 불변의 가치척도 기준이었던 금^{Gold}의 가치에 달러를 묶어두기로 한다. 1930년대에 달러를 금 무게에 고정시키려던 시도가 무산된 후 결국 성사된 것이다. 브레튼우즈에서는 금 1온스를 35달러로 확실하게 고정시켰다.

그럼 왜 하필 1온스에 35달러일까? 사실 이것도 정확한 근거는 없다. 미국 정치인들이 경제학자들의 조언을 받아 임의적으로 한 결정이었다. 시쳇말로 '그까짓 거 대충 척 보고 정한' 셈이었다. 영국, 프랑스, 러시아 대표들의 이견제시와 반발이 있었지만, 미국은 참고사항으로 청취할 뿐이었다. 그야말로 형식적이었다. 세계전쟁을 종식시키는데 가장 많은 물적·정신적 희생과 역할을 수행한 미국의 주장 앞에서 반대 목소리는 잦아들었다. 미국이 아니었더라면 전 세계가 어떻게 됐겠느냐, 독일과 이탈리아, 일본의 군국주의에 무릎을 꿇고 굴종의 삶을 살았을 거 아니냐, 미국은 구세주였다. 구세주 국가의 화폐가 이 정도 대접을 받는데 불만이 있을 수 없었다.

또 브레튼우즈 협정에서는 미국 외 다른 국가의 화폐가치는 모두 달러에 고정했다. 이 협정의 두 번째 중요한 사항이었다. 고정환율제로만 묶어 나중에 문제가 생길 것에 대해 약간 숨통을 열어놓은 것이다. 달러에 대한 다른 나라 통화가치는 원칙적으로는 상하 1% 범위 내에서 조정이 가능하도록 했다. 국제수지의 근본적인 불균형fundamental disequilibrium이 있는 경우에만 예외적으로 그 이상의 변동을 허용할 수 있도록 했다.

세 번째 중요한 사항은 특별인출권의 창출이었다. 이는 1930년대 이래 각국 통화가치의 불안정, 외환관리, 평가절하 경쟁, 무역거래 제한 등을 시정하고, 국제무역의 확대, 고용 및 실질소득증대, 외환의 안정과 자유화, 국제수지 균형 등을 달성하기 위한 것이다. 이를 수행하기 위해서는 돈을 조달해야 했는데, 각국에 필요한 외화를 공급하기 위해 국제적 통합 자금 조달 기관을 설립했다. 우리가 잘 아는 국제통화기금IMF과 세계부흥개발은행IBRB이다.

앞에서 살폈듯이 브레튼우즈 체제는 대영제국의 질서가 붕괴되고 새로운 국제경제 질서를 주도하는 미국 등장의 상징이었다. 제2차 세계대전 이후 정치적으로 크고 작은 많은 사건이 있었다. 브레튼우즈 이전부터 대영제국의 흥망은 기울고 있었지만, 브레튼우즈 이후에는 대영제국은 하향곡선을 미국은 상향곡선을 확연하게 그리게 된다. 양국 국력의 반전도 회복이 불가능한 지점으로 내달렸다. 전승국으로 루즈벨트와 처칠이 만나 정상회담을 하더라도 이제는 동등한 위치가 아니었다. 한 사람은 세계 질서를 주도하는 국가의 절대 권력을 가진 사람이었고, 다른 한 사람은 유명세는 있지만 2등 국가의 리더로 추락할 처지였다.

돈의 교환비율 결정이 이후 모든 질서가 새롭게 시작되었다. 제2차 세계대전에서 흘린 피와 투입된 모든 인적·물적 자원의 역할의 차이에 따라 미국은 떠오르는 해로 확실히 자리매김하고, 대영제국의 국력은 쇠락했다. 화폐의 교환비율이 정해지고부터 양국의 운명이, 국민의 삶이 돌이킬 수 없을 정도로 달라졌다. 국가 간의 돈의 교환비율, 돈의 질서에 숨어 있는 비밀이다.

6장

유럽 : 유로화의 앞날은 어떻게 될 것인가?

Preview

Q1. 브렉시트로 파운드화는 홀로 설 수 있을까?

Q2. 유럽의 위기는 어떻게 시작되었나?

Q3. 그리스는 구제될 수 있을까?

Q4. 유로화는 실패했나, 성공했나?

Q5. 유로존이 아닌 기타통화 국가의 상황은?

영국은 왜 EU를 뛰쳐나갔나?

2016년 7월 말 영국이 마침내 EU를 탈퇴하는 국민투표를 가결시키면서, 2000년에 출범했던 단일통화 유로화의 앞날에 그림자가 드리워졌다. 유로화의 미래는 어떻게 될 것인가? 논란이 일어나고 있다. 영국은 대체 왜 브렉시트를 감행한걸까?

간단하게 정리하면 이렇다. EU체제가 비교적 경제적으로 못 사는 나라와 독일은 대박나는 체제이고, 그 나머지는 힘들게 하기 때문이다. 못 사는 나라들은 독일 등의 선진국에서 각종 자금과 인력을 끌어다 지원해주는 격이라 손해 볼 게 없다. 그 예가 수산업이다. EU 가입국가들은 자국 배타적 경제수역마저도 EU 회원국과 공유한다. EU 이전에는 한 나라가 독점하던 수역에서 회원국이기만 하면 조업량에 상관없이 물고기를 잡을 수 있게 되었다. 이 조항 때문에 수산업을 쪽박 찬 나라가 포르투갈과 스페인이다. 한때는 유럽 최고의 수산물 수출국에서 수입국으로 전락했다. 경제가 완전히 초토화된 그리스가 EU의 고혈을 빨아먹으면서 버티고 있는 것과 대조적이다.

그렇다면 독일은 왜 대박이 날까? 이를 위해서는 경제적 배경을 이해해야 한다.

어떤 한 나라가 수출을 수입보다 많이 하는 무역흑자가 발생하면, 그 나라의 물건을 외국에서 사기 위해서는 해당 국가의 화폐가 많이 필요하다. 예를 들어 독일이 무역흑자가 발생하면 과거에는 독일 마르크화가 필요했다. 수입으로 풀린 마르크화보다 수출로 필요해진 마르크화가 더 많기 때문이다. 수요공급 법칙에 따라 마르크화 가치가 오르는 환율절상이 발생한다. 환율이 오르면 독일 제품의 가격도 같이 상승한다. 더 쉽게 예를 들어보자. 1프랑=1마르크라고 하자. 예전에는 프랑스 사람들은 1프랑으로 1마르크짜리 물건을 살 수 있었다. 하지만 환율인상으로 2프랑=1마르크가 되면, 같은 1마르크짜리 물건을 사기 위해 프랑스 사람들은 2프랑을 지출해야 한다.

이런 현상은 환율에 의한 국제무역 불균형 해소의 기본이 된다. 즉 무역흑자를 보는 국가들은 환율절상으로 가격인상 효과가 일어나 수출이 억제된다. 반대로 적자를 보는 국가들은 수입이 억제된다. 그런데 EU는 대부분 국가들이 유로화로 화폐를 통일했다. 그 결과 무역수지에 대한 환율변동이 불가능해졌고, 무역불균형을 조정할 수단이 없어지면서 수입국은 막대한 피해를 보고 수출국은 막대한 이익을 보는 구조로 정착된다. 그렇게 수출경쟁력이 좋은 독일은 EU 내 경제권을 거의 장악했다. 독일도 선진국이라 후진국 회원국에게 뜯기지만, 그 몇 배의 이익을 벌어들이는 상황이다. 반면에 영국이나 프랑스는 독일에게 무역을 잠식당하고, 한편으로는 선진국이라서 후진국에게 뜯기는 등 양쪽으로 손해가 난다. 영국이 EU 탈퇴를 심각하게 고려한 것도 이 때문이다.

여기에 브렉시트 감행에 결정타를 날린 것이 이민자 문제다. 원래 영국을 비롯한 대부분의 국가들은 이민문제에 상당히 민감하다. 노동시장이 경직되어 있기 때문에 하급 노동력이 무분별하게 공급되면 노동시장의 저임금화로 진행되기 때문이다. 더군다나 이민자로 인한 사회문제도 있다. 특히 영국의 이민자 수는 이미 포화상태인데 이대로 가다가는 본토인보다 이민자수가 더 많아질 지경이었다. 실제로 영국인의 출산율은 낮은 반면 이민자의 출산율은 높고, 고령화가 급속도로 진행되는 중이다.

여기에 2015년 시리아 내전으로 EU 각국에 이민자수를 할당하는 지경에 이르자 영국이 제일 먼저 꼭지가 돌아버린 것이다. 영국이 자체적으로 이민금지정책을 펴도, 독일이나 이탈리아 등이 이민정책을 계속하고 있기 때문에 효과가 없었던 것이다. 이민자들이 독일이나 이탈리아로 먼저 이민해서 해당 국가의 국적을 획득한 뒤, 영국에 오는 것은 EU 내 이동자유 조항에 따라 막을 수 없다.

이제 영국 보수당이 왜 EU를 뛰쳐나가고 싶어했는지 대략은 이해할 수 있을 것이다. 재미있는 건 스코틀랜드는 잉글랜드와 달리 EU로부터 여러 지원을 받을 수 있어 남아있는 게 이득이라는 것이다. 그래서 독립을 생각하는 것으로 알려졌다. 2015년 독립투표가 부결된 스코틀랜드는 영국이 EU 탈퇴를 결정하면 다시 독립투표를 하겠다고 벼르고 있다.

사실 브렉시트에 대해서는 독일을 제외하고는 그다지 관심이 높다고 볼 수 없다. 첫째, 영국은 유로화를 사용하기도 하지만 기존의 파운드화를 버리지 않은 2원 체제를 갖추고 있다. 유로존 가입도 되어 있지 않은 상태고, 경제적으로는 EU 경제장관 회담도 빠질 만큼 독자적인 경제체제를 갖추고 있었다. 실질적으로는 비회원국 수준의 경제통합만을 이루고 있었기 때문이다. 쉽게 말해 따로 살림을 차린 상태나 다름 없어 나가든 말든 그게 그거인 것이다. 둘째, 그리스는 EU 탈퇴가 곧 모라토리엄이라 채권국들이 긴장할 문제였지만, 영국은 그리스 같은 상황이 아니기 때문이다. 마지막으로 셋째, 영국도 EU 후진국들을 지원하는 쪽이긴 했지만, 매우 소극적이라 영국이 EU에서 떨어진다고 해도 그 영향력이 미미하기 때문이다.

파운드화는 홀로 설 수 있을까?

영국이 브렉시트를 선택하자, 글로벌 시장에서 파운드 투매, 주식 공매도 등이 잇따라 일어났다. 파운드화는 이틀 만에 10% 추락했다. 이틀간 낙폭은 1971년 브레튼우즈 체제 이후 가장 컸다. 같은 기간 영국 주가도 6% 떨어졌다. 국제금융시장에서는 이를 '늑대 떼Wolfpack 공격'이라고 불렀다. 늑대가 떼 지어 다니며 먹잇감을 공격하는 모양과 닮아서다. 브렉시트 직후 벌어진 일에 대해 퀀트Quant와 매크로Macro 펀드들의 이기적인 동맹이 핵심이라는 분석도 나온다.

헤지펀드의 적극적인 공격에도 영국 중앙은행인 영란은행Bank Of England의 방어력은 크지 않다는 인식도 팽배했다. 2016년 5월 기준으로 영란은행의 외환보유액은 1,400억달러에 불과하다. 물론 미국을 포함한 선진국 은행들 간에 체결된 무제한 통화스와프 라인은 살아있다. 미국, 영국, 유럽, 일본, 스위스, 캐나다 중앙은행은 글로벌 금융시장 안정을 목적으로 서로 유동성을 공급하는 상시적인 통화스와프 협정이 체결되어 있다. 영국의 경우 외환보유액이 얼마이냐 문제는 크게 의미가 없다. 왜냐하면 원하면 언제든지, 특히 미국의 연방준비제도를 통해 달러를 조달할 수 있기 때문이다.

퀀트펀드는 고도의 수학을 활용해 금융시장 움직임을 컴퓨터 프로그램화해서 사고파는 세력을 말한다. 이들은 브렉시트란 사건에 맞춰 각종 자산의 가격등락에 따라 외환, 주식, 채권, 파생상품 등을 사고파는 프로그램을 짜놓고 기다리고 있었다. 매크로 펀드는 헤지펀드의 일종이다. 이들은 브렉시트 같은 대형 사건을 예측해 베팅하는데, 적잖은 매크로들이 브렉시트를 예상하고 파운드화와 영국 주가를 공매도했다.

여기에 신용평가회사들이 가세했다. S&P는 영국 신용등급을 최고단계인 AAA에서 AA로 2단계 낮췄다. 영국계 신용평가회사인 피치는 AA+에서 AA로 한 단계 내렸다. 앞서 무디스는 영국의 신용등급을 유지했지만, 전망을 '안정적'에서 '부정적'으로 바꿨다. 특히 S&P는 파운드화가 '준기축통화', 즉 준비통화Reserve currency 지위를 상실할 수 있다고 경고했다. 준비통화는 세계 각국이 대외지급을 위해 보유하는 통화다. 런던이 유럽의 금융 중심지가 된 것도 준비통화인 파운드화의 역할이 절대적이었기 때문이다. 국제통화기금에 따르면 2015년 4분기 기준으로 각국 중앙은행이 보유한 준비통화 중 파운드화 비율은 4.9%였다. S&P는 이 비율이 3% 이하로 떨어지면 준비통화로 분류하지 않겠다고 선언했다.

준비통화의 기본요건은 통화가치의 안정성이다. 값어치가 떨어지면 각국 중앙은행들이 파운드화를 보유할 동기와 의욕이 떨어질 수밖에 없다. 중앙은행들의 외면은 파운드화 수직추락을 부추길 수 있다. 파운드화 값의 하락은 영국정부의 자금조달을 어렵게 해서 추가 신용등급의 하락으로 이어질 수 있다. 악순환이다.

이 같은 연장선상에서 브렉시트 이후 달러나 엔화의 강세는 자연스러운 현상이었다. 파운드화의 약세는 영국 경제의 침체 위험과 맞물려 있다. 월가의 투자가들은 브렉시트 직후 영국이 경기하강 위험에 직면했다며, 경제성장률 전망치를 대폭 낮춰 잡았다. 영국 내수경기가 위축되고 브렉시트 이전과 이후의 경기수준은 크게 차이가 날 것으로 보고 있다. 화폐주권 사수와 이민자에 대한 반감으로 단행한 결정이 상당한 기회비용을 치루지 않을 수 없는 결과로 돌아온 셈이다. 역풍을 맞은 셈이다.

1999년 유로화의 탄생과 독일의 선택

1999년 출범한 단일통화 유로화는 국가 간 합의에 의해 제3의 화폐를 만들어 출범시켰다는 점에서 전무후무한 것이다. 유럽 단일시장을 만들어 미국·일본과 경쟁하고, 더불어 두 차례의 세계대전 같은 비극이 재연되어서는 안 된다는 전쟁방지에 대한 염원도 담겨 있었다. 경제통합을 이루고 이후 유럽합중국으로 간다는 원대한 구상의 첫출발이었다. 이를 위해 단일통화인 유로화가 태어난 것이다.

1998년 EU정상회담에서 유럽통화동맹을 출범시키는 데 합의하고, 회원국 통화의 명칭을 '유로화'로 정했다. 가입국들의 중앙은행 기능은 사실상 정지되며, 단일 중앙은행인 유럽중앙은행ECB의 정책금리가 유로존의 기준금리가 되었다. ECB의 출범과 함께 역내 통화정책에서 독일은 막대한 영향력을 행사하게 된다. ECB 본부를 독일 프랑크푸르트에 둔 것이 이를 상징적으로 대변한다. 이는 유럽통화동맹에 가입한 국가들이 원하는 바이기도 했다. 높은 신용도와 낮은 물가상승률로 인해 독일의 정책금리가 유럽에서 가장 낮은 수준을 유지하고 있기 때문에 이에 맞추고 싶었던 것이다. 그래서 유럽통화동맹에 가입한 국가는 모두 독일과 같은 금리로 채권을 발행할 수 있었다. 예전보다 훨씬 적은 이자를 지급해도 되는 이권을 누린 것이다. 나중에 이것은 2011년 그리스를 시작으로 남부 유럽 국가의 재정위기로 이어지는 원인이 되기도 한다.

ECB는 정치권력으로부터 철저하게 분리된 독립적인 지위로 통화량을 조절해 유로존 전체의 인플레이션을 낮추는 데 주력했다. 가맹국 고유 화폐가 없어지자 외환거래 비용이 사라지게 되고, 가맹국 전체 국민총생산 3분의 1을 차지하는 유로존 내에서의 교역과 투자가 획기적으로 늘어났다. 출범 이후 이러한 기조가 지속되어 2011년 유럽 재정위기 이전까지는 유로화가 줄곧 강세를 유지했다. 세계 각국 중앙은행 외환보유액의 4분의 1 이상을 차지하는 준비통화, 즉 기축통화일 뿐만 아니라 국제적 결재통화로서 위상을 확보한 것이다.

단일통화 유로의 등장은 경제적인 이유만은 아니었다. 유로존 국가 정치인들의 열망이 한데 모인 결과였다. 주축국이던 독일과 이탈리아가 유럽공동체 결성에서 나아가 유로존의 창설과 단일통화에 가장 적극적이었다. 특히 독일은 자국화폐 '마르크화'를 포기하면서까지 열성적이었다.

독일의 마르크화는 독일인들에게는 영혼의 상징이다. 마르크화에 대한 자부심은 독일 중앙은행인 도이체방크에 대한 신뢰에서 출발한다. 독일 국민은 인플레이션에 대해 트라우마가 있는데, 이는 세계대전 후 경험했던 하이퍼인플레이션 경험 때문이다. 이 트라우마는 독일 국민들에게 지워지지 않는 기억으로 뿌리박혀 있는데, 독일이 유로존 내에서 방만한 통화정책과 인플레이션에 거의 경기를 일으키며 강박적으로 저항하는 이유이기도 하다. 이런 역사적 배경 때문에 독일에서는 화폐의 안정과 재정긴축이 경제정책의 원형으로 뿌리내렸다. '역사적 트라우마'가 금본위제도의 금처럼 화폐의 남발을 제어하는 '중력' 역할을 한 것이다.

마르크화는 유로화로 강제 전환되기 이전에는 세계 외환보유액의 15%를 차지했고 연평균 인플레이션이 1.5%에 불과한, 그야말로 교과서적으로 무겁고 안정적인 통화였다. 그러나 독일은 동서독 통일의 외교적 대가를 얻는 대신 마르크화를 포기했다. 만약 마르크화가 유로화로 대체되지 않고 계속 유지되었으면 어떻게 되었을까? 짐작컨대 영국 파운드, 프랑스 프랑, 스위스 프랑 정도를 제외하고는 마르크가 서부유럽, 중부유럽, 동부유럽을 아우르는 유럽의 기축통화가 되었을 가능성이 높다. 동시에 서브프라임 위기, 그리스 위기를 겪으면서 안전자산으로서 그 위상이 크게 높아져 미국 달러에 이어 확실한 제2의 국제통화가 되었을지도 모른다.

사실 이런 가능성 때문에 독일이 마르크화를 포기하도록 프랑스가 그렇게 집착했는지 모르겠다. 동서독 통일을 수용하면서까지 말이다. 통일을 이룬 독일이 강력한 마르크화까지 유지하는 것을 프랑스를 포함한 유럽국가들, 그리고 미국도 원치 않았다. 통일과 마르크 중 하나는 버려야 했는데, 독일은 마르크를 버렸다. 유로화의 출현으로 독일뿐 아니라 세계 경제는 명목화폐 중 가장 무겁고 단단한 통화를 하나 잃었다. 브렉시트로 엔화가 안전자산으로 부상하고 유로화가 추락하는 것을 지켜보는 독일 국민들은 어쩌면 착잡한 심정일지도 모르겠다.

거대한 화폐실험, 유로화

단일통화 유로화의 성공 이면에는 일종의 거대한 화폐실험이 가지는 각종 문제도 드러났다. 각국 정부가 따로 존재하는 상태에서 '1국1통화주의'를 폐기하고 단일화폐를 사용하자 온갖 모순이 나타난 것이다. 유로존 회원국들은 각국이 보유한 재정, 통화, 조세, 3가지 정책수단 중 통화정책만을 유럽중앙은행으로 넘기고 나머지 2개, 재정과 조세 정책은 각 국가단위에 남겨됐다. 이게 화근이었다. 화폐란 본질적으로 국가단위의 화폐로 경제정책과 유기적으로 엉켜있으며, 재정·조세 정책수단과 따로 존재하기 어려운 측면이 있었던 것이다. 그런 의미에서 앞의 미국 달러화 이야기를 다시 한 번 생각하게 된다. 바로 이것이 유로화 출범의 한계이며 그림자이다.

화폐는 국가주권의 일부이다. 그런데 유로화라는 단일통화 실험은 화폐주권만을 따로 떼어 실험을 감행한 것이었다. 화폐주권만을 따로 떼어 제3의 기관에 결정권을 위임할 경우, 정책에 대한 '권한'을 넘기면서 '책임'도 함께 넘겨야하는데 이게 현실세계에서는 명확히 시행되기 어렵다. 그래서 각 단위 국가가 정치와 행정력은 독립적으로 행사하면서, 화폐 부문 권한 행사에는 제약을 받는 형태가 되는 것이다.

유로화 출범 이후 10년 동안 두 개의 비대칭적 쇼크가 일어났다. 가맹국들마다 상이한 강도와 방식으로 가해진 쇼크였다. 우선 첫 번째 쇼크는 1999년부터 2002년 사이에 벌어진 '비싼', 혹은 과대평가된 달러화의 쇼크였다. 이 달러가치 강세는 유로존 역내무역보다 대외무역 의존도가 상대적으로 높은 나라들이 심한 인플레이션을 겪도록 만들었다. 수입품 가격 상승 때문이었다. 1999~2002년 역내무역에 치중했던 독일 인플레이션은 1.2%에 불과했으나, 대외무역 의존도가 높았던 아일랜드 인플레이션은 4.1%에 달했다.

두 번째 쇼크는 2005년부터 2008년 사이에 벌어진 원유가격 급등이었다. 마찬가지로 4배로 급등한 원유가격은 회원국의 경제성장과 인플레이션에 제각각 영향을 미쳤다. 원자력 활용도가 높은 프랑스는 석유의 비중이 에너지 중 35%여서 크게 타격을 받지 않았다. 반면에 그리스, 스페인, 이탈리아의 경우는 그 비중이 55% 이상에 달해 타격이 심했다.

불행하게도 중앙집권적 통화정책과 지방분권적 재정정책의 배합은 가맹국들 간 인플레이션 차이로 나타났다. 이것은 유로화의 구매력과 경쟁력의 불균형으로 이어졌다. 유로화 이전 단일국가 통화시스템에서 이러한 영향은 자국통화의 경쟁적 평가절상 혹은 평가절하를 통해 쉽게 조정될 수 있었다. 하지만 유로화라는 단일통화는 각국이 독자적으로 통화정책, 즉 화폐주권을 행사할 수 없게 되면서 환율 조정 수단을 스스로 마비시킨 결과를 초래했다.

인플레이션 격차를 바로잡을 수 없어지면서 일부 가맹국에서는 유로화 구매력이 역내 평균에 훨씬 못 미치는 상황이 벌어졌다. 예를 들어 1999년 1월부터 2008년 9월 사이에 이탈리아에서 유로화의 가치는 인건비를 기준으로 볼 때 독일보다 약 40% 고평가됐다. 스페인, 그리스의 경우도 이탈리아와 다르지 않았다. 같은 유로화를 사용하고 있었지만 쓰임새가 달라진 것이다. 이런 격차를 줄이는 것은 매우 어렵다. 왜냐하면 해당 국가들이 고평가된 유로화를 바로 잡기 위해서는 실질소득 감소가 불가피한데, 이는 엄청난 정치적 위험을 수반하기 때문이다. 오직 생산성 향상만이 이러한 경향을 되돌릴 수 있었다. 독일과 네델란드는 이런 상황에서 최대 수혜자였다. 단일화폐는 평상시에는 정상적으로 작동한다. 하지만 각국의 경제여건과 정치여건이 크게 변하면 문제는 달라진다. 이는 공용화폐 사용 국가 간에 상당한 갈등과 진통이 불가피해진다는 것을 보여주는 사례다.

이렇게 불균형이 중첩되다가 2010년 남부 유럽 일부 국가의 재정위기와 경기침체로 저성장까지 직면하면서 문제는 복잡해졌다. 정치적 사안인 이민문제까지 더해지면 문제는 꼬인다. 여기에 상황을 더 복잡하게 만드는 건 가맹국 간 선거리스크다. EU 내 국가들은 대통령, 국회의원, 지자체 단체장의 선거시기가 완전히 다르다. 이것은 필연적으로 각국 경제 정책 사이클의 불일치를 야기한다. 보통 선거 직전에는 팽창 위주의 재정정책이 실현된다. 특히 급속히 증가하는 실업률과의 싸움은 필연적으로 정부의 재정적자를 초래하게 된다.

이것은 EU 회원국들 간의 안정·성장협약을 무력화한다. 단일통화의 안정을 해치는 치명적 요소인 셈이다. 또한 유럽중앙은행의 독립도 해친다. 그러나 역내 인플레이션 격차로 허약해질 대로 허약해진 일부 가맹국의 경제상황을 비추어 볼 때, 재정지출만으로 위기를 넘기기 힘들 수 있다. 자국통화를 복원하면 엄청난 대가를 치르겠지만, 일부 가맹국들은 자국 경쟁력을 되찾기 위해 유로화를 포기하고 싶은 유혹에 계속 시달리게 될 수 있다.

유럽의 재정위기는 어떻게 시작됐나?

유로화 출범 이후 10년, 2011년 유럽의 재정위기는 어떻게 발생했을까? 2008년 미국에서 발생한 글로벌 금융위기와 2011년 재정위기는 메커니즘이 다르다. 금융시장 안정 및 경기부양을 위해 과감한 정책들을 실시해서 어느 정도 완화시킨 금융위기 때와는 달리, 2011년 유럽의 재정위기는 해결 방법을 찾기가 아주 어려운 복합적 문제였다. 유럽 재정위기를 이해하기 위해서는 먼저 1999년에 출범된 유럽통화동맹에 대해 조금 더 알 필요가 있다.

유럽통화동맹의 가장 큰 문제는 가입국 간의 경제수준 차이였다. 출범 초기에는 독일 이외에 주변국들이 경제성장을 할 것이라는 기대감이 매우 컸고, 이것은 막대한 양의 자본유입과 투자로 연결되었다. 이로 인해 큰 폭의 경제성장으로 연결될 것이라 기대했다. 하지만 현실은 달랐다. 보통 경제성장률이 높으면 무조건 좋다고만 생각할 수 있지만 그렇지 않다. 실질 경제성장률이 잠재성장률을 계속 초과하면 경기과열이 발생하고, 경기과열은 필연적으로 경제에 문제를 발생시킨다. 대표적인 것이 인플레이션이다. 여기에 임금도 올라간다.

경기가 과열되는 현상이 지속되고 있는데 유럽중앙은행은 독일 프랑크 푸르트에 있었고, 통독 이후 독일은 경제상황이 좋지 않아 낮은 금리 수준을 유지하고 있었다. 결국 2000년대 중반에는 남유럽 국가 대부분의 실질 금리가 마이너스금리를 기록했다. 뒤따라 저축률이 급격히 떨어졌다. 또 대출을 늘려 집을 사려는 유인이 강했다. PIGS(포르투갈-Portugal, 이탈리아-Italy, 그리스-Greece, 스페인-Spain의 머리글자에서 따온 용어)의 부동산 가격이 2000년대 중반까지 급등한 것이다. 이 주택가격의 상승은 다시 경제 전반에 강력한 상승효과를 가져다줬다. 자산효과라고 하는 이 현상은 집값이 올라가니 소비가 늘고, 나아가 건설 관련 업종은 큰 호황을 누리게 한다. 이것이 2011년 그리스 재정위기 이전까지 유럽의 상황이었다.

저축률이 상승한 반면 투자율이 상승하면서 경상수지는 악화됐다. 경기과열을 겪는 나라가 경상수지 적자를 기록하는 또 다른 이유는 인플레이션이다. 물가수준이 다른 나라보다 높아지면 그 나라 제품의 가격경쟁력은 떨어지고, 이는 경상수지를 더 악화시키는 요인이 된다. 그러나 이런 상황임에도 회원국들은 유로화라는 단일화폐를 쓰기 때문에 개별적인 환율정책을 시행할 수 없다. 유럽 재정위기의 방아쇠를 당긴 그리스 경상수지 적자규모는 GDP의 14.5%까지 확대되었다. 경상수지 규모가 이렇게 확대되면 부족한 외화를 메우기 위해 외국 금융기관으로부터 돈을 더 많이 빌려야 한다. 이전에는 문제가 없는 듯 보였다.

그러다 2010년 그리스 국가부채가 3,500억유로(약 400조원) 넘게 불어나면서 국가부도 위기를 맞는다. 2010년에는 처음으로 유로존과 IMF에 구제금융을 요청한다. 그 후 2011년에 추가지원을 요청하고 2012년에는 2차 구제금융 프로그램을 진행된다. 하지만 2011년에 그리스가 재정적자

규모가 예상보다 더 크다는 발표를 해 시장에 혼란을 줬다. 2008년 미국 발 금융위기로 유럽 금융기관들도 타격을 받은 상황에서 외채 상환압박에 시달리게 되면서 재정악화가 증폭된 것이다.

그리스의 재정위기 직후에는 그리스와 비슷한 경제규모와 시장구조를 가진 포르투갈, 이탈리아, 아일랜드, 스페인PIIGS ; Portugal, Italy, Ireland, Greece, Spain에서도 경제위기 문제가 발생한다. 이들 국가 위기의 가장 큰 원인은 바로 경상수지와 재정수지의 장기간 적자누적이다. 이들 국가들은 프랑스, 독일 등에 비해 경제규모가 작지만, 유로존 회원국으로 유로화라는 단일통화 덕분에 유로존의 막대한 자금이 유입되면서 거품이 형성된 것이다. 특히 그리스는 독일과 경제사정이 다름에도 단일 통화국가라는 이유로 저금리 국채발행으로 빚을 무제한 쓸 수 있었다. 빚 덩어리는 커지는데 고임금과 고물가가 이어졌고, 이는 그리스의 수출가격 경쟁력을 하락시켜 장기간의 경상수지 적자를 초래했다.

거기다 실제 경제규모로는 감당할 수 없는 과다한 복지예산 집행으로 재정수지 적자를 늘려 재정건전성을 크게 악화시켰다. 부족한 재정을 충당하기 위해 국채발행을 남발해 대외부채를 키웠고, 국가 재정위기라는 결과를 낳았다. 문제는 그리스가 디폴트(채무상환불이행)를 선언하면 그리스 국채를 다량 보유한 유로존 은행들이 큰 손실을 피할 수 없다는 것이다. 이는 유로존 금융시장에 타격을 입힐 뿐만 아니라 유로존 경제 전반을 어렵게 만들 수 있었다. 그래서 그리스를 비롯한 재정위기국에 구제금융 지원과 함께 긴축재정을 통한 재무건전성 회복을 요구하게 된 것이다. 그리스와 채권단의 합의가 제대로 진행되지 않으면 전문가들은 그리스가 유로존을 탈퇴하는 상황GREXIT(Greece와 exit의 합성어)까지 이를 수 있다고 본 것이다.

조르바의 목을 조르는 빚

"빚지는 일은 노예생활의 시작이다."

《부채, 그 첫 5,000년》를 쓴 인류학자 데이비드 그레이버David Graeber는
빚의 출발이 고대 노예제도부터 시작됐다고 설명한다. 고대 전쟁에서 정
복자는 피정복자를 죽일 권리가 있었다. 정복자가 피정복자를 죽이지 않
기로 한다면 생명의 '빚'을 베풀게 된다. 피정복자는 노예가 되어 살려준
대가에 따른 무한한 빚을 갚아나가야 한다. 자신의 후손들까지. 현대사회
에서도 빚의 역학관계는 마찬가지다. 모든 소비자의 구매, 기업과 국가경
제는 신용과 빚을 기반으로 추동된다. 자본의 금융화로 인해 빚은 국가와
기업, 개인으로 순환하다가 마지막으로 개인에게 귀착된다. 국가와 기업
의 빚은 결국 개인에게 뿌리칠 수 없는 노예적 삶의 희생을 요구하게 되는
것이다.

빚의 순환으로 돌아가던 세계경제가 유럽 재정위기라는 역사상 전대미
문의 위기국면에 처했다. 2011년 6월경 그리스에서 빚으로 말미암은 갈등
과 파열음이 터져 나오면서 전 세계 금융시장이 요동쳤다. 가장 크게 돈을
빌려준 독일은 "그리스가 손실과 책임을 분담하는 강력한 긴축정책을 내
놔야 한다"며 서슬이 퍼랬다. 뿐만 아니라 그리스에 투자한 전 세계 금융
기관과 개인도 책임이 있으니 고통을 분담하라고 촉구했다. 그리스 국채
나 은행채에 투자한 민간과 기관투자가들에게도 원리금 유예 및 면제분
을 부담하라는 의미다.

이에 반해 유럽연합과 IMF는 그리스에 빚을 갚는 조건만 강요할 일이
아니라 먼저 심폐술로 소생시켜, 다른 나라까지 위험해지는 일을 먼저 막
아야 한다고 목소리를 높였다. 그리스에 대한 빚을 무조건 차환해 일단 살

려놓고 나서 노예의 삶을 강요하더라도 해야 한다는 이야기다. 한편 빚쟁이인 그리스는 뼈아픈 자구 노력 방안과 경제 주체들의 희생 비율 정하기를 놓고 국론이 분열됐다.

니코스 카잔차키스의 《그리스인 조르바》에서 조르바는 "행복이란 포도주 한잔, 밤 한 알, 허름한 화덕의 따스함, 바닷소리, 바람 소리, 새소리, 달빛, 햇살처럼 참으로 단순하고 소박한 것이다. 무덤덤하고 미지근하고 모순과 주저로 점철된 인생을 살지 말라, 자기 자신에 대해서 더 관대해져라"고 말했다. 이런 매력적인 조르바가 살았던 그리스는 이제 재정파탄으로 고통을 겪고 있다. 그리스 영토인 수많은 지중해의 아름다운 섬과, 고대 신전과 와이너리를 외국인들에게 넘길 수밖에 없었다. 가계부채와 공공부채 관리에 실패하면 종국에는 국민이 어떤 고통을 겪을 수 있는지, 반면교사로 삼을 만하다.

골병 든 유럽은행들과 유로화의 앞날

브렉시트 결정 이후 불똥은 유럽의 은행들로 튀었다. 브렉시트 이후 혼란에 빠졌던 세계 금융시장은 빠르게 안정을 찾으며 충격이 다소 완화됐음에도, 유럽은행에 대한 우려는 확대되는 양상이다. 독일 최대 은행인 도이체방크와 스위스 투자은행인 크레딧 스위스 등의 유럽은행들은 주가가 반 토막 혹은 3분의 1 토막이 났다. 유럽 유수 은행들이 어려워지는 가장 큰 이유는 마이너스금리와 경기침체로 인한 부실채권 증가 때문이다. 2008년 글로벌 금융위기 이후 구조조정으로 수익성을 회복한 미국은행과 달리 유럽은행은 유로존의 경기침체가 호전되지 않고, 특히 마이너스금리로 인해 부실자산 축소가 제대로 이뤄지지 않았다.

이에 유럽중앙은행ECB이 2016년 3월 기준금리를 0.00%로 낮춰 사상 첫 제로 기준금리를 도입했다. 월간 양적완화 규모도 800억 유로로 늘렸다. 기존의 국채·자산유동화증권ABS뿐만 아니라 투자등급의 비非금융 회사채도 자산매입 대상에 포함시키기로 했다. 이렇게 무제한에 가까운 유동성을 퍼붓는 목적은 유로존 전반의 물가상승률을 끌어올리고 저성장을 제고하기 위한 것이었다. 하지만 생각했던 만큼 경기는 호전되지 않았고, 4개월 후 브렉시트가 결정되면서 여기에 찬물을 끼얹었다. '디플레이션 파이터'로 불리는 마리오 드라기Mario Draghi ECB 총재는 양적완화 확대를 통해 유로존 경기부양에 사활을 걸어 왔다. 하지만 일본은행의 마이너스금리 정책이 엔고와 주가하락을 부추겼듯, ECB의 예금금리 인하가 기대한 성과를 거둘지에 대해서는 회의적인 시선이 커지고 있다.

유럽은행들의 부실은 미국 은행권과 비교해도 대조적이다. 미국은행의 부실채권 비율은 2009년 5.0%로 정점을 찍은 뒤 꾸준히 낮아져 2015년에는 1.5%를 기록했다. 반면에 EU의 은행권 부실채권 비율은 재정위기를 거쳐 2012년 6.7%까지 높아졌다가 조금씩 하락했지만, 2015년 기준 5.6%로 여전히 높은 수준이다. 특히 2015년 말 기준으로 그리스(34.7%), 이탈리아(18.0%), 아일랜드(14.9%), 포르투갈(12.8%) 등에서 부실채권 비율이 높았다.

부실채권 문제가 심각하지만 유럽 금융당국이 제로금리 결정 이후 추가로 취할 대책이 별로 없다는 점도 우려를 키우는 대목이다. 마이너스금리 정책을 폈지만 은행들의 수익성을 더 악화시키는 결과를 가져왔다. 또 여기에 유럽은행들이 그동안 늘려온 코코본드 발행도 투자자의 신뢰를 떨어뜨리는 위험요인이다. 코코본드는 은행들의 자기자본비율이 내려가면 주식으로 전환되거나 채무가 상각되는 채권이다. 2016년 초 도이체방크가 코코본드에 대해 이자를 지급하지 못할 수 있다는 우려가 제기되면서 주가가 폭락하는 등 금융시장이 충격을 받기도 했다.

유럽의 경제여건이 견고하지 못한 상황에서 EU 및 유로존 당국이 무리하게 재정·금융 부문의 규율을 엄격하게 적용하지는 않을 것이다. 하지만 유럽은행 문제가 쉽게 풀릴 사안은 아니다. 유럽의 은행들 중 문제가 없는 곳이 없지만, 가장 심각한 곳은 이탈리아 은행들이다. 2016년 기준으로 이탈리아 은행의 대출 중 17%(3,600억 유로)는 부실대출로, 이는 2008~2009년 글로벌 금융위기 당시 미국은행들의 부실대출 비율 5%를 훌쩍 뛰어넘는다. 유로존에 상장된 은행의 악성대출 중 거의 절반은 이탈리아 은행이 차지할 지경이다. 이탈리아 은행들은 부실대출을 액면가의 44% 수준까지 상각했지만, 투자자들은 실질가치가 20~25% 수준일 것으로 추산하고 있다.

여기다 브렉시트 결정으로 대부분 유럽은행의 영업이익이 축소됐고, 특히 이탈리아 은행의 부담은 더욱 악화됐다. 브렉시트로 인한 성장둔화로 부실대출이 더욱 늘어나, 은행의 수익과 자기자본이 더욱 줄어들 수 있기 때문이다. 게다가 브렉시트 결정에 따른 은행주의 폭락으로 고객들이 은행에서 예금을 인출할 수 있다는 점도 우려되는 부분이다. 이 모든 것은 이탈리아 은행들의 신뢰도를 위협하고 이탈리아 전체의 안정성을 떨어뜨리고 있다. 당연히 EU 전체의 안정성마저 위협할 수 있다. 또한 이탈리아 외에도 2011년 해외에서 구제금융을 받은 포르투갈의 은행 부문은 여전히 부실채권과 맞서 싸우고 있고, 스페인도 마찬가지로 진통을 겪고 있다. 유상증자에 실패하고, 주가가 급락하는 등 유럽 은행권 전반에 부실이 산적한 상태다.

유로화의 앞날은 어떻게 될 것인가?

브렉시트로 EU 외환거래의 약 80%를 맡아온 영국은 앞으로 어떻게 될까? 영국인 전문가들은 "메이저리그에서 탈퇴하고, 엇비슷한 세력의 북유럽 국가들에 금융 중심지 역할을 할 것"이라고 관측한다. 이른바 '색슨·바이킹 동맹'이다. 가장 빠르게 움직이는 나라는 독일이다. 앙겔라 메르켈 독일 총리는 난민문제에도 불구하고 유럽통합과 유로화 유지를 위해 뛰고 있다. 유럽통합, 특히 단일통화를 유지해야 독일이 강성해지기 때문이다. 단일통화 아래에서는 가격 대비 성능이 가장 좋은 물건을 생산해내는 독일이 시장을 장악하게 된다. 독일은 난민을 더 받아들이고 EU 분담금을 더 내더라도 유로화를 필사적으로 유지하려 할 것이다.

유럽 내에서 독일이 약진하는 반면, 대서양 건너 미국은 유럽 내 지렛대가 약해졌다. 러시아 천연가스를 많이 쓰는 독일이 영국만큼 미국 편을 들어줄 가능성이 크지 않기 때문이다. 더구나 미국 공화당은 "미국을 우선시하는 무역협정이 필요하다"는 보호주의 정강을 채택했다. 트럼프 대통령도 미국 우선적인 이익을 강조한다. 미국은 비용절감과 조직감축에 나선 불황기업 모습이다. 반면에 태평양 건너 시진핑 중국 주석은 일대일로一帶一路(신 실크로드) 정책을 펴며 경기부양과 세력팽창에 나선다.

전 세계적으로 호황기 산물인 세계화와 통합은 지나가고, 불황기 특징인 갈등과 분열, 보호무역주의와 고립주의가 득세하고 있다. 흐름을 종합해보면 향후 세계는 구조조정에 나선 미국 중심의 아메리카 대륙, 역내 점유율이 높아진 독일이 주도하는 유럽, 끊임없는 확장정책을 쓰는 중국이 대표하는 아시아, 3대 세력권이 각축을 벌인다는 전망이 나온다. 저성장 시대에 지역주의가 대세라고 하더라도 물밑 흐름을 수면 위로 급상승시킨 원인은 영국과 미국의 국내 정치다. 특히 영국은 정치갈등이 폭발하면서 국익을 잃었고 경쟁국 세력을 강화시켰으며 동맹국인 미국의 영향력을 감퇴시켰다. 한국도 미국의 강력한 동맹국이며 팍스 아메리카나 체제의 대표적 수혜국이다. 미국 정치가 격변하더라도 영국처럼 내부 단속을 못 해 패착을 두어서는 안 된다.

그렇다면 여기서 잠깐 원-달러 환율과 유로 환율이 무슨 상관이 있는지 알아보자.

2장에서 손가락 그림으로 살핀 외환시장의 상호작용 메커니즘을 생각해보자. 브렉시트 직후 파운드와 유로화가 급락했는데, 반면에 엔화는 급등했다. 이러한 움직임은 달러-원에도 당연히 연쇄적으로 영향을 미친다. 전 세계에서 유로화를 매각하고 안전통화인 달러화를 매입하면서 달러가 초강세로 가게 되면, 달러강세의 분위기는 달러-원 거래에 직격탄으로 작용하고 달러-원 환율이 당연히 올라간다. 엔화의 초강세로 원-엔에도 영향을 받는다. 이쯤 되면 유로화의 동정을 살피지 않을 수 없다.

유로존 26개 국가 상황을 한눈에 파악할 방법은 무엇인가? 해답은 유로 환율이다. 작은 파도에 혼란스러워하지 않고 밑바닥에 흐르는 조류^{潮流}를 간파할 수 있는 핵심 신호는 유로 환율의 등락에서 포착된다. 유로 환율은 유로존 회원국들의 과거, 현재, 미래의 상태를 보여주는 잠수함의 토끼와 같다.

과거에 유로-달러 환율에 영향을 주는 요인은 유럽중앙은행^{ECB}의 금리정책과 이에 대한 시각과 움직임, ECB의 대출이자율이 중요했다. 미국과 독일 국채금리의 가산금리, 유로존 지역의 GDP, 물가상승률, 실업률, 공업생산, 각국의 재정적자 추이도 살펴야 할 재료였다. 유로-엔 같은 교차환율에 의해서도 영향을 받았다. 뿐만 아니라 3개월 현금 유로-달러와 유로-유로 예금에 대한 선물가격의 차이는 유로-달러에 대한 기대를 결정하는 변수였다. 스위스 프랑 환율도 강한 부의 상관관계가 있었다. 러시아에 대한 투자가 많아 러시아의 정치 또는 경제불안도 유로-달러에 적신호로 작용하기도 했다.

하지만 최근에는 이런 경제적 요인보다 정치적 재료가 초대형 변수로 작용하고 있다. 환율이 모든 상황의 종합 용광로Melting Pot이며 거울이라고 정의할 때, 현재는 경제적 이슈보다 정치 변수가 유로 환율을 좌우하고 있다. 근대국가 개념이 출현하고 나서 한 나라의 화폐가치는 그 나라의 정부가 주인의식을 갖고 통화주권Sovereign을 행사해야 하는 영역이 됐다. 그러나 유로화는 여전히 주인이 없다. 유로존의 거시경제 운영 성적표인 유로 환율 수준에 대한 각국 정부의 책임 소재는 불분명하다. 현재 유로 환율의 통화 주권은 독일도 프랑스 정부도 갖고 있지 않다. 환율 상황이 복잡하게 꼬여가도 서로 이해득실을 따지며 눈치만 보고 걱정만 하고 있다.

최근 유로존의 위기는 알렉산더, 시저, 나폴레옹 등 역사 속 인물들이 꿈꿨던 통합의 이상을 실현하는 과정에서 나온 연장선상의 것이다. 하지만 정치통합을 위해서는 수많은 난관을 돌파해야 한다는 사실을 새삼스럽게 보여주고 있다. 유럽의 재정위기와 브렉시트로 인한 유로존의 위기는 2000년 화폐통합 이후 역설적으로 회원국의 예산과 재정 등 각국 정부 경제주권의 통합을 앞당기는 기폭제 역할을 할 것이라는 분석도 설득력을 얻고 있다. 되돌아가기에는 너무 멀리 와 버렸고, 모두가 살려면 정치통합 진전에 가속도를 낼 수밖에 없다는 이유에서다.

기타통화 1_러시아 루블화

━━━

　지금까지 주요 메이저 통화의 상황을 살폈다. 환율을 좀 더 잘 이해하기 위해 전 세계 통화 중 최근에 특이점을 보이는 대표적인 몇 개의 통화를 더 살펴보자.

　먼저 러시아 루블화에 대해 알아보자. 2015년 국제유가가 배럴당 30달러대를 위협하는 저유가가 이어지자, 러시아가 망한다는 얘기가 파다했다. 이미 러시아는 1998년과 2008년에 부분적인 디폴트와 모라토리엄을 겪었고, '러시아' 하면 '배 째라 하는 나라'라는 이미지가 있는 것도 사실이었다. 하지만 그때마다 살아난 것도 러시아다.

　2008년의 경우도 그렇다. 당시 러시아 경제지표들은 곧바로 2009년에 회복됐다. 환율도 마찬가지다. 달러당 30루블 초반 수준이었다. 당시 위기의 도화선이 된 우크라이나 사태는 이전부터 벌어졌다가, 2013년도 하반기에 반정부 시위로 확대되면서 국제적인 문제로 대두되기 시작했다. 러시아가 우크라이나 영토 내 자국민 보호를 내세우며 적극적으로 개입

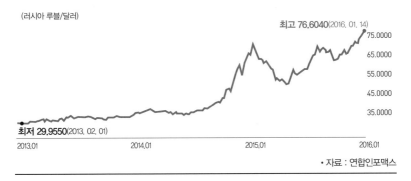

도표 21 러시아 루블화-달러 환율 추이

(러시아 루블/달러)

최고 **76.6040**(2016. 01. 14)

75.0000
65.0000
55.0000
45.0000
35.0000

최저 **29.9550**(2013. 02. 01)

2013.01　　　　　　　2014.01　　　　　　　2015.01　　　　　　　2016.01

• 자료 : 연합인포맥스

유럽 : 유로화의 앞날은 어떻게 될 것인가?

하기 시작한 것도 이때부터다. 원래는 우크라이나 정부 내 친 러시아 인사들을 지원하는 게 목적이었는데, 그게 어렵다는 걸 안 이후에는 진짜 자국민 보호가 실질적인 이유가 됐다.

미국과 EU의 직접적인 경제제재 사유가 된 크림반도 병합도 그런 맥락이다. 서방의 경제제재 상황에다 유가까지 하락하기 시작한 것이다. 러시아를 죽이기 위해 셰일가스를 생산해 국제유가를 떨어뜨린 게 미국의 전략적 음모라는 이야기도 나온다. 루블화에게 국제유가 하락은 미국과 유럽의 경제제재보다 더 직격탄이었다. 원유와 천연가스는 러시아 경제의 핵심이다. 정부 재정수입의 50%, 수출입의 60~70%를 차지한다. 환율이나 주식시장도 유가동향과 거의 똑같이 움직인다. 물론 유가 하나만으로 러시아 경제 전체를 설명할 수는 없지만, 그 영향력은 크다. 하지만 유가의 하락에도 불구하고 러시아의 거시경제 여건이 완전히 망가진 것은 아니었다. 나름 버티는 모습을 보여줬다. 러시아 중앙은행이 지금까지 보여준 통화정책을 보면 그렇다는 것이다.

원래 러시아는 루블화를 달러와 유로화, 2개 통화에 묶어 하루 변동폭을 제한한 '더블 바스켓 변동환율제도'를 시행하고 있었다. 그러다가 유가 하락 등으로 인해 외환보유고를 소진하자, 바스켓 제도의 변동폭을 확대했다. 그런 다음 완전 자유변동환율제도를 예상보다 일찍 시행했다. 시장에서는 2015년 초쯤 시행할 것으로 예상했는데 당겨서 질렀다. 뿐만 아니라 기준금리도 상당히 대담하게 대응했다. 이런 덕분에 인플레이션 수준은 안정을 찾았다. 외환보유고도 2016년 기준으로 3,500억달러 수준을 유지하고 있다.

국제유가가 한 때 배럴당 150달러를 돌파한다고 했다가 배럴당 30달러대로 폭락한 것은 러시아에게는 재앙에 가까웠다. 왜냐하면 중동을 제외하고 가장 큰 산유국 중 하나가 러시아이기 때문이다. GDP의 큰 부분을 원유와 천연가스 판매에 의존하는 국가인 것이다. 원자재 가격의 급등은 러시아 국가경제에 그대로 전가된다.

러시아 루블화도 마찬가지다. 2016년 들어 유가하락이 멈추고 다시 반등하면서 루블화는 신흥시장 통화 중에서 가장 크게 반등했다. 달러 대비 최저점을 기록했던 2016년 1월 22일 이후 6월에는 30% 가까운 상승세를 보였다. 원유가격 상승의 직접적인 혜택을 본 것이다. 일본과 유럽 등에서 마이너스금리와 채권매입 등의 양적완화 정책을 시행하는 중인 상황에서 러시아 중앙은행이 2016년 2월부터 금리를 동결하자, 글로벌 자금은 러시아로 몰려가고 있다.

기타통화 2_스위스 프랑화

스위스 프랑화는 아주 독립적이고 독특한 통화다. 전 세계 부자의 돈 혹은 검은 돈은 영세중립국 스위스의 은행계좌로 모인다. 이 나라의 독특한 정치적·경제적 위상은 이 나라의 화폐가치 변동에도 그대로 반영된다. 스위스는 EU 회원국이지만 영국처럼 독자적인 화폐를 사용한다. 브렉시트 이후 유로화가 약세를 띠면서 스위스 프랑화와 엔화가 안전자산으로 주목받고 있다. 문제는 스위스 프랑화 가치가 강세를 보이면, 스위스 자국의 경제는 어려워진다는 점이다. 2015년 스위스 관광수지가 전년 대비 반 토막이 난 것이 그 증거다.

스위스 통계청 자료에 따르면 2015년 스위스에서 외국인 관광객들이 지출한 금액은 157억프랑(한화 18조9천억원)으로 전년 대비 3.4% 줄었

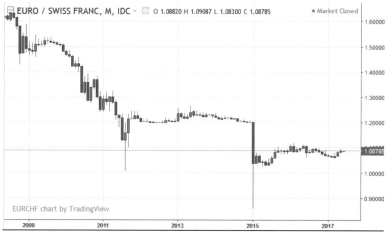

• 자료 : 연합인포맥스

다. 스위스 국민이 해외에서 지출한 금액은 154억프랑(한화 18조5천억원)
으로 전년 대비 0.1% 감소하는데 그쳤다. 관광수지는 3억2,300만프랑(한
화 3,890억원)으로 전년 8억5,400만프랑(한화 1조280억원)보다 62.2% 감소했
다. 관광수지 흑자규모는 30억5,800만프랑을 기록했던 2011년의 10분의
1 수준이다.

비싼 물가와 높은 화폐 가치 때문에 외국인 관광객들이 스위스에서 쓰
는 돈은 매년 150억프랑에서 정체하고 있지만, 스위스 국민이 외국에서
쓰는 돈은 늘어나고 있다. 이 때문에 스위스 관광수지 흑자는 2012년 이
후 10억프랑 아래로 뚝 떨어졌다. 스위스 통계청은 "화폐가치가 강세를
띠면서 관광산업이 타격을 받았다"고 말했다. 여기에 브렉시트까지 결정
되면서 스위스 수출기업과 관광산업에도 비상이 걸렸다.

스위스 프랑 가치는 2016년 10월 24일 브렉시트가 확정되자 1유로당

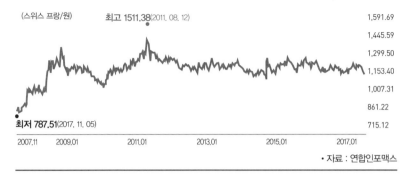

도표 23 스위스 프랑-원 환율 추이

(스위스 프랑/원)　　　　최고 **1511.38**(2011. 08. 12)

1,591.69

1,445.59

1,299.50

1,153.40

1,007.31

861.22

최저 787.51(2017. 11. 05)　　　　715.12

2007.11　　2009.01　　　　2011.01　　　　2013.01　　　　2015.01　　　　2017.01

• 자료 : 연합인포맥스

1.06스위스프랑으로 올랐다가, 스위스 중앙은행이 시장개입에 나섰다고
밝히면서 1.09에 거래됐다. 이날 스위스 프랑은 유로 대비 1.4%, 파운드
화 대비 6.6% 올랐다. 스위스 중앙은행SNB은 브렉시트 확정 후 "스위스
프랑이 심각한 압력을 받고 있어 환율시장 안정을 위해 개입했다"고 말했
다. 스위스 정부는 스위스 프랑 강세가 이어지면 수출과 관광산업에 타격
이 크다고 보고 수출기업 등을 위한 핫라인도 개통했다.

7장

대한민국 :
원화를 움직이는
다양한 변수들

Preview

Q1. 대한민국 외환시장은 어떻게 돌아가고 있는가?

Q2. 정보통신 발달이 세계경제와 외환시장에 미친 영향은?

Q3. 경제지표/기회비용/국제수지가 환율과 외환시장에 미치는 영향은?

Q4. 고용/실업/물가와 환율의 관계는?

Q5. 생산성과 환율의 관계는?

대한민국 외환시장은 어디에 있는가?

대한민국 원화 환율을 이야기하려고 외환시장의 작동원리를 비롯해 브렉시트, 일본 엔화, 중국 위안화, 미국 달러화, 유로화, 기타통화들까지 이야기했다. 이제 달러-원 환율 이야기를 좀 해보자.

첫 번째 의문, 달러-원이 매매되는 장소는 어디일까? 이 대목부터 벌써 막연해진다. 경제와 금융 공부를 좀 해보려면 마주치는 갑갑함이다. 이 질문에 대답하는 이가 드물다. 금융기관에 종사하는 신입 직원들도 사정은 마찬가지다. 대학에서 환율결정 이론이나 거시경제에 대해 열심히 공부했지만, 정작 환율이 결정되는 장소나 담당기관을 물으면 헤맨다. 보통 주식시장은 여의도에 있는 한국거래소를 떠올리고, 증권사에서 계좌를 개설하고 주문을 내는 것으로 쉽게 이해한다. 하지만 외환시장은 뭔가 다른 것 같다.

우선 주식투자와 달리 일반 개인들은 외환의 매매에 직접 참여하지 못한다. 소액환전은 공항이나 시내 환전소에서 또는 은행창구에서 가능하지만 실제 외환시장을 움직이는 거액의 외환매매가 이루어지는 '그들만의 리그'에는 접근이 불가하다. 서울외환시장은 참여자가 제한된 시장이다. 이러한 점이 외환시장에 대한 이해를 어렵게 만든다. 여기에는 여러 이유가 있다.

첫 번째는 해방 이후 환율과 관련해 외화를 다루는 업무가 권력자 혹은 지배 엘리트층의 영역이었기 때문이다. 해방이 된 후 대한민국에는 달러가 귀했다. 개발연대의 모든 국책사업은 해외차관으로 이루어졌는데, 달러 해외차관은 일부 권력자와 정책집행자의 전유물이었다. 모든 정보는 통제되고 일반인의 접근은 제한됐다. 이후 수출로 달러 사정이 나아졌지만 문화와 풍토 자체는 변하지 않았다. 외환관리법에 따라 외국환을 다룰 수 있는 곳은 금융기관 중 은행만 할 수 있도록 되어 있다. 다른 일반 금융기관은 달러 환전 업무를 못한다. 거액의 달러매도 은행을 통해서만 가능하다. 수출과 수입에 필요한 달러를 만지는 기업도 마찬가지다. 은행에 달러계좌를 개설하고 이를 통해서만 환전업무가 되도록 허용했다. 한국의 외환관리법은 위반시 처벌이 법률 중 타의추종을 불허하는 강력하는 법이다. 외환관리법 위반은 민사적인 절차없이 형사적으로 집행된다. 특히 내국인, 내국법인의 해외 재산 반출은 객관적·합리적 증빙이 없으면 원천적으로 불가능하다. 일종의 재벌 잡는 법으로 불리기도 한다. 이는 대한민국 환율의 비밀, 여덟 번째에 해당하는 사항이다.

두 번째는 국경선과 관련이 있다. 우리나라는 삼면이 바다로 둘러싸여 있다. 이를테면 섬이다. 국경선이 유럽의 국가들처럼 육지로 접해있다면 외환과 환율, 환전은 다양한 방식으로 일반화된다. 이것은 스위스가 대표적이다. 스위스 국민들은 육지 국경선을 접하고 있는데 환전의 개념, 외환의 개념이 어릴 때부터 생활화되어 있다. 반면에 우리나라 국민에게 외환과 환전 업무는 여행자유화 이전과 이후로 나뉜다. 이전 세대와 이후 세대의 차이는 환전, 외환에 대한 인식의 차이로 나타나는 것 같다. 나이든 세대들에게 환전, 외환의 개념은 여전히 어려운 영역이다. 여기에다 외환위기, IMF체제를 겪었으니 충격과 공포가 얼마나 컸겠는가.

어렵게 느껴지는 또 다른 이유는 추상적인 통신 네트워크 속에만 외환시장이 존재한다는 것이다. 보이지도 않고 참여도 제한되어 있다. 이러니 어렵지 않겠는가? 외환시장은 실체가 없다. 전 세계 각 금융기관들이 전기로 작동하는 단말기로 연결된 '일렉트릭 마켓' 속에서 소수의 큰손들만 참여하는 시장으로 존재할 뿐이다. 해당 국가의 영토 안에서 매매가 이루어지는 주식이나 금리와는 달리, '외환' '환율'은 국내와 국제시장이 별개로 존재하지 않는다. 거듭 말하지만 '환율'이라는 것은 한 나라의 통화가치에 대한 다른 나라의 통화가치를 표현한 것이다. 그만큼 본질적으로 국경을 넘나드는 국제성을 띤다. 따라서 달러-원 환율도 대단히 국제적인 개념이다.

아무나 접근 못하는 그곳, 외환시장

대한민국과 미국의 화폐 교환비율은 양국의 정치, 경제, 군사, 외교, 문화 등 모든 관계성이 녹아있는 개념이다. 달러-원 환율의 매매에서 중요한 것은 대한민국과 미국이라는 나라에 포함된 모든 경제를 포함한 변수들이다.

우선 미국 쪽을 살펴보자. 미국에서 달러를 만지는 '큰손'들이 사무실을 차려놓고 장사하는 대표적인 곳이 바로 뉴욕의 월가다. 월가는 외환뿐만 아니라 주식과 채권, 파생상품 등 전 세계 거래 중심지다. 여러 나라의 고객들이 뉴욕에 외환을 사고파는 일을 의뢰한다. "오늘날 세상을 이해하려면 월가街를 알아야 한다. 우리나라의 경세가經世家들은 이 점을 경시하는 것 같다. 월가 전문가들이 무슨 생각을 하는지에 따라 전 세계 모든 국가와 개인의 삶이 영향을 받는다." 해마다 노벨문학상 후보로 거론되는 우리나라 대표 시인 고은高銀 씨가 2006년 겨울에 몽골여행을 함께하면서 필자에게 해준 얘기다. 눈빛이 형형한 노老 시인은 몽골의 전통가옥인 게르에서 삶은 양고기를 직접 손으로 뜯어 건네주며 "세상을 움직이는 월가 관련 책과 정보를 귀동냥하고 있는데 말처럼 공부의 진도가 쉽지 않다"고 웃었다.

돈은 세상의 모든 정치·군사·외교적 사건에 선제적으로 개입한다. 또한 돈의 가치는 이런 이벤트의 결과로 사후적으로 영향을 받는다. 그래서 돈의 흐름을 이해하면 세상의 흐름을 알게 된다. 오늘날 전 세계의 자본은 월가의 금융기관을 경유한다. 이곳에서 벌어지는 일을 파악하고 쫓아가면 세상을 더욱 깊이 이해할 수 있다. 월가를 들여다보면 과거와 현재의 흐름뿐만 아니라 앞으로의 움직임도 감지할 수 있다. 예컨대 특정 회사 주식가격의 움직임은 해당 기업의 해외영업 상태와 전 세계에 퍼져 있는 거래 선과 해당 기업이 속해 있는 산업의 움직임으로 포착된다. 국경을 넘어서 이루어지는 기업들의 인수합병도 마찬가지다. 뿐만 아니라 어떤 업종의 기업이 상장되는지, 투자가들의 돈이 어디로 몰려드는지는 보면 미래 산업과 모습도 예견할 수 있다. 시대를 읽기 위해 문제의 핵심에 접근하려는 시인의 노력에 경의를 표할 뿐이다.

리콴유 싱가포르 전 총리도 이런 통찰력을 가진 인물이다. 몇 년 전에 뉴스위크에 기고한 글에서 "아시아의 지도자들이 월가의 메커니즘과 국경 없는 리얼타임 금융시장에 대해 제대로 이해하고 있었다면 1997년과 같은 위기는 사전에 어느 정도 방지했다"고 말한 바 있다. 월가가 어떤 투자대상에 관심이 있는지, 어떤 채널을 통해 투자자금을 조달하는지, 수익률은 어떤지를 파악한다면 전 세계 돈의 흐름을 이해하게 된다. 달러-원을 이야기하면서 뉴욕 월가를 강조하는 것도 마찬가지다. 이곳이 달러의 총본산이며, 서울외환시장과 직접 실시간으로 하나로 연결되어 있기 때문이다.

그러면 서울외환시장은 어디에 존재하는가? 남대문에 있는가. 필자도 처음 외환 전문기자랍시고 환율과 인연을 맺었을 때 상당히 난감했다. 서울외환시장이 눈에 보이지 않았기 때문이다. 외환 역시 사고파는 수요와 공급이 형성된다. 달러가 필요한 사람과 원화가 필요한 주체가 교환을 하는 가상의 시장이 필요하다. 주식거래소처럼 외환을 매매하는 일종의 거래소가 필요한 것이다. 하지만 외환의 매매는 주식과 달리 거래소라는 건물 공간이 존재하지 않는다. 외환은 소수의 거래자들끼리만 '장외'에서 브로커회사를 통해 매매한다. 서울외환시장도 월가와 마찬가지로 서울에 소재한 국내은행과 외국계 은행 서울지점의 각 딜링룸과 중개기관을 사이에 두고 전산망과 전화상으로만 거래가 이루어진다. 일반인의 눈에 보이지 않는 개념 속의 장소이다. 외환시장이 '가까이 하기엔 너무나 먼 당신'으로 느껴지는 이유다.

서울외환시장은 주식시장처럼 일반인들이 HTS로 참가할 수도 없다. 외환거래법에 의해 허가받은 기관들, 즉 은행들만 참여할 수 있는 '그들만의 리그'이다. 일반 개인들에게는 자격조차 주지 않는다. 외국환을 취급할 수 있는 자격을 취득한 기관, 외국환은행外國換銀行, foreign exchange bank이란 대한민국 정부의 인가를 받고 외국환 업무를 영위하는 은행이다. 포털 사이트에서 '외국환은행'을 검색하면 길게 설명한 내용을 찾을 수 있을 것이다. 각종 외국환 관련 법과 설명이 나오는데, 쉽게 말해 정부가 허가해준 은행만 외화를 만질 수 있고 시장에서 거래할 수 있는 주체가 된다는 의미다. 아무나 접근하는 곳이 아니라는 얘기다. 뿐만 아니라 은행간 거래Inter bank dealing에서 생성되는 달러─원 실시간 시세는 참가자로 허가받은 외환딜러들만 볼 수 있다. 대기업들조차도 실시간이 아닌 다소 지체되거나 가산율Spread이 붙은 시세만 볼 수 있다. 일반인은 실시간 달러─원 시세를 볼 수 없다는 사실, 대한민국 환율의 아홉 번째 비밀에 해당하는 사안이다.

외환 딜링룸은 어떻게 돌아가는가?

필자가 취재를 위해 국내은행 트레이딩룸을 처음 방문했을 때 신선한 충격을 받았다. "안녕하세요"라고 인사를 해도 모두 바빠 누구 하나 아는 척하는 사람이 없었다. 머리에 무스를 바른 젊은 딜러가 전화기를 붙잡고 "탐 비드 오공에 천"이라고 외치고 있었다. 말하는 것이 아니라 외친다는 게 정확할 것이다. 그 옆에 사람은 전화에 대고 열심히 원-달러가 어떻게 될 것이라고 설명한다. 이 사람들이 신문과 방송에 나오는 바로 그 외환딜러들인 모양이다. 맞은편의 몇 명은 컴퓨터 화면을 주시하고 있다.

전화를 들고 암호 같은 알 수 없는 용어로 외치던 딜러는 은행간 거래를 하는 딜러였다. 각 은행들은 서로 달러를 사고팔 때 전화를 이용한다. 각자 고객들의 거래에 따라 외환보유 사정이 다르다 보니 외환이 남는 쪽과 모자라는 쪽으로 늘 나뉘게 된다. 이들은 외환을 놀려두지 않고 늘 매매를 한다. 꿀통을 열심히 드나드는 꿀벌들처럼 말이다. 이 과정에서 은행들은 서로 상대 은행에 전화해 "우리 팔고 싶은데 너희 살 것인가"라고 타진한다. 서울외환시장은 ㈜서울외국환중개와 ㈜한국자금중개라는 2개의 브로커 회사만 중개업무를 담당한다. 이곳을 통해 주문을 이러한 내고 중개 브로커가 거래를 체결시켜준다. 한국에서 외환거래는 브로커를 통해서만 거래하는 장내시장이다.

딜링룸 또 다른 코너에서 헤드폰으로 통화를 하면서 거래고객들에게 뭔가 설명하는 사람을 대고객 딜러, 코퍼레이트 딜러Corporate Dealer라고 부른다. 인터뱅크 딜러들의 전화선 저쪽 편에는 브로커 회사가 연결되어 있고, 그 브로커의 또 다른 전화선 끝에는 수출입 기업과 개인들에게 환전을 위탁받은 은행 등 다른 외환거래 상대방이 연결되어 있다. 브로커를 중심으로 거래자들이 매달려 있는 자전거 바퀴 같은 모양새라고 보면 된다. 한국외환시장만의 특성이다.

반면에 달러-엔이나 유로화의 통화를 위한 국제외환시장은 대부분 장외시장Over-The-Counter market으로, 다양한 종류의 각종 글로벌 외환브로커들이 활동한다. 엔화, 유로화의 거래는 국제적인 외환전문 브로커인 튤렛 프레본Tullett Prebon이나 GFI 그룹GFI Group Inc. 같은 곳을 통해 매매한다. 또 다른 수단으로는 로이터 딜링머신을 통해 거래 상대방과 직접 환거래를 하는 방식도 있다.

딜링룸 안의 컴퓨터에는 외환매매에 필요한 정보가 실시간으로 띄워져 있다. 서울외환시장 딜러들은 '연합인포맥스' 단말기나 로이터, 블룸버그의 단말기를 사용한다. 딜러들은 단 한 순간도 환율이 움직이는 컴퓨터 숫자판에서 눈을 떼지 않는다. 딜러들은 거래주문을 중개회사에 전화로 내고, 체결확인 결과는 브로커회사가 이들 컴퓨터 단말기를 통해 고시한다. 국내외의 다양한 뉴스 정보와 환율시세를 단말기를 통해 제공받는다. 9시 30분부터 오후 4시까지 거래를 하는데, 늘 팽팽한 긴장이 흐른다. 환율등락이 빨라질 경우 딜링룸에는 남대문 시장판을 방불케 하는 소음이 곳곳에서 충돌한다.

알고가자!

★ 100% 환율상식

● **은행간 딜러**Inter Bank Dealer
　외국환업무를 허가받은 은행 간에 외환거래를 주고받는 일을 담당하는 딜러로 '인터뱅크 딜러'라고 한다.

● **대고객 딜러**Corporate Dealer

외국환관리법상 직접 외환시장에 참가할 수 없는 기업의 의뢰를 받아 외환물량을 처리해주는 딜러로 '코퍼레이트 딜러'라고도 한다.

현재의 외환시장 1_훨씬 복잡해졌다

서울외환시장도 글로벌 외환시장의 일부분에 편입되어 있다. 글로벌 시장과 실시간으로 연결되어 춤춘다. 달러-원 환율 형성에서 달러 쪽 이슈 자체가 글로벌 이슈이기 때문이다. 앞에서 설명한 브렉시트라는 이벤트가 달러-원 환율에 어떤 영향을 주는가도 마찬가지다. 2장의 '손가락 그림'과 '빙산의 그림'(〈도표 8〉 〈도표 9〉)을 통해 메커니즘을 간단히 살펴봤듯이, 오늘날 세상은 사해일가로 연결되어 있다. 연결의 차원도 과거와 다른 '초연결의 지구촌'이 되고 있다.

2016년에 오바마 미국 대통령은 "세계는 과거 어느 때보다 서로 연결되어 있다. 매일 점점 더 연결되고 있다. 장벽을 세운다고 이러한 사실이 바뀌지 않는다"고 말했다. 미국 대통령직을 수행하면서 느낀 점을 가감 없이 표현한 것이리라 본다. 또한 현재 전 세계에서 벌어지는 상황에 대한 정확한 진단이다. 오늘날 전 세계 시장은 서로 복잡하게, 그것도 서로가 빼도 박도 못하게 깊숙이 엉겨 붙어 얽혀 있다. 이러다보니 시장 전체를 관통하는 시장원칙도 없어졌다. 서로 간의 영향력 행사와 통로가 어제 다르고 오늘 다른, '그때그때 달라요'가 원칙이 됐다. 특히 전 세계의 '금융화'가 정보통신 기술발달에 힘입다 보니, 기존의 경제학 교과서들로 현재의 시장 상황을 설명하기 어렵게 되었다.

세상이 더욱 복잡하게 서로 영향을 주고받고 있음을 보여주는 예를 살펴보자. 예를 들어 날씨 뉴스가 서울외환시장에 어떤 영향을 주는지 한번 짚어보자. 지난 2003년 2월, 뉴욕과 워싱턴에 100년만에 큰 폭설이 왔다. 1.2미터의 폭설이 내렸는데, 폭설이 내린 미국의 주는 '재해지역'으로 선포되고 연방 방위군이 치안을 담당했다. 뉴욕시는 눈을 치우는데 2천만달러의 추가 경정 예산을 짜야 했다. 당시 블룸버그 뉴욕시장이 CNN에 나와 울상을 짓던 모습이 인상적이었다. 날씨로 인한 재해가 발생해 정부의 예산과 재정정책에 영향을 준 것이다. 당장 농작물들이 피해를 입으면서 농업이 타격을 받는다. 또 여행업, 유통산업, 항공, 철도 운송, 호텔 숙박업 등의 산업에도 피해를 준다.

폭설이나 화재로 인한 인명피해와 각종 건물 붕괴사고 등이 발생하면 보험회사도 타격을 입는다. 자본시장에서 보험회사는 가장 큰 기관투자가이다. 보험회사 돈을 모아 든든한 자금으로 유가증권을 매매하는 상황인데, 거액의 보험료를 지불해야 한다. 그렇게 되면 보험사가 국내외에 보유하고 있던 유가증권을 매도하게 될 것이고, 이는 채권과 주가에 영향을 미칠 것이다. 특히 해외에 보유하던 유가증권을 매매할 경우 해당 국가의 자산매도 이후 환전수요가 생겨, 결국 최종적으로 서울외환시장까지 영향을 주는 것이다.

날씨의 큰 변동은 이상기온과 같은 현상이 심해지면서 각종 기업들에 대한 환경규제 심화로 이어지고, 결국 기업들의 수익구조에도 중장기적으로 영향을 미친다. 전 세계 기업들의 마켓팅과 투자, 신기술 개발에 영향을 주는 것이다. 또한 기업들의 해외투자에도 영향을 미칠 수 있다. 글로벌 기업들의 특정 국가에 대한 투자판단은 해외 직접투자와 해당 국가의 기업인수 합병에 소요되는 현지통화에 대한 수요에도 영향을 미칠 수 있다. 이쯤 되면 날씨가 일상의 날씨로 끝나는 상황이 아니다.

또 다른 예도 보자. 시베리아 기온이 예년과 달리 더 추워진다는 뉴스가 나왔다고 하자. 시베리아 동쪽에 있는 나라들, 중국과 일본, 한국이 더 추워진다는 분석이 나오면서 난방유 수요가 커질 것이라는 우려가 나온다. 이러한 반응은 최종적으로 가격이라는 변수에 영향을 주는 쪽으로 결론이 난다. 뉴욕시장에 상장된 난방유 가격이 오르는 것이다. 이는 국제 유가의 움직임에 영향은 주고 이는 달러-원의 거래에도 간접적인 영향을 주는 재료가 된다. 이렇게 되면 현실 시장의 이해가 어려워졌다. 최근 20년 동안 서울외환시장에서 벌어진 일들과 변화속도가 과거를 설명하던 방식과 패러다임으로는 해석이 불가능해졌기 때문이다. 금융산업 자체가 많은 발전이 있었고, 정보통신 기술도 비약적으로 도약했다. 시장은 우리가 IMF를 겪은 20년 전과 비교해도 상전벽해가 됐다.

국경 없이 모든 나라의 주가와 금리, 환율이 실시간으로 연동되고 국가 간 자금이동이 실시간으로 진행되는 현상을 금융학자들은 '일렉트로닉 캐피탈리즘'이라고 부른다. 경제, 금융, 미디어도 산업의 중요한 한 축으로 자리매김했다. 인터넷과 모바일 기술을 기반으로 국제금융시장의 일거수일투족을 전달하는 실시간 통신매체와 방송 매체들의 활약은 눈부시다. 국제외환시장의 움직임은 이들 미디어의 주요 보도내용이 되고, 미디어의 보도가 다시 시장에서 반향을 일으키고, 시장과 미디어가 상호 교호작용을 반복한다. 끊임없는 정반합의 활동이 무차별적으로 진행되는 것이다. 시장의 정보전달에 미디어가 크게 기여하고 있고, 미디어는 금융시장의 성장에 얹혀서 같이 커가고 있다. 이는 서울외환시장도 마찬가지다.

현재의 외환시장 2_더 빨라졌다

앞에서 다양하게 언급했지만 이제 우리나라 경제에서 가장 큰 리스크는 '글로벌 리스크'다. 20년 전만 해도 각 나라에서 제조업에 종사하던 기업들은 자국의 수요와 공급 등에만 신경 쓰면 그만이었다. 세계 곳곳에서 벌어지는 일에 그렇게 신경 쓸 일은 많지 않았다. 물론 일부 대형 다국적기업들은 각국에서 벌어지는 온갖 일에 신경을 썼지만, 오늘날처럼 이 정도는 아니었다. 하지만 이제는 우리나라의 중견기업들도 해당 업종의 다른 나라 업체들이 어떤 신기술을 특허등록하고, 영업활동을 하는지 관심을 가져야 한다. 서비스업도 마찬가지다. 금융업은 말할 것도 없다. 이제 세계는 거미줄처럼 연결되어 실시간으로 서로 영향을 주고받는다. 이러한 글로벌화는 개인의 경제생활이라고 해서 예외가 아니다. 우리 시대에 개인의 삶이 맞닥뜨린 가장 큰 도전은 '글로벌화'다.

지역적 · 국가적 차원에서 머물지 않는 글로벌 개념의 크든 작든 국가간, 기업 간에 개인 경제활동에 광폭으로 큰 영향을 미치게 됐다. 결국 서울외환시장도 글로벌 시각을 가져야 한다. 이는 달러-원 환율에 영향을 주는 생태계가 훨씬 복잡해졌을 뿐만 아니라 움직이는 속도가 빨라졌기 때문이다. 오늘날 글로벌 시장의 키워드는 '실시간'이다. 이제 지구촌이라는 공간에서는 시간과 공간의 차이가 없어졌다. '실시간'이 갖는 의미를 이해하느냐 마느냐는 서울외환시장의 이해에 가장 중요한 부분이다. 실시간이라는 것은 뉴스와 정보의 전파, 그리고 시세의 변동이 전 세계적으로 시차 없이 리얼타임으로 벌어진다는 뜻이다.

우리나라 정부 외환당국자들은 실시간으로 시장을 파악하고, 보고받고, 기안하고, 다시 윗사람에게 구두로 보고하고 대책을 논의한다. 이러한 프로세스가 진행되는 중에도 서울외환시장은 실시간으로 움직이고, 시시각각 상황이 변한다. 실제로 1997년 외환위기 때 재경부와 한국은행, 청와대에서 숙의하고 대책 보고하고 우물쭈물하는 동안에도 국제금융시장과 국내외환시장은 실시간으로 악화되면서 사태는 돌이킬 수 없을 정도로 망가졌다. 당시 환란 책임에 대한 감사원 감사와 국회청문회, 검찰의 수사가 있었다. 하지만 어디에서도 '실시간'의 메커니즘에 대한 이해는 찾아볼 수 없었다.

이처럼 실시간 리얼타임 현상이 일반화되면서 오늘날 시장은 과거의 패러다임으로 설명이 불가능한 많은 문제들에 직면하게 됐다. 이제는 경제학 개론책을 다시 써야 하고, 각종 외환 관련 이론들도 다시 정립해야 한다. 오늘날 경제 및 금융정책을 추진하는 집행자들은 늘 실시간 정책 피드백에 가장 신경을 곤두세운다. 특히 서울외환시장과 국제금융시장에서는 모바일을 통한 인스턴트 메신저까지 합세하면서 국내외 정보전파가 실시간화되고 있다. 장중의 등락과 호흡은 빨라지고 쏠림 현상은 더 심해졌으며, 예상치 못한 사태로 치닫는 일도 비일비재해졌다. 일례로 서울외환시장의 트레이더들은 싱가포르, 홍콩, 도쿄와 인터넷 메신저로 서로 정보를 주고받으며 매매에 임한다. 대내외 금융시장이 빛의 속도로 같이 움직인다는 얘기다.

그러나 이런 실시간은 장점도 있지만 폐해도 만만치 않다. 실시간으로 모든 정보가 전파되면서 정보의 유통속도가 만들어내는 저항, 즉 비용도 만만치 않게 치르게 됐다는 것이다. 물리학에 '모든 속도는 저항을 유발한다'는 진리가 있듯이 말이다. 1997년 당시 IMF 직전에 건장한 기업들도 증시에서 자금사정 악화라는 루머가 돌면, 실제로 부도로 연결되는 일들이 비일비재했었다. 이를 두고 '루머로 인한 부도'라고 했었다. 이러한 시장정보의 실시간화는 좋지 않는 소식의 경우 더욱 증폭되어 상황을 걷잡을 수 없이 악화시켰다. 손쓸 겨를도 없이 최악의 궁지로 몰아가는 것이다. 이 때문에 기업이나 금융기관들은 사전에 루머나 정보를 감지하기 위해 추가비용을 들이게 되었고, 별도의 조직과 인력 등을 운용해야 하는 상황이 됐다.

앨런 그린스펀 미국 연방준비제도이사회 전 의장도 실시간의 역기능과 순기능을 언급했었다. 그는 지난 2002년 중순에 미국 경제가 9·11 테러의 충격과 장기침체 국면에서 벗어나는 데 시장 환경 변화에 즉각 대처할 수 있도록 고안된 실시간real-time 정보기술이 한몫을 했다고 주장했다. 그린스펀 의장은 불황 전조에서 신속한 재고처리를 가능케 하는 실시간 정보는 기업들이 환경변화에 대처할 수 있게끔 해주는 원동력이라고 지적했다. 특히 이 때문에 2000년 미국경제가 증시추락과 투자위축이라는 충격파 속에서도 '인상적인 지탱력'을 보일 수 있었던 것이라고 평가했다. 또한 컴퓨터 스크린을 통해 복잡한 시장상황과 금융정보를 주고받는 정보처리 시스템이 미국경제의 탄력성에 도움을 주었다고 강조했다.

반면에 거대 에너지기업 엔론의 붕괴는 실시간 정보기술의 위험성을 극명하게 드러내어 폐해도 크다고 그린스펀 의장은 지적했다. 그는 엔론 사태가 보여줬듯이 명성과 신용 등 개념적 자산에 의존하는 기업은 내재적으로 취약하며, 공장과 달리 실시간 때문에 신뢰가 하루아침에 무너질 수도 있다고 말했다. 경제의 탄력성을 담보해주는 실시간 기술이 동시에 취약성을 야기할 수도 있으며, 엔론 사태처럼 파생금융상품이 급락했던 당시 상황은 이를 잘 보여주는 것이라고도 했다. '실시간'이 양날의 칼이 될 수 있음을 경고한 통찰이 아닌가 싶다.

환율을 움직이는 경제지표

이번에는 달러-원을 움직이는 요소들을 살펴보자. 시장에서 형성되는 가격에 영향을 주는 재료들 중 가장 중요한 것은 수요와 공급이다. 서울외환시장에서는 달러와 원화의 수급이 가장 중요하다. 이 2개 통화의 수급은 실물경제 측면에서 무역을 통해 발생한다. 한국의 수출이 수입보다 커져 달러공급이 늘어나면, 달러-원 환율은 떨어진다. 반대로 수입이 커져 무역역조가 생기면 달러-원 환율은 상승한다.

수요와 공급은 다른 시장과 마찬가지로 외환시장에서도 가장 중요한 기본이다. 이때 형성된 환율은 가격기능을 수행하는 역할도 한다. 가격이란 자본시장경제에서 시장의 효율적으로 돌아가게 만드는 '보이지 않는 손' 역할을 한다. 보이지 않는 손이란 아담 스미스의 국부론에 나오는 역사상 가장 유명한 얘기다. 우리가 저녁식사를 할 수 있는 것은 푸줏간 주인이나 제빵사들의 박애심 덕분이 아니라, 그들의 돈벌이에 대한 관심 덕분이다. 이 이기심 덕분에 생산과 소비가 이루어지며, 수요와 공급이 균형점을 잡는다는 것이다.

외환시장도 환율이 과도하게 솟구치거나Over shooting 반대로 가라앉을 때도 시간이 흐르면 다시 균형을 찾는 것은, 보이지 않는 손이 작동한다. 물론 실물상품과 서비스의 가격과 금융시장에서의 환율, 금리, 주가라는 가격지표가 작동하는 것은 다소 차이가 나지만 근본적인 상품의 가격, 재화와 서비스의 가격결정은 큰 차이가 없다. 실물상품의 가격은 자원을 배분하고 생산하고 유통시키는 보이지 않는 손의 역할이 크다.

금융시장의 가격변수는 실물상품 가격에 영향을 준다. 금리가 대표적이다. 금리는 자금의 수요와 공급에 의해 결정되는 자본시장의 중요한 가격변수다. 단기금리와 장기금리의 차이는 시간이라는 기회비용의 차이로 나타난다. 하지만 오늘날 각국 중앙은행의 양적완화 정책의 수행으로 마이너스금리가 일반화되면서 금리의 시장가격 기능은 작동하지 않는 상태다. 전통적인 경제학 교과서의 화폐이론이 더 이상 적용되지 않고 있다. 금리는 2개 통화의 매매에서 양쪽 통화의 이자율 차이가 반영된 스왑레이트로 기회비용이 환산되지만, 엄밀하게 최근의 마이너스금리 시장에서는 보이지 않는 손이 작동하지 않고 있다.

전 세계적으로 금융화가 진행되면서 금융시장의 가격변수인 금리와 환율은 그 자체가 머니게임화되었다. 이는 거대한 픽스트 인컴Fixed income 시장과 외환시장, 파생시장으로 활성화되고, 가격변수 기능인 '보이지 않는 손'의 기능은 멈췄다고 봐야 한다. 실물상품 거래가 수반되지 않는, 자본 자체의 수요와 공급의 논리로 변화된 것이다. 고전적인 경제학에서 말하는 시장의 기능과 보이지 않는 손의 작동과는 완전히 다른 이질적인 현상에 직면하게 됐다.

외환시장에도 적용되는 기회비용

외환매매에도 경제학의 또 다른 원칙인 '기회비용Opportunity Cost의 원칙'이 적용된다. 시간, 돈, 능력 등 주어진 자원이 제한적인 상황이 있다. 이 때 인간은 하나의 혹은 소수의 기회만 선택할 수 있다. 왜냐하면 모든 기회를 선택할 수 없기 때문이다. 어떤 기회의 선택은 곧 나머지 기회들에 대한 포기를 의미한다. 물론 기회비용을 정확하게 계산하기란 쉽지 않다. 외환시장도 마찬가지다. 달러를 가질 것이냐, 원화를 가질 것이냐? 어느 것을 선호하든 거기에는 반드시 이유가 있기 마련이다. 이렇게 모든 재화의 선택에는 기회비용 개념이 작동된다. 특정 통화를 매수할 때에는 다른 통화를 포기한 기회비용이 포함된다. 외환시장도 기회비용 원칙이 철저히 적용된다.

셰익스피어가 위대한 이유 중의 하나는 이 기회비용의 측정과 산출에 대한 문제를 대사로 풀어냈다는 점이다. 의사결정에 따른 비용, 어느 하나를 선택하거나 포기할 때 치러야 하는 비용의 크기를 항상 고민해야 한다는 점을 부각한 것이다. 셰익스피어에게 인생은 선택과 판단, 기회비용 계산의 연속이었다. 그는 의사결정을 할 때마다, 우리 삶의 고비마다 고민을 하게 되고 이를 판단하는 일이 고통스럽다는 것을 콕 집어냈다. 햄릿의 "죽느냐 사느냐, 그것이 문제로다"는 기회비용에 대한 고민을 설파한 대문호의 통찰이 아닐 수 없다. 이 책을 읽는 독자들도 각자의 삶에서 기회비용에 대한 에피소드가 많을 것이다. 외환의 매매에서도 마찬가지다. 달러를 매수하고 원화를 팔 것인가. 달러를 팔고 원화를 보유할 것인가. 그때그때 시장상황에 따라 기회비용이 달라진다. 달라지는 기회비용 때문에 매매가 끊임없이 일어난다.

환율이 결정되는 외환시장은 용광로 같은 곳이다. 환율에 영향을 주는 요인들은 수백만 가지 세상사가 될 수 있다. 수백만 가지 세상사가 어떤 식으로든지 외환시장이라는 용광로에 녹아든다. 재료와 요인을 다 설명할 수는 없다. 정치, 사회, 외교, 군사, 천재지변 등에 영향을 받기도 하지만 우선 직접적으로는 기본적인 경제적 요인에 가장 영향을 받는다. 오늘날 외환거래는 흔히 변동환율 환경으로 불리는 일종의 자유시장 환경에서 이루어진다. 여기서는 수출입을 통한 무역 상황, 자본흐름, 물가, 성장, 투자, 실업 등과 해당 정부의 외환정책이나 중앙은행 조치에 따라 환율변동이 일어난다.

이러한 재료들은 외환시장에서 기회비용을 변경시키는 재료가 된다. 예컨대 달러-원에는 양국 간 상품교역수지가 변동이 생기면 양국 통화 보유에 따른 기회비용에 영향을 준다. 미국의 한국상품에 대한 수요는 원화에 대한 수요를 증가시키는 반면, 한국의 미국상품 구매는 미국 달러의 공급을 증가시킨다. 이때 미국의 한국상품 구매와 한국의 미국상품 구매의 순 차액이 양국의 상품교역수지가 된다. 이것의 증감은 외환보유에 따른 기회비용 증감을 유발한다.

한국주식과 미국주식을 비교할 때, 미국주식에 비해 한국주식이 더 매력적으로 보일 때를 가정해보자. 한국주식의 높은 수익률은 미국 달러의 유입을 증가시킬 것이다. 주식 및 채권 매입자금의 국가 간 흐름 또한 환율에 영향을 미친다. 단기적으로 볼 때 이러한 자본의 흐름은 수익률 차이에 크게 영향을 받는다. 요약하면 한국으로 유입되는 자금이 증가하면 미국 달러의 가치가 하락하고 원화가치는 상승할 것이며, 따라서 미국 달러에 대한 원화의 비율 달러-원 환율은 외환시장에서 하락할 것이다.

물가인상률도 환율에 영향을 미치는 또 다른 요인이다. 소비자들은 물가인상이 자신의 구매력에 끼치는 잠식효과를 피하고자 한다. 이는 결과적으로 높은 물가인상률을 보이는 국가로부터 수입되는 상품보다 낮은 물가인상률을 보이는 국가로부터 수입되는 상품에 보다 큰 관심을 관심을 보이게 한다. 따라서 낮은 물가인상률을 보이는 국가의 통화가치는 상승하는 반면, 높은 물가인상률을 보이는 국가의 통화가치는 하락한다. 이처럼 물가인상 요인과 통화의 구매력 모두 해당 통화 환율에 기회비용을 발생시켜 직접적으로 영향을 미친다. 예를 들어 미국이 교역상대국인 일본에 비해 낮은 물가인상률을 보이고 있다고 하자. 그러면 일본 엔화의 대미 달러 환율이 인상되어 미국에 비해 인상되고 있는 일본의 가격수준을 반영하게 된다. 이것은 환율이 장기적으로 두 국가의 가격수준 차이를 반영하기 위해 조정된다는 구매력 평가설 개념에 뿌리를 내리고 있다.

다음은 미국 달러에 영향을 미치는 기초적 요인들을 살펴보자.

양국 통화의 보유에 따른 기회비용은 미국 중앙은행인 연방준비은행의 움직임에도 민감하다. FRB가 발표하는 지표 중 가장 중요한 것은 연방기금금리$^{FF\ rate}$다. 세상에서 가장 중요한 이자율이다. 이는 예탁기관들이 상호 간의 하룻밤 대출에 부과되는 금리다. 이 금리는 통상적으로 환율뿐만 아니라 전 세계 모든 주식, 채권시장에 기회비용 차원에서 커다란 영향을 미친다. 이밖에 기회비용에 영향을 주는 경제지표는 많다. 노동지표(임금, 실업률, 시간당 평균임금), 소비자물가지수, 생산자물가지수, 국내총생산, 국제무역, NAPM$^{National\ Association\ of\ Purchasing\ Management}$(전미 구매 관리 협회), 생산성, 공업생산, 주택착공, 주택허가, 그리고 소비자 신뢰도 등이 있다.

수요와 공급의 법칙과 기회비용의 원칙 등 고전적 개념이나 원칙들이 금융위기를 거치면서 적용되지 않는 경우도 많이 생겨났다. 세상에 불고 불변의 법칙이란 없는 법이다. 세상과 시장이 변하고 시장참여자들의 인성이 변하는데, 불변의 원칙이란 존재하기 어렵다. 융통성이 필요한 시대다. 논리적 구성력을 갖고 있느냐, 설득 가능하냐 아니냐가 중요해졌을 뿐이다.

환율 결정하는 국제수지

환율의 결정에서 가장 중요한 경제지표는 무역 부분이다. 원래 환율의 기원은 각기 다른 화폐를 쓰는 국가 간 국경무역이 발생하면서 부터이다. 무역수지가 환율의 결정에 가장 중요한 동시에, 환율 수준 자체가 또 거꾸로 무역수지에 영향을 주기도 한다. 우리나라의 무역에서 달러−원 환율 수준이 수입과 수출의 규모를 바꾸어 놓기도 하지만, 동시에 수입과 수출량의 변화가 환율의 수준을 바꾸어 놓기도 한다. 닭과 달걀의 역할은 서로 엎치락뒤치락한다. 이러한 국제^{무역}수지가 환율의 가장 기초적인 출발점이다. 보통 중학교 수준에서 국제수지를 배우지만, 잘 기억이 나지 않는다. 배웠다고 하면 놀랄지도 모르겠다. 원래 학창시절에 중고교시절에 배웠던 암기 지식이라는 게 대개 그렇다.

그렇다면 국가 간 교역, 무역의 결과물로 나타나는 국제수지를 중학교 교과서는 어떻게 정리하고 있을까? 국제수지란 국가가 국제거래의 결과를 파악하고 경제상황을 판단하고자, 국제거래를 통해 국내로 들어온 돈

도표 24 국제수지표

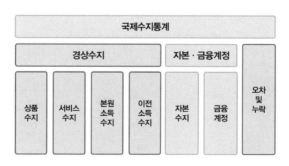

• 자료 : 연합인포맥스

과 외국으로 나간 돈을 통계를 내고 표시한다. 이를 국제수지라고 한다. 일 년 동안 한 나라가 외화와 지불한 외화의 결과를 의미한다. 이를 기록한 것을 국제수지표라고 한다. 국제수지표를 파악하고 추이를 아는 것은 환율 공부의 시작과 마지막이라 봐도 된다.

예를 들어보자. '외화의 수취'는 외화가 국내에 들어오는 것을 뜻한다. 재화나 서비스를 수출하거나, 외국인이 우리나라에 관광을 오거나, 외국에서 차관을 도입할 때 외화의 수취가 발생한다. '외화의 지급'은 외화가 외국으로 나가는 것을 의미한다. 외국상품을 수입하거나, 우리나라 국민이 외국으로 관광을 가거나, 외국에 차관을 빌려주거나 빌렸던 차관을 갚을 때 외화가 지급된다. 우리나라 안으로 들어온 외화가 외국으로 나간 외화보다 많을 때, 즉 외화의 수취가 외화의 지급보다 많으면 국제수지 흑자라고 한다. 반대의 경우는 국제수지 적자라고 한다.

국제수지는 한 나라와 다른 나라 사이의 경제적 거래를 집계한 것으로, 거래내용에 따라 크게 경상수지와 자본수지^{자본·금융계정}으로 나뉜다. 경상수지는 주로 국가 간 상품과 서비스, 생산요소 등 실물부분 거래로 벌어들인 외화와 지불한 외화의 차이를 나타낸 것이다. 상품수지와 서비스수지, 소득수지, 이전수지로 나뉜다. 상품수지는 실물 상품 수출과 수입이다. 서비스수지는 여행수지가 대표적이다. 비행기와 선박의 운송과 통신, 보험금 납입도 있다. 이때 비행기의 경우 국적기를 타면 문제가 없지만, 비국적기를 타면 여행수지가 이전되는 효과가 나타난다. 소득수지는 본원소득수지와 이전 소득수지로 나뉜다. 본원 소득수지는 말 그대로 해외로부터 받는 임금·투자소득 등이다. 이전 소득수지는 자녀 유학송금과 재외동포 송금, 해외원조, 기부금 등이다.

자본수지는 자본 및 금융계정이라고도 분류하는데, 상품과 서비스가 오가지 않는 국가 간 자본이동을 기록한 것이다. 자본·금융계정은 자본수지와 금융계정으로 이루어진다. 국외 이주비용이나 국외 공장건설, 외국인 주식이나 채권과 같은 금융자산에 투자하는 것이 여기 해당한다. 금융계정은 말 그대로 상품이나 서비스가 수반되지 않는 소위 '머니게임' 용으로 돈이 왔다 갔다 한 것으로 이해하면 쉽다.

국제수지 중 우리 경제에서 가장 큰 비중을 차지하는 부분은 경상수지이다. 경상수지는 수출입과 관련된 상품수지와 서비스수지를 포함하고 있다. 국민소득, 생산과 고용 등 경제 각 부분에 미치는 영향이 크다. 환율에 미치는 영향은 말할 것도 없다. 따라서 국제수지가 우리 경제에 미치는 영향을 파악할 때는 주로 경상수지를 살핀다. 경상수지가 흑자일 때에는 기업의 생산과 고용이 증가하고 국민소득이 늘어날 수 있다. 또 벌어들인 외화로 그동안 외국에 진 빚을 갚을 수 있어 국가신용도가 올라간다. 이는 외국인투자를 활성화해 국가경쟁력에 이바지하는 효과도 있다. 여기까지가 원화가 강세로 가고 달러가 약세가 될 수 있는 재료이다.

하지만 경상수지 흑자가 지나치게 지속될 경우, 상대국의 불만이 쌓여 무역마찰이 발생할 수 있다. 도널드 트럼프가 미국 대통령이 되면서 미국의 무역 상대국인 대한민국에 대해 이러한 불만을 터트리는 게 대표적인 예다. 무역마찰이 고조되면 기업들이 반덤핑관세 등으로 벌금을 물게 되며, 이로 인해 국내 생산 활동이 위축되고 고용이 감소하여 경제가 어려워지기도 한다. 한미 간에 통상마찰 신호는 원화를 약세 기조로 돌아서게 할 수 있는 재료다. 수출이 줄어 국민소득이 감소하고 부족한 외화를 메우려고 차관을 들여와야 하는 경우가 생긴다. 만약 제때 차관이나 채권발행 이자 등을 갚지 못하면 국가신용도에 문제가 생길 수 있다. 따라서 국제수지는 단기적으로 흑자가 바람직할 수 있지만, 장기적인 관점에서 국민생활과 경제성장을 위해 균형을 이루는 것이 바람직하다.

우리나라 무역규모는 2016년 기준으로 수출입을 합쳐 1조달러 정도다. 50여 년 전 교역규모가 10억달러에도 미치지 못하던 시절과 비교하면 '천지개벽'이 따로 없다. 1조달러 무역규모라는 것은 하루 장중 환율이 달러당 1원이 움직이면 1조원의 돈이 왔다 갔다 한다는 소리다. 나라 전체로 보면 어마어마한 수치가 아닐 수 없다. 뿐만 아니라 개별 기업들에게 환율 변동으로 인한 무역의 영향력은 더 무시무시해진다.

환율변동은 수출과 수입뿐만 아니라 고용과 물가 등 우리 경제에 많은 영향을 끼친다. 환율이 상승하면 외국 소비자는 같은 금액으로 우리 상품을 더 많이 구입할 수 있게 되며, 수출이 증가하고 외국 상품의 국내 가격이 비싸져 수입은 감소한다. 국외여행이나 유학은 줄어들고, 외국인의 국내 여행은 늘어나게 된다. 또 수입에 의존하는 원유나 원자재와 같은 생산 요소의 가격이 올라 국내 물가가 상승하며 외채 상환 부담도 커진다. 이러한 환율의 변화가 경제 주체의 의사결정에 큰 영향을 미친다.

● 대한민국, 잠수함의 토끼

월가의 투자가들이 이머징 마켓의 주요 경제지표에 주목하는 것은 새삼스런 일도 아니다. 그런데 이들이 자원이 없는 국가로써 무역을 통해 경제를 주도하는 대한민국의 경제지표에 주목하고 있다. 대한민국의 경제지표가 글로버 바로미터이자 지표가 된 것이다. 왜 그럴까? 그것은 대한민국이라는 나라 자체가 스몰 오픈 이코노미small open economy이기 때문이다. 유럽과 미국, 중국의 글로벌 경제 상황에 그대로 노출되어 있는 만큼, 한국의 수출입 데이터만 살펴봐도 세계경제 상황에 대한 선제적인 단서가 되는 것이다.

사실 한국의 주가와 환율, 기업의 실적 등 각종 지표가 국제금융시장에서 글로벌 경기를 진단하는데 중요한 선행지표가 된 것은 새삼스런 일은 아니다. FRB 자문위원을 역임하고 국제결제은행BIS 국장인 신현송 박사는 "금융위기 직후인 2008년 11월에 한국의 수출이 마이너스 18.5%로 급격히 꺾인 것이 좋은 사례였다"고 설명한다. 한국의 수출지표가 잠수함의 토끼 역할을 하는 것이다. 기술이 발달하지 않은 시대에 잠수함에 토끼를 태워 토끼 눈의 충혈 상태로 수압을 파악하듯이, 한국의 지표로 세계 경제를 파악한다는 얘기다. 완전 개방경제 체제인 당시 한국의 수출 통계가 전 세계에서 처음으로 '충격적'인 빨간불로 발표되었다. 향후 세계 경기가 꺾일 것인지 아닌지에 대해 '긴가 민가' 하던 월가도 이를 계기로 확실한 현실로 체감하게 됐다고 한다.

환율은 고용 · 실업과 어떤 관계일까?

고용이 환율과 상관관계가 있을까? 직접적이지는 않지만 깊은 관계가 있다. 우리나라는 전체 국부 창출에서 내수와 수출 비중이 40 대 60 정도이다. 수출이 절대적이어서 내수만으로는 일자리 창출이 어렵게 되어 있다. 고용은 수출입 무역과 관계가 깊고, 무역은 환율과 깊은 관계가 있다. 결국 고용 자체도 환율과 직간접적 상관관계가 형성된다는 얘기다. 환율의 중장기적인 움직임이 무역에 영향을 주고 이는 고용과 직결된다. 결국 환율 움직임과 환율정책이 고용에 연결되는 구조다.

실업률은 고용동향을 알아볼 수 있는 지표로, 경제활동인구에서 실업자가 차지하는 비율을 뜻한다. 다음과 같은 계산식으로 산출한다.

$$실업률(\%) = (실업자 \div 경제활동인구) \times 100$$

우리나라 통계청이 규정한 실업자 기준은 고용지표 조사기간 직전 1주 동안 1시간 이상 일을 하지 않았고, 4주 동안 적극적으로 구직활동을 했으며, 일자리가 주어지면 즉시 취업이 가능한 사람이다. 실업률 산출규정은 국가별로 서로 다르다. OECE 국가 중 상당수(미국, 캐나다, 영국, 한국 등)는 구직활동 기간을 4주로 정하고, 일본이나 대만 등의 경우 1주로 정한다. 통계청의 공식실업률은 구직단념자나 취업준비자가 포함되지 않고, 1주에 1시간만 일해도 취업자로 분류되기 때문에 실질적인 실업률과는 거리가 있다.

미국은 이러한 단점을 보완하기 위해 실업자를 U1~U6 단계로 구분한다. 공식실업자인 U1~U3 외에 구직단념자(U4), 비경제활동인구 중 취업을 희망하고 1년 동안 구직활동이 있었던 한계근로자(U5), 한계근로자 및 단시간 근로자 중 취업희망자인 불완전취업자(U6)를 포함하는 실업률 보

도표 25 우리나라 실업률 추이

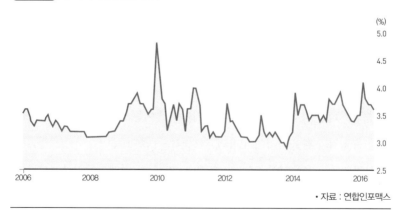

• 자료 : 연합인포맥스

조지표(유사실업률)를 개발해 공개하기도 한다. 미국 비농업부문 실업자 통계는 달러-원 환율에 영향을 준다. 미국 고용지표는 미국의 경기상황을 보여주는 것이고, 미국 실업률이 증가한다면 이는 달러화 가치를 끌어내리는 간접적인 요소가 된다.

일자리는 한 사회의 존립에 가장 핵심적인 사안이다. 자본주의 시장경제에서 취업은 '선善'이고 실업은 '만악萬惡의 근원'이다. "가족 간의 웃음과 유머가 없어졌다. 삶에 대한 긍정과 인생에 대한 따듯한 시선은 사라졌다. 곳곳에 공포 어린 증오가 넘쳐나고, 비관론이 득세했다. 사소한 갈등에도 가시 돋친 고성이 난무했다. 친구들은 하나둘씩 떠나갔다. 실업 상태에서도 그나마 여자들은 뜨개질과 잡담으로 평화로웠다. 하지만 남자들은 달랐다. 끼리끼리 모여 거리를 쏘다니며 난폭해졌다. 주정뱅이는 늘어가고, 가정에서 아내와 아이에 대한 폭력은 다반사로 벌어졌다." 존 스타인백은 소설 《분노의 포도》에서 1930년대 대공황을 겪은 미국 사회의 모습을 이렇게 묘사했다. 1930년대 미국 사회는 일자리를 찾는 방랑의 삶과 안전한 삶 속에서 보호된 이들을 대비되면서 서로에 대한 혐오와 질시가 들끓었다. 시대와 사회가 만들어놓은 소유에 근거한 방어기제도 서서히 약해졌다. 차츰 삶을 위협하는 공포와 증오가 거리마다 넘쳐나면서 사회는 불안했다. 모든 개인의 삶의 고통은 '실업'이 근본 원인이었다.

한국도 2017년 현재 청년 실업률이 높아 암울한 상황이다. 젊은이들의 일자리 창출이 멈춘 나라, 이들이 희망을 품지 못하는 국가는 미래가 없다. 일자리 하나가 생기면 한 가정의 저녁 식탁에 촛불이 켜지고, 가족이 둘러앉아 된장찌개가 보글보글 끓는 가운데 웃음꽃이 피기 시작한다. 일자리 하나에 한 개인의 보람과 자기실현과 가족애가 싹튼다. 일자리 하나가 없어지면 부모 자식 간에, 부부 간에 갈등과 불화가 잉태되고 그림자가

드리운다. 일자리 하나가 사라진다는 얘기는 하나의 불행의 씨앗이 뿌려
지는 일이고, 정치사회가 불안해지는 첫 도화선이고 잠재 뇌관이 된다. 정
치권에서 말하는 '저녁이 있는 삶'도 결국 토대는 일자리가 있어야 가능한
일이다. 청년 백수에게 '저녁 있는 삶'이란 가족에게 잿빛일 뿐이다.

2017년, 달라진 환율과 물가의 관계

물가는 환율과 동전의 양면이다. 경제 교과서에서 양국의 통화 교환비
율인 환율에 양국 물가의 관계는 중요했다. 예를 들어 일본은 지난 20년간
꾸준히 물가가 떨어진 반면, 미국은 물가가 어느 정도 유지되어 인플레이
션 압력에 직면해 있다. 물가가 떨어졌다는 것은 통화가치가 상승했다는
말과 같다. 엔화로 살 수 있는 구매력이 과거보다 증가한 것이다. 두 국가
간 물가 차이는 양국 통화의 구매력에 본질적 차이를 유발한다.

이 때문에 명목환율은 물가 변화의 압력에 직면한다. 달러가치는 하락
하고 엔화가치는 오르는 결과가 나타날 수 있는 것이다. 엔화를 달러보다
안전자산으로 여기게 한 흐름의 변화는 글로벌 금융위기를 가속화시켰
다. 위기를 지나면서 일본과 미국의 통화정책은 차이를 보였다. 물가에 영
향을 미치는 가장 큰 변수 중 하나가 화폐공급량인데, 일본 중앙은행도 양
적완화에 동참했지만 미국이나 영국, ECB에 비해 총량이 상대적으로 정
도가 낮았다.

물론 일본이 아베노믹스를 통해 추가로 금융완화 규모를 더 늘려 미국
이나 유럽을 능가한다면, 본원통화[M1]가 크게 늘고 광의통화[M2] 증가 역시
커질 것이다. 이 경우 달러-엔은 강세를 보일 것이다. 하지만 이 같은 조

치를 취하더라도 일본의 물가가 여전히 오르지 않은 채 디플레이션 상태이고 글로벌 안전자산이라는 평가를 받는다면 달러-엔은 다시 하락할 것이다.

고전 교과서에서는 물가와 해당통화 가치의 관계를 역의 관계로 설명한다. 물가가 오른 국가의 통화가치는 떨어진다는 것이다. 하지만 오늘날의 시장에서는 설사 물가가 오르던 내리던 상관없이 안전자산이라는 평가를 받게 되면 해당 국가의 통화는 오른다. 환율과 물가의 상관관계가 상당히 약해진 것이다.

성장률은 환율에 어떤 영향을 미칠까?

국가 간 성장의 격차와 상대적 우위는 외환시장에 다양한 경로로 영향을 준다. 경제성장률은 국민이 일정 기간(보통 1년)에 경제성장을 이룩한 비율을 말한다. 실질국민총생산 또는 실질국민소득의 연간 또는 연도간 증가율로 이를 나타낸다. 경제성장률은 다음과 같이 계산한다.

경제성장률(%) = [(실질국민총생산)-(전년의 실질국민총생산)]×100

이와 같이 경제성장률은 실질액의 증가율을 나타내고 있으므로, 실질성장률이라고도 한다. 우리나라의 성장률은 장기적으로 달러-원 환율에 영향을 준다. 미국의 성장률도 마찬가지다. 그런데 성장률은 왜 중요할까? 중국의 예를 들어보자.

중국 공산당이 7% 경제성장률에 목을 매는 이유는 일자리 개수 때문이다. 중국은 한 해 대졸자 700만 명, 직업학교 졸업자 500만 명, 기타 국졸·중졸 및 농촌에서 도시로 이주하는 농민공이 800만 명에 이른다. 1년에 2천만 명이 길거리로 쏟아져 나와 백수가 되어 배회한다고 상상해보라. 공산당 입장에서는 악몽이다. 1% 성장을 하면 일자리가 약 120만~130만 개가 창출되고, 7% 성장을 하면 1천만 개의 일자리가 새로 생긴다. 사회안정을 위해 전체 신규 구직자 2천만 명의 절반인 최소 1천만 개의 일자리가 필요하며, 이를 가능케 하는 7% 성장률은 공산당의 생사가 걸린 '노이로제 수치'가 아닐 수 없다.

중국 역사를 보면 백성을 먹여 살리지 못한 정권은 교체됐다. 맹자의 역성易姓 혁명론은 역대 모든 왕조와 정권 책임자들의 목덜미를 서늘하게 했다. 공산당 정권이라고 예외가 아니다. 덩샤오핑의 '온포溫飽사회(배부르

도표 26 G20 국가 GDP

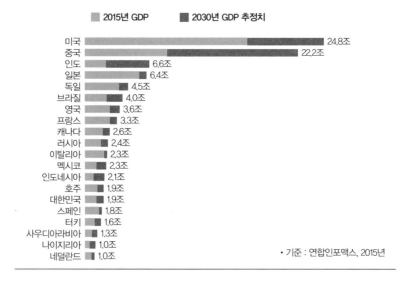

고 등 따뜻한 사회)', 시진핑의 '전면적 샤오강小康 사회'라는 국가목표는 역성
혁명을 막기 위한 지도부의 몸부림이다. 공산당은 그동안 중앙정부와 지
방정부가 일자리 창출을 최우선 '중점사업'으로 선정해 치열하게 평가하
고, 매년 목표 일자리 개수 달성에 총매진했다.

지금까지는 이런 노력으로 지난 30년간 연평균 두 자릿수 성장이 가능
했다. 문제는 언제까지 7% 이상의 고성장이 지속되느냐이다. 영원히 자
라는 나무가 없듯 무한정 고성장세가 지속될 수는 없기 때문이다. 그럼 어
느 정도로 성장률이 떨어지는 것을 용인할 것인가? 견해 차이는 있지만
전문가들은 3~4% 선까지 위축되어도 견딜 수 있을 것으로 본다. 한 해
500만 개 정도의 일자리가 생긴다면 중국 사회가 파국으로 치닫지 않을
것이라는 분석이다. 그 정도는 내수만으로도 가능하며 수출 등에 의존하
지 않아도 달성할 것으로 계산하고 있다.

2016년 이후 중국은 성장률 6%대 유지를 위해 달러-위안화 환율에 영
향력을 행사할 것이다. 수출 비중이 높은 중국경제는 성장을 위해 환율정
책을 동원하는 전략을 부수적으로 챙기지 않을 수 없을 것이다.

첫째도 둘째도 생산성이다

국가의 경쟁력에서 가장 중요한 변수는 생산성이다. 이는 장기적으로
한 국가 경제의 건강성과 경쟁력을 보여주는 것으로 환율에도 영향을 미
친다. 생산성이 높은 국가의 화폐가 그보다 못한 국가의 화폐에 비해 가치
가 높게 형성된다. 국가 간 생산성은 차이가 있다. 이것으로 각국의 경제
잠재력과 성장잠재력을 파악할 수 있고, 궁극적으로는 양국 통화가치에

도 영향을 준다. '특정 국가의 통화가치는 그 나라의 경제실상이 반영되는 얼굴'이라는 차원에서 경제실상의 핵심사항은 생산성이며, 그 무엇보다 중요하다.

그렇다면 생산성이란 무엇이고, 생산성 향상이란 무엇일까? 쉽게 말해 덜 일하고 더 많이 번다는 것, 시간당 더 많은 일을 해야 한다는 것을 의미한다. 또 같은 시간 내에 더 많이 생산해야 하고, 더 똑똑하고smarter 더 빠르고faster 더 훌륭하게better 효율성을 향상시키는 것이다. 생산성은 미국 노동자가 매시간 생산한 상품과 서비스를 의미하기도 한다. 이는 세계의 중앙은행이라 할 수 있는 FRB가 유의해서 살피는 경제지표다. 생산성이 떨어지면 성장은 물 건너간다. 생산성이 떨어진 상태에서는 설사 어느 정도 성장하더라도 실속 없는 거품일 뿐이다.

두 차례의 세계대전을 거치면서 미국이 세계경제를 이끌 수 있었던 것은 생산성 혁신 덕분이었다. 지구상의 그 어느 국가보다도 생산성이 우월한 덕분에 미국의 국부는 세계 최대, 세계 최고가 되었다. 에디슨의 발명품들을 산업화했고, 포드시스템 도입을 통한 생산체계의 혁명적 개선이 이루어졌다. 특히 미국 기업들의 인사관리, 노무관리, 생산관리, 노동자들의 작업숙련도, 각 과학 분야의 최고 기술력 확보는 생산성을 획기적인 수준으로 끌어올렸다. 2000년 들어 마이크로소프트, 애플 같은 미국 IT기업의 부상과 타 산업과의 협업, 시너지는 미국 노동생산성을 한 번 더 도약시켰다.

그러나 미국의 생산성도 2016년 들어 37년 만에 최장기간 침체에 빠져들었다. 장기 경제성장을 위협하는 수준이다. 미국의 2016년 2분기 비농업부문 노동생산성이 전분기 대비 연율 기준 0.5% 감소했고, 2015년 4분기 −2.4%, 올해 1분기 −0.6%에 이어 3분기 연속 감소해 1979년 이후 최장 감소행진을 기록했다. 경기가 살아나면 금리를 올리려 준비하던 연방준비은행도 앞으로 수년간 저금리를 유지할 수밖에 없을지 모른다. 생산성이 감소한 것은 노동시간이 생산량보다 더 빨리 늘어서다. 2007~2015년 생산성이 연평균 1.3% 늘어나는데 그친 것보다 더 취약한 수준이다. 생산성 증가율은 2000~2007년에 비해 반 토막이 났다.

생산성은 임금이나 가격, 제품 경쟁력을 결정짓는 핵심 요소다. 이러한 생산성은 1990년대 IT붐 이후 급격히 둔화했다. 장기적으로 낮은 생산성이 끊임없이 이어진다면, 미국의 생활수준이 낮아지고 경제성장과 임금상승을 제약한다. 생산성 침체와 노동비용 증가는 이미 경기지표로써의 저유가로 인해 벼랑 끝으로 내몰린 기업이익을 더욱 압박할 것이다. 생산성 둔화는 장기적으로 과거보다 금리를 낮게 유지하는 요인이 될 수 있다. 생산성을 높이려면 노동자의 기술경쟁력과 고용주의 제품생산 경쟁력이 높아져야 한다. 미국경제 자체가 혁신의 연속이었는데, 이제 IT 쪽의 혁신이나 인공지능, 전기차, VR 등을 활용해 또 한 번의 생산성 도약이 비약적으로 이루어져야 한다. 미국 달러 환율은 미국산업의 생산성에 중장기적으로 영향을 받기 때문이다.

100% 환율상식

● 그래도, 기업가 정신이 필요하다

국가경제에서 기업의 비중은 절대적이며, 기업에게 생산성의 고도화는 너무 중요해서 언급할 필요도 없다. 오늘날 우리나라 기업의 경쟁력은 일부 부문에는 이미 세계적 수준에 와 있다. 그러나 현재의 우리 경제는 저성장과 침체의 늪에 빠져 있다. 다른 이유도 있겠지만 필자가 보기에 원인은 모든 부분에서 생산성이 떨어졌기 때문이다.

어느 시대나 관료와 각종 규제와 사업을 방해하는 장애물이 있었다. 규제 때문에 사업을 할 수 없다는 기업들의 죽는 소리는 핑계일 따름이고, 본질적 문제는 어떤 한계에도 굴하지 않은 한국경제의 중흥을 이끌었던 맨땅에 헤딩하는 치열한 '기업가 정신'이 부족해서라고 본다. 초기 창업자들의 도전정신이 2세와 3세로 이어지지 못하고, 창업하기보다 공기업에 취직해 편안한 삶을 즐기겠다는 사회적·경제적 시스템의 부식이 규제보다 더 큰 장애물이다. 또한 어떤 비즈니스를 해도 과거처럼 수익률을 보장하는 아이템이 점차 사라지기 때문이다.

기술은 고도화되고 리스크도 과거와 양상이 달라졌다. '고위험 고수익'의 기본원칙은 변함없으나 예측을 통한 경쟁이 심화되고, 더 이상 고위험이 반드시 고수익을 보장하지 않는다. 기술발전 속도는 빨라지고 유행의 사이클도 짧아지고, 위험의 분포도 예전보다 훨씬 더 촘촘해졌다. 기술의 단계적 개선도 더 유효하지 않고, 이제는 완전히 새로운 패러다임이 등장해 그 이전 시장을 흔적 없이 사라지게 한다. 기술집약이 심화하면서 산업마다 새 패러다임 창조가 생존의 조건이고, 서비스산업의 강조와 융합이 등장하지 않을 수 없게 됐다. 이런 판국에 어느 누가 섣불리 과감한 투자와 기업가 정신을 쉽게 발휘하겠는가?

따라서 정부는 규제개혁뿐만 아니라 이런 정신을 유지하고 살려내는 정치적, 사회적, 경제적 분위기를 조성하는 일에 좀 더 집중해야 할 것 같다. 뿐만 아니라 기업들에게 좀 더 꿈을 꾸고, 꿈에 굶주리고, 꿈에 목마른 영혼의 갈증과 열정을 유지하는 분위기를 조성하고 뒷받침해야 한다.

우리기업의 가장 큰 변수, 환율

앞에서 미국 생산성 저하를 걱정했지만, 한국경제도 위기인 것은 마찬가지다. 한국경제의 핵심 위기는 제조업의 위기, 기업의 생산성 위기다. 기업의 위기는 성장동력의 추락을 의미한다. 한국경제는 제조업의 생산성 회복과 경쟁력 확보가 없다면 저성장, 고령화, 정치적 리더십의 부재 속에서 '대★빙하기'를 맞을 것이다. 견인차 역할을 하던 삼성전자와 현대자동차 실적이 언제 악화될지는 아무도 모른다. 우리나라 제조업의 위기는 나름대로 안정적으로 사업이 굴러간다고 느낀 오래전부터 이미 시작됐다. '안정성' 자체가 경고사인이었다. 성장을 이끌던 IT, 조선, 철강, 기계, 화학, 정유 등이 모두 흔들리고 있다.

관련 기업의 실적이 어려워질 것으로 예상하는 이유는 2가지다. 첫째, 중국 후발 제조업체의 해외진출이다. 전 세계 시장이 공급과잉을 겪어 한국 제조업 경쟁력은 큰 타격을 받게 된다. 둘째, 미국 제조업이 셰일가스 등에 힘입어 원가경쟁력을 확보하고, 트럼프 대통령의 '리쇼어링Re-shoring(해외로 나간 자국기업을 본국으로 돌아오게 하는 것) 정책'으로 되살아난다는 점이다. 이 때문에 국내 제조업은 기술과 가격 경쟁력 양쪽에서 펀치를 맞아 샌드위치 신세로 전락할 전망이다.

제조업의 미래는 과거의 흐름을 살펴보면 가늠할 수 있다. 1990년 초 한국 10대 기업 중 현재까지 살아남은 기업은 포스코, 한국전력, 삼성전자, 이렇게 3개다. 이는 거꾸로 현재의 10대 기업이 20년 후 살아남을 확률이 예전보다 훨씬 더 낮을 것이라는 우울한 추정도 가능하게 한다. 예컨대 삼성전자가 1990년 초반에 시가총액 1조원에서 25년 만에 200조원으로 폭발한 것은, 거꾸로 회사 내부 노력과 외부환경이 도와주지 않는다면 향후 20년 후에 이 회사가 비슷한 속도로 쪼그라들 가능성을 암시하기도 한다.

앞으로 그 어떤 기업도 안정적이지 못하다. 시장에서 '영원한 안전빵'이라고 생각하는 것은 오산이며, 언제 어디서 새로운 강적들이 출현해 기존 기업들을 전부 쓸어버릴지 모른다. 국내 제조업뿐만 아니라 전 세계적으로 전 산업군에 걸쳐 '파괴적 혁신'이 진행될 것이기 때문이다. 이미 구글과 테슬라 같은 회사는 융합과 혁신, 파괴적 혁신의 미래 그림을 제시해 국내 기업이 겪을 도전과 충격을 가늠해볼 수 있게 하고 있다.

물론 국내 기업이 제조업 초강국인 독일처럼 경쟁력 확보와 혁신에 성공하는 일은 말처럼 쉽지 않다. 새로운 기술과 먹거리, 존재하지 않는 시장을 찾는 것은 어렵다. 하지만 그런대로 굴러가는 현상에 만족하는 한 미래는 없다. 혁신을 도모하고 경쟁력을 찾기란 그만큼 절박함과 피와 땀을 요구한다. 한국의 위기 탈출에서 믿을 것은 정부가 아니라 기업뿐이고, 그것도 '죽기살기식' 파괴적 혁신을 통한 분발이 있어야만 극복할 수 있을 것이다.

이러한 상황에서 환율의 움직임은 기업들에게 항상 큰 변수다. 2016년에 브렉시트가 결정된 이후 한 달이 지나자 달러-원 환율 1,100원이 깨지고 1,090원대로 하락했다. 환율이 떨어지면서 산업계는 수출 채산성 악화로 고민에 빠졌다. 삼성전자 등 전자업계는 원화값 변동이 가져올 충격을 최소화하기 위해 환헷징 등 다양한 방법을 동원하고 있지만, 원화값 상승은 호재가 아닌 악재다.

반도체와 디스플레이 등의 수출이 많은 삼성전자는 2016년 상반기에 환율변동에 따라 롤러코스터 실적을 보였다. 1분기에는 원화값 하락으로 약 5천억원의 환차익을 본 반면, 2분기에는 원화값 상승으로 3천억원 상당의 환차손을 본 것이다. TV와 휴대폰의 경우 해외 생산기지가 많아 현지생산−현지판매 체제가 상당 부분 구축이 되어 있어 환율로 인한 피해는 상대적으로 적다. 하지만 대부분 제품을 한국에서 생산하는 반도체·디스플레이는 환율변동에 취약할 수밖에 없다. 반도체 수출비중이 높은 SK하이닉스도 원화값 상승이 반갑지 않다. SK하이닉스는 2분기에 원화값이 3~4% 올라 원화매출 기준으로 1천억원 전후의 변화가 있었다. LG디스플레이도 원화값 10원 변동으로 월 80억원의 영업이익 영향을 받는 것으로 알려졌다.

자동차 업계도 예외가 아니다. 현대차그룹 산하 한국자동차산업연구소에 따르면 달러당 원화값이 10원 오를 때마다 국내 완성차 5사 매출이 연간 4,200억원 가량 줄어드는 것으로 분석된다. 앞에서 도요타와의 비교에서 살폈듯이 해외판매가 차지하는 비중이 80%에 달하는 현대차그룹은 환율변화에 특히 민감하다. 원화강세에 따른 원화환산 이익감소를 상쇄하려면 제품단가를 올려야 하는데, 이렇게 되면 가격경쟁력이 떨어진다. 미국 시장에서는 유럽산 자동차들의 가격인하 공세가 치열하게 전개되면서 현대차도 저가판매로 대응하고 있다. 원화값이 올랐다고 가격을 올릴 수 있는 상황이 못 된다. 다만 브렉시트 이후 엔화강세로 급격한 가격경쟁력 하락은 피할 수 있을 것으로 내다보고 있다. 이는 한국차의 직접적 경쟁상대가 일본차이기 때문이다.

정유업계도 달러−원이 하락하면 원유 수입단가가 하락하는 긍정적 효과에도 불구하고, 수출비중이 내수보다 높기 때문에 악영향을 받는다. SK이노베이션의 경우 수출비중이 70%를 넘고 있기 때문에 원화값 강세기조가 수출경쟁력 감소로 이어질 것을 우려했다. 2016년 환율폭을 달러당 1,170~1,200원으로 예상했던 모 정유사는 환율 수준이 예상했던 범위를 벗어나자 대책 마련에 나서기도 했다. GS칼텍스, 에쓰오일, 현대오일뱅크 등 주요 정유사들도 절반 이상을 수출을 하고 있어 실적에 악영향을 줄 전망이다. 에쓰오일은 1분기에는 환차익 620억원을 기록했으나, 2분기에 환차손 270억원을 기록하는 등 롤러코스터 환율에 직접적인 영향을 받았다.

화학업계도 마찬가지다. 석유화학 업계는 대략 달러당 1,100원 안팎을 2016년 사업계획에 반영했다가 원화강세가 더 지속될지 걱정하기도 했다. LG화학의 경우는 원료 등을 수입하는 양이 많아서 일정 부분 헤지가 이뤄지는 편이지만, 수출이 더 많다보니 단기적으로 부정적인 영향을 피할 수 없다.

반면에 항공업계는 원화강세에 수혜를 본다. 항공기 도입으로 외화부채가 많은 편이고 항공유 인하효과를 볼 수 있기 때문이다. 2016년 기준으로 92억달러의 순외화부채를 갖고 있는 대한항공은 원화값이 10원 오르면 약 920억원의 외화평가이익이 생긴다. 아시아나항공은 원화값이 10원 오르면 연간 100억원 이상 수익성이 개선된다.

전 세계의 금융화와 자본의 이동

오늘날 환율의 움직임에서는 국가 간의 실물경제(무역)보다는 자본 자체가 상품이 되어 국경을 넘나드는 자본이동이 더 중요해졌다. 이는 전 세계가 금융화되면서 더 가속화됐다. 처음에는 실물경제를 지원하기 위한 기능이었지만, 이에 머물지 않고 금융 자체가 상품화되면서 실물을 완전히 능가하는 괴물이 된 것이다. 이것은 자본주의가 처음 출발했을 때 아무

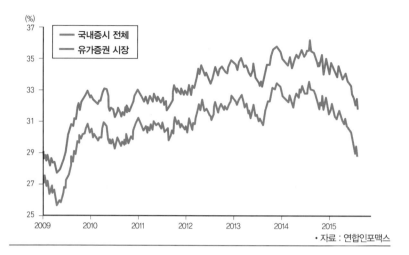

도표 27 2009년 이후 국내증시 및 유가증권 외국인 비중

국내증시 전체
유가증권 시장

• 자료 : 연합인포맥스

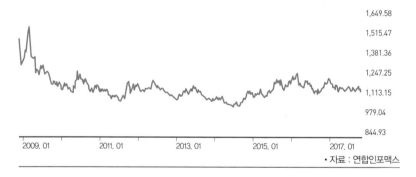

도표 28 2009년 이후 달러-원 환율 추이

• 자료 : 연합인포맥스

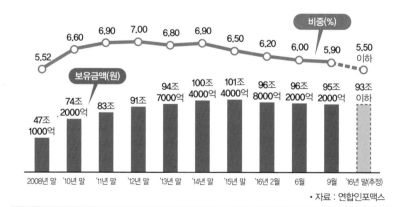

도표 29 2009년 이후 외국인 채권투자 규모

• 자료 : 연합인포맥스

도 예상 못했을 것이다. 이름하여 국경 없는 자본의 머니게임 현장이 된 것이다. 따라서 무역통계만 보고 환율의 수급을 파악한다고 생각하면 오산이다.

무역수지 표를 보면서 전 세계 어느 지역, 어느 나라에, 어떤 상품이 수출되는지 살피고, 전년도와 전월, 전분기와 비교해본다고 환율을 가늠할 수는 없다. 환율에 절대적 영향을 행사하는 더 큰 부분이 도사리고 있기 때문이다. 오늘날 전 세계 머니게임에 판돈으로 사용되는 각종 단기 · 중기 · 장기 투자자금은 추정이 불가능할 지경이다. 월가가 금융위기를 겪은 것도 금융화, 머니게임화 때문이다. 그런 의미에서 외국인 투자가에게 한국이라는 금융시장은 활짝 열린 좋은 놀이터다. 한국 내 주식과 채권, 외환을 매매하는 의사결정은 외국인들도 실시간으로 지켜보고 있다. 그들은 늘 타이밍을 보고 있다. 한국에 있는 기업의 주식을 팔 것인가 살 것인가, 한국정부가 발행한 채권과 한국 기업들이 발행한 채권을 살 것인가 팔 것인가로 말이다. 달러와 원화의 매매도 마찬가지다. 어느 통화를 던지고 어느 통화를 취할 것인가. 이것이 항상 그들에게도 문제다.

서울외환시장에서도 외환딜러들은 외국인들 자금의 이동을 먼저 파악하려고 혈안이다. 자본의 이동과 흐름을 판별하는 일은 환율 공부를 하는 모든 시장 참가자들에게 큰 숙제가 아닐 수 없다. 만약 일반인이라면 일단 금융감독원이 발표하는 매월 외국인 주식 및 채권투자 동향을 살펴봐야 한다. 표를 보면 어느 지역의 외국인이 어떤 주식을 매수했는지 나타난다. 이것 역시 전월, 전분기, 전년 대비로 추이를 살피는 게 중요하다. 국내주가와 달러-원 환율의 상관관계는 역의 상관관계를 보여준다. 외국인 주식자금이 증가하면 달러-원 환율은 하락하고 반대의 경우 환율은 상승했다.

한편 국내 채권시장에서 국채수익률과 환율의 관계는 양의 관계와 음의 관계가 교차했다. 외국인들의 국내 채권투자 자금유입이 늘어나서 국내 채권 수익률이 떨어지면, 달러-원 환율은 하락한다. 반대로 채권투자 자금이 국외로 탈출하면 환율은 상승세를 보였다. 그러나 이 경우는 국내외 금리차에 따른 것이라기보다 다른 변수에 의한 것이 많았다. 이를테면 원화가 특정 시점에는 상대적으로 안전자산으로 분류됐다가, 어떤 경우에는 이머징마켓의 마이너 통화로 취급되는 경우도 나타나 채권수익률과 항상 부의 관계가 형성되지 않는 경우도 많았다.

환율이 각국 통화 간의 교환비율이라는 대외용이라면, 금리는 해당 통화 자체의 돈값인 국내용이다. 환율이라는 '대외용'과 국내의 돈값이라는 채권금리가 '대내용'으로, 각각 독립된 가격변수로 상호영향을 주고받는다. 교과서적으로 금리와 환율의 상관관계는 양 국가의 금리차이로 설명한다. 고금리 통화가 강세를 보인다는 것이다. 하지만 누누이 언급했듯 마이너스금리 시대가 오면서 전통적 관계는 깨졌다.

마이너스금리 시대가 오면서 외국인들의 국내투자도 문제지만, 우리나라 투자가들의 '머니무브Money move'도 예상해볼 수 있다. 국내시장에서는 예금이 국내 주식시장과 부동산 시장보다 해외, 즉 국경을 넘을지가 관심사다. 유럽의 경우는 마이너스금리가 오히려 경제 전체에 '음(-)의 효과'가 더 크다는 평가가 나오고 있다. 현재 기업투자나 가계소비가 늘어나지 않는 것은 금리 때문이 아니라, 일자리와 수입에 대해 걱정이 크고 각자 미래에 대한 불투명성이 근본 문제라는 지적이다. 경제를 회복시키려면 생산인구 증가 촉진, 생산성 혁신, 규제개혁 등이 필요하지만 이 과제들은 중장기적으로 시간과 의지가 필요한 사안이다.

한국도 한국은행의 기준금리 인하로 예적금 금리는 더 떨어질 것이다.

연기금과 보험, 은행과 증권사 등 자산운용은 완전히 '서바이벌' 영역으로 들어서고, 특히 대형 연기금들의 수익률은 과거와 비교되지 않을 정도로 쪼그라들 전망이다. 예금보다 주식에 대한 관심이 생길 것이라는 예상도 당장 실현되기는 어렵다. 기업의 영업실적이 반전될 기미가 없기 때문이다. 전체적으로 안전자산보다 위험자산에 대한 인식이 제고될 것이지만, 본격적으로 해외로 '머니무브'가 생길 가능성도 있다. 우리나라 자산시장에서 답이 없기 때문에 새로운 기회를 찾아 수익내기에 나설 것인지 여부가 중요하다.

일본이 초저금리 시대에 해외 쪽으로 눈을 돌려 투자가 급증했던 것처럼, 이제 우리도 눈을 돌리지 않을 수 없다. 하지만 기관들의 각종 해외 대체투자는 특히 환율 리스크에 대한 분석과 준비가 부족하고 규제 등으로 시간이 더 필요할 것 같다. 일부 기관투자가들이 해외시장에서 발 빠르게 움직여 초과수익률을 달성하고 있어, 이들이 물꼬를 터주기를 기대한다. 미래 불투명성을 나타내는 온도계인 금리가 완전히 마이너스 수준으로 떨어지면서, 사람들의 수익률 패러다임이 통째로 바뀌고 있다. 우리나라 기관투자가와 개인들이 한 번도 경험하지 못한 전례 없는 새로운 투자처를 찾아나서게 될 것이다. 이는 동시에 달러-원 환율의 장기적인 균형점이 어디로 갈 것인지도 예고해줄 수 있을 것이다.

100% 환율상식

● 부자들의 자본수익률

토마 피케티의 《21세기 자본》 덕분에, 자본주의에서는 돈이 돈을 버는 자본수익률이 경제성장률보다 항상 크기 때문에 불평등이 심화할 수밖에 없다는 주장이 논란이 되었다. 여기에 몇 가지 논점을 보태볼까 한다.

한국은 지난 반세기 동안 주식, 채권, 예금 등 금융자산 수익률과 토지와 산업자산 수익률 측면에서 대개 큰돈의 투입이 큰돈을 벌어다 준 게 사실이다. 그러나 빈부의 격차는 자본의 규모에 따른 수익률 차이뿐만 아니라 투자에서 발생하는 '리스크'에 대한 태도와 이를 돌파하는 행동의 차이에서 오는 경우가 더 컸다. 큰돈이 더 큰돈을 벌어다주지만, 이것도 추세의 흐름에 올라타는 용감한 결단과 운이 더해져야 가능했다는 얘기다. 잘못된 투자 판단, 개인의 건강, 인간 '관계망' 등과 엮이면서 쪽박을 찬 경우도 흔했다.

부자들이라고 해서 생물학적 육신의 존재로서 낮과 밤, 계절의 순환, 세대교체 등에서 벗어날 수 없고, 삶이 한없이 허용되지 않는다. 성취의 직선은 수시로 끊기기 마련이고, 그 끊김은 앞의 성공과 상승을 무로 돌려놓았다. 부자들도 불행과 환난과 고통에서 예외가 될 수 없으며, 특히 삶과 죽음의 교체가 부익부로 획득한 부의 영속에 치명적인 요소였다. 더군다나 우리나라처럼 '스몰 오픈 이코노미' 체제의 국가에서는 법과 제도를 포함한 정치적 상황, 국제 정세 및 국내외 경제, 금융시장의 변동성이 격심하다. 현재의 부자들이 미래에 생존한다는 보장이 전 세계 어느 나라보다 상대적으로 취약하다.

여기에 우리나라 부자의 기업가 정신의 퇴조도 이런 예상을 뒷받침해주는 요인이다. 국내 대기업의 평균 존속기간이 과거에도 20년을 넘기기가 어려웠지만, 앞으로는 더 짧아질 것으로 보인다. 1세대는 정주영과 이병철이 있었지만, 그 후손들은 부끄러운 추문으로 교도소를 들락거리고 계열사

하나라도 서로 더 차지하려고 법정을 오가며 다투고 있다. 이들은 물려받은 큰돈을 유지하고 굴리는 데만 관심이 많고 자본의 투자수익률 유지에만 골몰하고 있다.

　도전하지 않으면 정체되고 머물면 스러지는 것이 세상사다. 자본수익률도 마찬가지다. '불타는 투혼'과 '목숨을 건 승부'가 없는 곳에 큰 수익률 '리턴'을 기대하기 어렵다. 한국 부자의 패턴이 현재에 안주하는 양상이라면, 영원한 부자 없고 영원한 가난뱅이도 없을 것 같다. 그런 의미에서 한국은 피케티 교수가 걱정하지 않아도 앞으로 빈부 간에 항상 반전이 가능한 역동성이 살아있을 것 같다는 생각을 해본다.

8장

서울외환시장을 움직이는
다양한 사람들

Preview

환율도 '사람'이 문제다

7장에서 환율을 움직이는 경제변수를 잠시 살펴봤다. 하지만 평소에는 잠잠하다가 결정적인 순간에 모든 경제지표 변수들을 능가하는 괴물이 등장한다. 바로 시장 참가자들의 '심리'다. 시장 오피니언 리더들의 다가올 미래에 대한 예측과 분석, 여기에 사람들이 반응한다. 심리와 기대감은 경제지표 못지않게 환율을 출렁이게 하는 요인이다. 외환시장도 주식이나 다른 금융시장 못지않게 탐욕과 공포가 횡행하는 곳이다. 탐욕과 공포가 만들어내는 쏠림 현상이 한번 발생하면 끝장을 본다. 오버슈팅^{over} shooting(어떤 계기로 일시에 수요가 과도하게 늘면서 주식이나 상품 등의 가격이 치솟는 것)이다 뭐다 하면서 시장을 들끓게 하는 것도 결국, 심리와 기대감이다. 이러한 요소들이 결합되어 시장은 항상 움직이며 역동적이다. 서울외환시장도 마찬가지다. 대다수 경제학 교과서들이 환율 이야기를 하면서 놓치는 부분이 바로 '사람'에 대한 부분이다.

시장에서 가격형성은 거기에 속한 사람들의 심리의 총합이 가미되어 굴러가는 곳이다. 사람들의 매매심리를 촉발시킨 이유가 중요하다. 또한 이에 반응하는 인간이라는 존재의 자극에 대한 대응과 응전도 중요하다. 이에 대한 이해가 없다면 서울외환시장은 박제된 전시 유물이나 다름없다. 외환시장은 사람들의 심리와 깊은 관련이 있다. 사람의 본질에 대한 관찰과 설명이 빠져있으면 실제와 동떨어진 허황한 이야기일 뿐이다. 살아있는 사람들의 참여가 주축이 되어 만들어내는 모든 행동의 입체적인 영역을 살펴보는 것이 중요하다. 시장의 가격이란 시장 참여자들이 무슨 생각을 하는지, 무엇을 주목하는지가 반영된 것이다. 무엇을 보고 놀라고 판단하고 공포를 느끼는지는 말할 것도 없다.

시장과 가격을 분석하기 전에 인간을 먼저 이해해야 한다. 외환시장에는 어떤 사람들이 모여 있는가? 이들은 어떤 논리에 의해 움직이는가? 무엇을 두려워하는가? 무엇을 보고 매수하며 무엇 때문에 매도하는가? 이제 시장의 핵심 주체인 참여자에 대해 살펴보자.

외환딜러_대한민국 환율을 결정하는 이너서클

우리나라의 환율은 누가 결정할까. 대통령? 재정경제부? 한국은행? 아니다. 서울외환시장에 있는 100여 명의 민간인이 결정한다. 바로 외환딜러이다. 이는 국제외환시장도 마찬가지다. 외환딜러를 알면 서울외환시장의 메커니즘과 환율을 보다 쉽게 이해할 수 있다.

서울외환시장의 100여 명은 외국환업무 인가를 가진 국내은행과 외국계은행 서울지점의 원-달러 담당으로 지정된 딜러들이다. 아무나 하는 일이 아니라 정해진 자격을 부여받은 사람들만 참여하는 시장, 철저한 '이너서클Inner circle(소수집단)이다. 이 사람들의 일상활동과 생각, 행동양식이 환율의 결정에 절대적이다. 대한민국 환율의 비밀의 핵심이 아닐 수 없다. 그런데 우리는 이 중요한 비밀을 모르고 있다.

100여 명의 외환딜러들은 하루 종일 각 은행을 대표해 딜링룸에서 매도매입 포지션 한도 내에서 실물이 수반된 거래를 한다. 투기적인 거래를 하기도 하고, 거래기업을 포함한 기관으로부터 의뢰받은 달러화를 매매하기도 한다. 서울외환시장의 경우 중개기관인 ㈜서울외국환중개와 ㈜한국자금중개라는 회사를 통해 전산으로 연결된 통신망으로 매매주문을 내고, 차익을 남기기 위해 피 말리는 눈치 경쟁을 벌인다.

이들이 매매한 거래결과, 즉 거래대금을 총 평균해 다음날 매매기준율을 비롯한 주요환율이 정해진다. 이들의 거래 결과물은 다음날 우리나라 수출입을 비롯한 모든 대외거래 시 사용하는 기준환율이 된다. 또 이 환율은 전 세계로 실시간으로 타전되어 한국에 관심이 많은 투자가들에게 주요 경제지표로 작용한다.

이처럼 서울외환시장 딜러들의 외환거래 결과치는 경제적으로 엄청난 의미가 있다. 모든 경제 참가 주체들의 일희일비에 영향을 주고 정치적인 사안으로까지 발전하는 것이다. 그들이 사는 이야기, 활동상이 중요한 이유는 바로 이 때문이다. 이들을 제대로 이해하는 것이 서울외환시장을 이해하는 지름길이다.

● 영원한 승자도 영원한 패자도 없다

외환딜러의 하루는 짙은 고독, 탄식과 좌절, 머리털이 꼿꼿이 서는 순간의 나날이다. 천 길 낭떠러지 바닥으로 떨어지는 공포, 가위에 눌린 것 같은 마술에 걸려 몸과 마음이 버둥거린다. 뜨거운 환희의 순간들도 있고, 예상치 않은 행운에 남들이 볼까 뒤돌아서서 터지는 웃음을 감추기도 한다. 하지만 이곳에는 영원한 승리도 영원한 패배도 없다.

하루가 마감하는 해질 무렵 마지막 한 줌의 에너지도 남아있지 않은 천 근같은 몸뚱이지만, 다시 뛰어야 한다. 어젯밤 동료들과 늦게까지 한잔했는데, 북한의 미사일 발사 뉴스에 새벽잠을 떨친다. 정부의 긴급대책회의가 열리고, 차관과 부총리와 총재가 뉴스에 등장한다. 세계 곳곳에서 셀수 없이 많은 선수들의 초롱초롱한 눈과 귀가 느껴지는 수많은 뉴스들도 있다. 달러 환율과 국채금리와 주가와 선물가격이 컴퓨터 스크린에서 미친 듯이 춤을 춘다.

형형색색의 수많은 컴퓨터 화면들, 키보드 소리가 들리는 곳, 딜링룸에서 펼쳐지는 지루한 싸움에서 날마다 부딪히고 누군가는 항상 다친다. 상처받은 이는 좌절하고 일 년에 몇 차례 터지는 대형 이벤트에 넋과 혼은 잡아먹힌다. 근육이 찢어지고 뼈가 드러나는 중상을 입은 전우들의 신음소리가 여기저기서 들린다. 그들 중 일부는 비명도 크게 지르지 못하고 소리 없이 무대에서 실려 나가곤 한다.

얻어맞은 곳의 상처가 쓰리지만 살아남은 이들은 무표정하다. 웬만한 아픔에도 또 다른 내일을 위해 다시 일어서야 하기 때문이다. 자만하는 순간, 어디에서 날아올지 모르는 총탄 같은 리스크에 얻어맞아 '풀썩' 쓰러질지 모른다. 폭풍전야 같은 침묵이 흐르다가 다시 남대문 시장바닥 같은 함성의 소용돌이가 파도타기처럼 거듭 덮쳐온다. 스크린 앞에 앉아 박동하는 심장소리와 침이 꼴깍 넘어가는 낯선 침묵으로 뒤통수는 언제나 무겁다.

외환 딜링룸은 분과 초, 그리고 매시간, 매일 승자와 패자가 엇갈리는 곳이다. 이곳에서는 한 판을 지더라도 다음 판을 기약할 수 있다. 따는 것도 잠시이고, 패배도 영원하지 않다. 영원한 승자도 없고 영원한 패자도 없다. 한 번 크게 벌었다고 좋아할 이유도 없고, 잃었다고 울 필요는 더더욱 없다. 외환딜링은 인생 그 자체다.

외환딜러는 타짜와 비슷하다?

영화 〈타짜〉를 보면 노름꾼들의 세계가 나온다. 도박판에 전부를 건 전문 도박꾼들, 일명 '타짜'들의 화려한 기술과 끝없는 욕망을 그렸다. 어쩌면 자본주의에서 돈을 쫓는 금융시장의 우리 모두도 어떤 의미에서 타짜일지도 모르겠다. '타짜'와 금융시장의 '딜러'는 많은 점에서 닮았다. 어떤 점이 비슷할까?

먼저, 둘 다 머니게임을 한다. 게임이지만 도와줄 지원병 하나 없는 냉혹한 전쟁터다. 잠깐 사이에 판이 어떻게 바뀔지 몰라 담배 필 시간은 물론 화장실에도 다녀오기 힘들다. 패와 숫자가 변할 때마다 머릿속에선 불꽃이 튄다. 상대가 어떻게 움직일지 미리 예측해 앞질러야 한다. 동료나 팀원들과 머리를 맞대고 '작전회의'를 하지만 예측은 예측일 뿐, 결과를 장담할 수 없다. 전장에 나서면 오로지 자신의 판단에 기댈 수밖에 없는, 철저한 자기와의 싸움이다. 느긋하게 생각할 여유도 없다. 한 번 던진 것은 물릴 수도 없다.

타짜와 딜러는 고도의 긴장과 집중력이 필요하다. 수명을 단축하기 딱 좋다. 굳이 정년을 정하지 않아도 극심한 체력 소모 때문에 오래 머무르기 힘들다. 또 큰 판이 벌어지면 묘하게 미칠 것 같은 흥분이 밀려온다. 역전승, 역전패, 그리고 판정승이 수시로 교차할 것이다. 그리고 타짜와 딜러들은 대부분이 서로를 잘 안다. 베팅 스타일이며 약점까지 간파하고 있다. 밀고 당기는 팽팽한 신경전이 끝없이 이어진다.

타짜와 딜러 둘 다, 초짜 시절에는 적지 않은 실패를 경험한다. 공포에 가까운 두려움과 스트레스를 겪는다. 고백하긴 싫지만 오줌을 흘려본 경험도 있다. 가끔은 잠결에도 '화투패' 혹은 '시세숫자'가 보일 때가 있다. 남모르는 징크스도 많다. 돈 벌어다주는 넥타이나 구두가 따로 있고, 보도블록의 금도 가끔 밟지 않는다. 또 둘 다 게임을 하지 않고 쉬고 있으면 멀쩡하던 머리도 괜히 지끈거리고 몸도 욱신거린다. 이 증세는 '전투'가 시작된 뒤에야 사라진다. 중독이고 금단현상이다.

마지막으로 타짜와 딜러는 동물로 따지면 상어다. 왜냐하면 계속 움직이지 않으면 죽기 때문이다.

외환 애널리스트_시장의 아젠다를 주도한다

글로벌 외환시장에서 가장 막강한 영향력을 가진 이들은 애널리스트다. 유명 애널리스트는 몸값도 높고, 그들의 '아젠다 세팅'은 시장의 방향과 물꼬를 완전히 다른 쪽으로 쏠리게 할 수도 있다. 환율뿐만 아니라 금리, 또는 개별 주가에 대해 시장상황을 논리적으로 설명하고, 맥을 정확히 짚어 언론을 통해 세상에 발표하면 시장의 움직임이 한순간 뒤집어지는 '파위'를 갖고 있다.

이들은 보통 빅 하우스, 즉 대형 금융기관에 소속된 선수들이다. 국내외를 막론하고 애널리스트들의 주장이 담긴 보고서나 기사를 읽을 때, 이들도 주관과 객관 사이에서 고민하는 인간이라는 사실을 유의해야 한다. 애널리스트는 보통 크게 3가지 타입으로 나뉜다. '데이터 팔로워', '하우스 뷰 셀러', '인류이셔너'다.

첫 번째는 데이터 팔로워Data follower다. 이들은 말 그대로 각종 경기 통계지표만 챙길 뿐이며, 발표된 데이터에 대한 의견이 없다. 이들은 시장을 주도하는 층이 아니라, 남들이 뭐라고 하는지에만 귀를 기울일 뿐이다. 어쩌다 의견을 한마디 낼 때도 시장이 듣고 싶어 하는 얘기, 듣기 좋은 시각만 전하는 엔터테이너Entertainer 역할만 수행한다. 예측결과에 대해 책임을 지기 싫고, '가만 있으면 본전'이라는 야비한 부류들이다.

두 번째는 하우스 뷰 셀러House-view seller다. 이들은 본인이 소속된 기관의 입장만 떠든다. 특정 금융기관의 애널리스트가 환율 등에 대해 자사 고객들의 이익만 대변하는 쪽으로 의견을 몰고 가는 경우가 그렇다. 경제부처 장차관들도 가끔 하우스 뷰 셀러 역할을 한다. 자신이 추진할 정책을 홍보하는 데만 골몰하고 반대자들은 적들로 규정한다. 이들은 용감하며 자신이 속한 조직이해 관계에만 충실한 시각을 유감없이 피력한다.

마지막으로 세 번째는 인튜이셔너Intuitionist다. 이들은 좀 희귀하다. 뉴욕이나 서울에서도 보기 힘든 유형이다. 이들은 꼼꼼하게 챙긴 데이터를 바탕으로 자신의 독창적인 '통찰력'을 가미한다. 팩트의 확보뿐만 아니라 이를 바탕으로 진지한 분석에 심혈을 기울인다. 이들의 분석보고서나 발언은 상당한 리스크를 감수한다. 이들이 종종 틀리는 경우가 있지만, 사실 시장은 이러한 세 번째 부류의 이야기를 가장 듣고 싶어 한다. 독자들도 외환 애널리스트의 보고서를 읽을 때, 앞의 3가지 기준으로 유형을 파악하고 평가해보기를 바란다. 마찬가지로 경제·금융 기사도 이 잣대로 평가해볼 수 있다.

뉴욕은 금융자본주의의 오랜 전통과 경험, 시행착오의 노하우가 있다. 특히 애널리스트들 보고서가 시장에서 갖는 의미가 상당하다 보니, 이에 대한 각종 가이드라인도 정교하기 그지없다. 미국증권업협회SIA는 지난 2001년 증권·보험·공기업 위원회의 하원 청문회에서 애널리스트들과의 이해갈등에 대한 우려를 완화시키기 위한 가이드라인을 발표했다. 물론 미국답게 표현의 자유와 애널리스트들의 자율을 존중해, 가이드라인을 만든 것이다. 별도의 입법이나 추가적인 규제는 필요하지도 적절하지도 않다고 보고 있다.

이는 만고불변의 진리, '최종적으로 투자는 개별 본인의 책임'이라는 생각에서다. 월가 14개 대형 증권사, 투자은행의 동의를 받은 이 가이드라인은 일종의 윤리강령이 되고 있다. 가이드라인에서는 애널리스트들이 자신이 방향성 추천이나 종목추천에 어긋나는 거래행위를 엄격하게 금지하고 있다. 자신들의 투자현황을 공개하는 등의 내용도 담고 있다. 애널리스트들이 지금까지 꺼려하던 '매도' 의견을 포함, 모든 투자등급을 사용하도록 권고하고 특정 거래 등에 개인적 이익이 연계되지 않도록 했다. 현재 월가에서는 이미 주요 증권사, 투자은행들이 자사의 투자활동과 리서치(애널리스트, 연구조사) 부문의 분리를 추진하고 있다.

우리나라 여의도도 이 같은 월가의 가이드라인을 준수하는 방향으로 쫓아가고 있다. 외환시장이 금융시장 중에서는 가장 먼저 외환딜러 윤리강령이 제정되었고, 기타 채권(픽스트 인컴), 주식 등 파트에서도 각 금융기관마다 내부적인 규약을 정해놓고 있다.

포렉스 클럽으로 대표되는 이너서클의 실체

특정 이해관계자들만이 참가해 만드는 시장, 딜러들만의 리그에서 결정된 거래 결과물을 일반 국민들은 그대로 받아들이고 복종해야 한다. 나의 경제적 운명을 내 손으로 만드는 게 아니라 소수의 움직임을 살펴 대응해야 하는 구조다. 서울외환시장의 딜러가 일종의 권력 아닌 권력을 갖고 있는 것이다. 인생살이의 대부분이 그러하지만, 특히 환율이 우리에게 미치는 영향은 대표적인 타인지향적인 구조다. 내가 결정하지 못하고 타인이 결정해놓은 것에 자의든 타의든 끌려들어간다.

권력 아닌 권력을 갖고 있는 서울외환시장 이너서클 참여자들이 결성한 친목모임이 있다. 바로 한국 포렉스Korea Forex Club클럽이다. 100여개 시중은행, 국책은행, 지방은행, 외국계은행 외환딜러들의 사적인 사교기구다. 글로벌 포렉스클럽의 국내 지부다. 원래 포렉스클럽은 1955년 프랑스 파리에서 설립됐다. 1956년에 각국의 포렉스클럽을 구제적으롤 통합하여 포렉스 헌장이 같은 해에 제정되어 외환딜러의 윤리준칙이 정해졌다. 국제 포렉스클럽 협회인 ACIAssociation Cambiste International 본부는 파리에 있다. 한국 포렉스클럽은 1년에 2차례 환율세미나를 열고, 연말에 올해의 외환딜러를 선정해 시상한다. 국내 100여개 외국환 기관의 은행간 딜러, 대고객 딜러들이 회원이다.

국내에서 달러-원 거래 중개업무는 2곳의 중개기관을 통해서만 할 수 있다. ㈜한국자금중개와 ㈜서울외국환중개라는 회사다. 그런데 왜 변동환율제를 시행하는 나라에서 중개사를 통하지 않으면 안될까? 그것은 한국이기 때문이다.

원화와 달러 매매의 중개업무는 외환 당국, 즉 정부에서 사업 인허가를 내준다. 인가와 관련해 자격요건에 제한은 없지만, 정부에 승인신청을 하더라도 현재까지 앞의 회사들만 인가를 받았다. 앞으로 더 내줄 수 있다고 얘기한 지는 20년 정도 지났지만, 지금까지 추가로 외환중개 라이선스를 신청해 허가된 곳은 없다.

이것은 무슨 의미일가? 아직도 달러와 원화 거래에 대해서만큼은 정부의 영향력이 작용하고 있다는 얘기다. 이것도 대환민국 환율의 비밀이다. 외국인들이 의아해할 일이지만, 우리 정부는 외환매매의 길목을 틀어쥐고 있다. 앞으로도 우리 정부는 작고 개방된 경제의 특성상 이를 놓지 않을 것으로 보인다.

외환당국_모든 것을 잠재우는 빅브라더

외환시장에서 모든 것을 한 방에 잠재우는 마지막 변수를 얘기할 차례다. 바로 정부당국의 외환시장 개입이다.

정부 혹은 외환당국이라고 부르는 실체는 평소에는 실물무역의 움직임에 의거한 환율의 움직임을 시장원리에 맡겨두는 경향이 있다. 하지만 시장이 늘 효율적으로, 이성적으로 움직이는 곳은 아니지 않은가? 자본 자체의 이동, 이에 기반을 둔 기대와 탐욕, 공포감이 투기적인 움직임에 휘둘리면서 격심한 쏠림이 나타나기도 한다. 이때 당국이 등장한다. 어느 나라나 마찬가지다. 정부의 외환시장 개입에 대한 권한은 이 책 초반에 언급한 화폐주권의 일부이다. 정부의 경제·정책적 의미에서 차지하는 국내외적인 시그널로도 작용하는 등 함의가 크다. 하지만 달러-원 환율에서 외환당국의 외환시장 개입은 통상마찰의 원인이 되기도 한다. 미국 재무부의 모니터링이 매섭기 때문이다. 양국 통화가치가 시장에 의해 결정되지 않고 정부의 손에 의해 결정되는 것에 대해, 각 상대방은 특정 환율 유지가 자국의 기업에게 보조금을 주는 행위라 간주한다.

사실 외환당국이 누구인지, 이들이 무슨 일을 하는지 일반 국민들이 잘 모른다. 외환당국이라 할 때 환율을 주관하는 정부부처는 기획재정부 국제금융국 외화자금과다. 외화자금과의 사무관이 세종시 청사에서 하루 종일 스크린을 들여다보며 우리나라 달러-원 환율의 움직임을 실시간으로 모니터링한다. 필요할 땐 시장개입을 표방한 조치에 들어간다.

1997년 10월 어느 날 늦은 밤이었다. 당시 김석동 외화자금과장(전 금융위원장)이 과천 청사 사무실을 방문한 기자들에게 둘러싸여 자장면을 비비면서 "환율은 자장면 값에도 영향을 준다"며 너스레를 떨었다. 환율 실무

책임자의 자신감이 묻어나는 말이다. 그 후 IMF를 거치고, 2008년 금융위기가 벌어지고, 2011년 유럽 재정위기를 겪으면서 우리나라의 달러-원 환율의 매매 현장은 전쟁터를 방불케 하는 곳이 되었다. 늘 전 세계 금융시장이 예의주시하는 투기적인 '큰 판'이 서울에서 벌어졌었다. 환율전쟁 최전선에서 분투하는 재정부 국제금융 라인은 이제 예전처럼 밤늦게 자장면을 먹으며 전황^{戰況}을 점검하지는 않지만, 늘 긴장을 늦추지 않는다. 이곳은 다른 행정부처의 공무원들과 달리 과도한 환율의 움직임이 발생하거나 투기적인 움직임이 나타날 경우 이를 잠재울 수 있는 금융시장을 상대하는 배짱이 있다.

환율업무 지휘 라인은 부총리, 차관, 국제금융담당 차관보, 국제금융국장, 외화자금과장, 담당 사무관이다. 모두 실전으로 단련된 최강팀으로 구축되어 있다. 사무관의 정확한 팩트 파인딩, 과장의 논리와 흐름 설정, 국장의 전략수립, 차관보의 완급 경중緩急 輕重 판단, 이 모든 것을 아우르는 차관의 리더십과 결단, 그리고 대외적으로는 부총리에 의해 환율에 대한 입장과 스탠스가 공표된다. 일사분란하게 거의 실시간으로 이어지는 의사결정 구조다. 시시각각 치열한 토론이 벌어지고, 아주 급할 때엔 '선先 조치 후後보고'가 허용되고, 결정된 사안은 전광석화처럼 집행된다.

외환당국자에게 가장 중요한 덕목은 인간의 공포와 탐욕의 속성을 꿰뚫어볼 줄 아는 통찰력이다. 어설픈 코멘트로 패를 읽히지 말아야 하며, 과장할 필요는 없지만 눈빛이나 목소리에서 태도의 빈틈을 보여서도 안된다. 외환시장에 개입하기 전에 제1, 제2, 제3의 대안까지 마련해야 한다. 한국은행 등과의 공조도 중요하다. 심리전에서 언론과의 협조도 중요하다. 이는 평소 기자들과 신뢰를 쌓아야 가능하다. 정직하게 설명하고 특정 사안에 대해 말을 아끼더라도 거짓말은 피해야 한다. 마지막으로 중요한 것은 결단과 행동의 타이밍이다. 환율정책은 실시간^{real time}이 핵심이다. 우유부단하거나 어리바리하게 움직이면 엄청난 국가적 비용을 치르기 때문이다.

2017년 현재 외환당국자들은 과거 선배들이 '외환보유고라는 실탄이 떨어진 상황'에서 피를 말리며 싸웠던 위기 때와는 비교되지 않을 정도로 우월한 여건에 있다. 외환보유액이 2016년 기준으로 3,700억달러에 달해 든든하고, 단기외채 비중도 여유가 있다. IMF 시절이나 여타 금융위기 때와 비교하면 상전벽해인 셈이다. 물론 이런 숫자만으로 방심할 수는 없다. 서울외환시장은 언제든지 '심리가 수급을 압도하는 장세'로 괴물처럼 돌변할 수 있는 곳이기 때문이다.

외환 및 환율정책의 수립과 집행은 기재부가 주도하고 있지만, 원화 쪽 업무와도 직접적인 관련이 많다. 원화에 대한 통화 및 금리정책을 다루는 곳은 한국은행이다. 기재부와 한국은행은 달러-원 환율 문제를 다루면서 한 몸처럼 협력해야 하는 구조다. 달러-원 환율의 개입결정은 기재부가 하지만, 실제 은행들을 통해 달러를 매도하거나 사들이는 행동을 하는 것은 한국은행이다. 또한 한국은행은 고도의 전문성을 바탕으로 외환보유고를 운용한다.

그래서 기재부와 한국은행은 달러-원 환율정책의 수립과 집행에 긴밀하게 협조한다. 환율의 움직임이 비상식적이면 직접 달러를 풀거나 매입을 통해 개입한다. 수많은 입장이 다른 이해 당사자들이 관여된 일인 만큼 결정되기 전까지는 비밀에 붙여지고, 기획재정부와 한국은행의 일부 실무자만 이를 알고 수행한다. 대부분이 일급비밀 사안이다 보니 일반인들에 대한 정보통제가 철저하다. 한국은행 국제국 외환시장팀이 있는 대부분의 공간은 입구에서부터 출입이 통제되고 1급 보안 딱지가 붙어 있다.

대한민국 환율 결정에 있어 중요한 비밀 가운데 마지막 열 번째에 해당하는 사항이다.

우리는 원화주권을 어떻게 행사하고 있나?

2016년 6월, 영국이 브렉시트 여부를 국민투표에 부친 이유는 여러 가지가 있지만, 국가 화폐권력의 자유로운 행사도 그중 하나였다. 영국 지도자들은 국가권력의 자유로운 행사를 원했고, 파운드화의 화폐주권이 오롯이 영국 정부에 있음을 확인하고 권력을 행사하는 자유에 대한 갈망이 강했다. 자국의 화폐공급 정책, 금리정책을 다른 나라의 눈치를 보지 않고 독립적으로 수행할 수 있는 권한을 행사하고 싶었던 것이다. EU의 회원국으로 남아있는 한 완전히 자유로운 화폐권력의 행사는 어렵기 때문이다.

원화에 대한 우리나라 정부의 권한도 마찬가지다. 미국과 일본의 눈치를 살피지 않고 어느 선까지 권한을 행사할 수 있을 것인가는 항상 외환당국자들의 고민이었고, 지금도 고민한다. 사실 전 세계 어떤 국가도 화폐권력 행사에서 완전 자유로운 권한을 행사하는 경우는 없다. 국가 간 경제적 이해관계가 얽혀 제약을 받는다.

우리나라 관료들의 달러-원 환율에 대한 통제권 행사에 대해서는 의견이 분분하다. 우선 화폐주권 행사라는 차원에서 당국의 절대적이고 자의적인 행사가 필요하다는 시각이 있다. 또 한편으로는 시장의 변화가 어느 때보다 격심하고, 정부의 시각으로 화폐주권 행사라는 가치에만 매달리면 잃는 게 더 커질 수도 있으니 균형 잡힌 시각이 필요하다는 의견도 있다. 서로 팽팽하다.

이명박 정부 당시 경제 관료들이 수출에 대한 신념을 보이면서 달러-원 강세정책을 벌인 것이 좋은 사례다. 당시 기획재정부 국제금융 라인은 경기를 살리기 위해서는 수출이 중요하며, 환율정책은 수출에 초점을 맞춰야 한다는 논리가 강했다. 강만수 장관과 최중경 차관은 대기업 위주의 환율정책을 펼쳤다는 비판을 아직도 받고 있다. 추진력을 보였다는 평가와 친기업 위주의 환율정책에만 몰두했다는 상반된 평가를 받는다. 외환당국은 2009년부터 2011년 여름까지 시장에 개입해서 당시 달러당 900원이던 환율을 1,500원까지 올려놨다. 당국자의 의지와 논리가 없었다면 불가능한 환율 수준의 '레벨 업'이었다. 하지만 이 여파로 2011년 여름, 미국은 한국을 환율조작국으로 지정했다. 이후 외환시장 개입은 중단됐다.

일부에서는 당시 외환정책 라인이 너무 강하고 표 나게 환율에 개입해서 물의를 일으켰다는 지적이 있지만, 당국자들의 항변도 일리 있는 부분이 있다. 그들은 다음의 내용을 논리 기반으로 했다.

우리 경제의 최종 버팀목은? 결국은 수출이다. 과거 경험상 한국은 국내 상황이 아무리 어렵더라도 수출이 흑자 기조를 탄탄하게 유지하면 경제의 선순환이 이루어졌다. 마지막 믿는 구석이 심상치 않으면 모든 경제정책이 헝클어지기 시작한다. 무역수지는 약간의 마이너스 또는 가까스로 보합 수준 정도만 되어도 경제 전체에 비상이 걸린다. 전체 수출물량이 금액 면에서 전년보다 플러스 증가율이 어렵게 되면 정부는 수출을 독려하지 않을 수 없다.

또 이들은 내수가 꺼지는 이유가 소비위축도 문제지만 그보다 생산과 투자가 줄어드는 것이 더 난국이라고 봤다. 수출이 제구실을 못해주면 성장률은 주저앉는다. 성장률은 일자리 창출 개수와 직접 연결된다. 일자리 창출이 요원해지면서 경제뿐만 아니라 정치·사회분야의 갈등도 극대화된다. 핵심인 수출에 위기감을 느끼는 순간, 우리 정부는 무역, 세제, 금융 지원 측면에서 고단위 처방전을 내놓고 총력전에 돌입하지 않을 수 없다. 보호무역과 무역장벽이 특허와 법률문제 쪽으로 확대되면서 무역전선의 파고가 갈수록 높다. 이런 움직임은 기민한 금융시장에 가장 먼저 반영된다. 외국인들은 한국의 수출상황에 촉각을 곤두세우고 있다. 이는 주식과 채권시장의 매매로 즉각 나타난다.

결국 모든 출발은 수출이다. 어쩌겠는가? 수출에서 정책당국이 손을 쓸 수 있는 수단은 환율정책이 가장 용이하다. 가장 중요한 정책수단인 것이다. 그러니 정책당국자 입장에서 수출을 위해 환율 선을 방어하는 문제는 경제정책의 핵심이다. 화폐주권 행사 차원에서 우리의 생존을 위해 행사되어야 하는 우리의 권한이다.

이제, 균형 잡힌 환율정책이 필요하다

2009~2011년 외환당국자들의 고환율정책은 결국 현대자동차와 삼성전자의 배만 불리는 결과를 낳았다. 서민들을 고물가로 고통 받게 했다는 비판에 직면했다. 정부가 고환율로 대기업을 지원했지만 고용은 늘어나지 않고 중소기업의 수혜도 미미했다. 결과적으로 고물가로 인해 가구당 수백만원의 비용을 대기업에 바친 모양새가 됐다. 환율정책에는 언제나 빛과 그림자가 있다. 이명박 정부 들어서 시행된 고환율정책이 국가 전체 중장기 이익에 부합하는지는 아직도 논란이고, 현재 진행형인 화두이다.

환율은 '살아있는 생명체'이며 '발 달린 짐승'이다. 그렇다 보니 가두어 놓기가 원칙적으로 불가능하며, 설사 어느 지점에 환율을 붙들어 두더라도 양지와 음지가 항상 교차한다. 외환당국은 환율의 적정성 여부를 항상 국가 전체의 이익과 정책목표에 맞는지 살펴야 한다. 하지만 환율정책의 무게 중심을 옮기는 일은 녹록지 않다. 미국을 중심으로 일본과 유럽, 중국은 자국의 통화가치를 낮춰 수출경쟁력을 확보하려는 환율전쟁을 주도적으로 벌이고 있다. 이는 날로 치열해지고 있다.

우리사회의 1% 대 99% 논란이 환율정책 분야에서도 그대로 진행 중이다. 두 가지 견해가 항상 대립한다. 우선 고환율 정책의 문제점은 일부 대기업과 재벌의 배만 불리기 때문에 중단해야 한다는 주장이다. 다른 쪽에서는 "대기업의 성장이 불평등을 치유한다"고 말한다. 환율정책에 대한 시각 차이는 늘 논란의 대상이 됐었다. 심지어 야당이 비판하면서 국회에서 외환정책이 도마에 오르기도 했다. 당시 외환정책 당국자들의 정책수행은 한마디로 평가하기 어렵다. 특히 환율은 한쪽 면만 볼 수 없는 문제이다.

잠시 대기업을 위한 환율정책에 대해 변명을 해보겠다.

대기업의 국가경제 공헌도가 탁월하다는 점은 간과할 수 없다. 2016년 한국기업공헌평가원에 따르면, 우리나라 20대 기업집단(그룹)은 국민소득 87조6천억원, 국가재정 14조7천억원, 일자리 창출 135만 명을 기록했다. 국가 개선 공헌도가 높았던 기업 부분에서는 삼성전자, 현대기아자동차, SK하이닉스, LG전자, LG디스플레이, 포스코, KT 순이었다. 한국경제의 재도약과 국제경쟁력 제고는 내수확대가 아니라 여전히 수출증대와 외화획득에서 시작해야함을 보여주는 지표가 아닐 수 없다. 또한 이들 대기업이 2012년부터 매출하락으로 어려움을 겪는 상황에서도 고용과 급여지급, 법인세 납부는 늘어 국가경제에 공헌하고 있다는 점을 데이터로 확인할 수 있다. 대기업들이 투자의욕이 위축되고 경쟁력이 약화될 경우, 세수확보는 물론이고 경기활성화로 이어지기 어렵다.

한국은 세계화 혜택을 가장 크게 보고 사는 나라 중 하나다. 자원은 전혀 없고, 사람만 있는 나라다. 수출과 수입이 아니면 먹고살 길이 없다. 무역과 금융개방을 통해 국가 간 경제교류는 폭발적으로 늘어났다. 우리나라 경제활동 범위가 한반도를 넘어 전 세계로 확산됐다. 정보통신과 운송기술의 발달로 국경 없는 세계가 만들어졌다. 정치, 사회, 문화 교류도 늘고 사람도 쉽게 국경을 넘어 다녔고, 일부는 해외 이민으로 정착했다. 이런 개방과 세계화는 한국에게도 많은 경제적 이득을 줬다. 값싼 원료와 중간재를 수입해 완제품을 만들어 수출하면서 제조업을 육성했다.

초기 한국 제조업은 국가의 적극적인 보호정책이 중요했다. 자동차 산업이 그러한데, 정부의 보호가 없었다면 일본, 미국 자동차 기업과의 경쟁은 어려운 일이었다. 국가의 보호는 다양한 측면에서 가능했다. 환율정책도 그중의 하나였다. 세계에서 경쟁하면서 생산성을 높이고 신기술을 발전시켰다. 대외의존도가 높아져 외부충격에 민감한 경제체제에서, 특히 급작스러운 자본의 유출로 IMF위기를 겪은 개방적 경제 질서 하에서 정부의 역할은 중요했다. 이 모든 것을 감안해 외환정책의 시의성과 설득과 절차적 투명성을 확보하는 것이 중요하다. 어느 정도 균형 잡힌 외환정책을 요구하는 주장에 귀 귀울이면서 말이다.

한국과 미국은 도대체 어떤 관계인가?

환율은 그 자체가 국제정치다. 가격변수인 환율이 왜 그럴까? 5장에서 다뤘던 전후 경제질서의 분기점이 됐던 브레튼우즈를 생각해보라. 이 사건은 이후 국제사회의 이해관계를 반영해 형태를 바꿔 비슷하게 혹은 약간 변형되거나 진화된 형태로 반복되고 있다.

한 나라의 환율정책은 각국의 정체성과 주권에 해당하는 문제이기도 하지만, 동시에 국제사회에서는 서로의 이익과 이해관계에 결정적인 역할을 하는 만큼 수 싸움이 치열하게 전개되는 영역이다. 오늘날 각국의 환율정책은 늘 외교적인 수사로 포장되지만, 결국은 국제정치의 중요한 부분이다. 외교란 각국의 이해관계를 관철하려는 주장과 힘의 균형점을 향해 끊임없이 재조정하는 것이다. 이해관계란 먹고사는 문제에 대한 의견 차이와 이에 대한 조율이다. 먹고사는 문제는 대부분 돈 문제다. 결국 국가 간 이해관계는 각국이 먹고사는 문제에 대한 방정식이며 함수인 것이다. 환율이 국제정치인 이유는 이 때문이다. 국제사회에서도 힘없으면 항상 밟히고 당한다. 국제외환시장에서 환율의 결정도 마찬가지다.

이것이 대한민국 환율의 비밀이다. 이미 모두가 다 알고 있지만 정부당국이 인정하고 싶지 않은 사실일지도 모른다. 환율의 논리가 100% 힘의 논리로 결정되는 것은 아니지만, 대체로 그렇다. 예컨대 한미관계에서 한국이 힘의 논리로 미국에게 항상 굴복하는 것은 아니다. 역대 미국 행정부에 따라 달랐다. 또 어떤 때는 무역역조에 대해 거센 비난과 시정조치가 강해졌지만, 또 어떤 때는 다소 누그러지기도 했다. 미국의 한국에 대한 영향력 행사 방법은 항상 달랐다. 전화로 하거나, 직접 만나 '생 까면서' 안면몰수를 하거나, 국제회의 커튼 뒤에서 몰래하거나, 공개적인 담화문으로 대놓고 협박하는 등 다양했다. 이때마다 한국의 대응도 달랐다. 항상 수용하기만 한 것은 아니었다. 수시로 입장을 전달하고 설득도 병행되었고, 어떨 때는 수용하기도 했다.

필자가 외환위기 시절부터 외환시장을 취재한 경험으로는 역대 미국 재무부장관들은 화폐가치 결정과 조정에서도 재임기간 동안 상대국을 다루는 방식이 개인차가 있었고, 당시 경제여건에 따라 변했고, 한국을 포함한 무역 파트너들의 연관성과 비중의 변화에 따라 다 달랐다. 그래서 천편일률적으로 한국과 미국의 환율결정은 일방적으로 어떻게 된다고 얘기하기가 어렵다. IMF 시절 전후로 미국 재무부 장관직을 수행한 이들에 따라 다르고, 그 이후가 다르고 금융위기 때가 달랐다. 미국 재무부 고위 관료 그룹들의 재임기간 동안의 경험은 각기 다른 온도차를 갖고 있다. 결론적으로 달러와 원화의 가치 결정에서는 모든 시점마다 완전히 종속적인 관계도 존재하지 않았고, 완전히 서로가 자유롭게 독립적으로 존재하지 않았다. 그때그때 달랐다.

미국 재무관료들도 세상에 미국만이 유일한 나라가 아니라는 것은 알고 있다. 깡패처럼 미국의 단기이익에만 충실한 채 일방적 관계를 요구하던 때도 있었지만, 한국이라는 파트너의 중장기적인 파트너십에 방점을 찍고 참고 기다려주던 경우도 있었다. 국가 간 이해관계의 충돌은 다양한 창구로 수많은 방식으로 조정되고 있어 한마디로 어떻다고 정의하기가 어렵다.

그렇다고 트럼프 행정부의 환율조작국 지정을 신경 쓰지 않을 수는 없다. 미국 국내 경제상황의 결과물로 충분히 나올 수 있는 목소리이며, 미국 행정부와 의회가 이를 어떻게 호소할 것인지, 전체 미국 국민이 이를 지지할 것인지가 관건이 될 것이다. 한국도 마찬가지다. 한국의 대외정책에서 달러-원 환율의 정책 수행은 대미관계 등이 종합적으로 고려될 사안이다.

미국의 새로운 브레튼우즈, 환율조작국 지정

국제무역에서 항상 일방적인 관계란 존재하지 않는다. 제2차 세계대전 이후 출범한 브레튼우즈 체제는 안정적인 환율과 국제수지 유지를 세계 경제의 최우선 목표로 삼았다. 이는 미국의 이해관계가 최우선적으로 고려된 것이었지만, 유럽과 일본을 무시하고 일방적인 관계로 끌고 간 것은 아니었다. 어느 정도 상대적인 상호이익의 부합에 주력한 측면이 컸다. 그러다 1970년 닉슨의 금태환제도 포기 선언으로 이 체제가 무너졌다. 이때부터 국제금융시장에서 환율은 금값에 고정된 것이 아니라, 수요와 공급에 따라 결정되도록 하는 변동환율제가 도입되었다. 이후 환율정책은 개별 국가의 재량권을 존중하는 쪽으로 가닥을 잡는가 싶었다. 하지만 중국이 세계경제에 본격적으로 등장하면서, 이제 환율문제는 국가 간 분쟁대상으로 떠올랐다.

중국은 개혁개방이 본격화된 1994년부터 10년 넘게 달러당 8.28위안으로 환율을 묶었다. 이때부터 중국의 수출이 급증하면서 대미 무역흑자가 가파르게 늘어난다. 2000년에 약 2천억달러였던 중국 외환보유액은 2014년 중반에 4조달러까지 치솟았다. 반면에 미국의 무역수지는 지속적으로 악화됐다. 글로벌 금융위기 전인 2005년 미국의 상품무역수지 적자가 680억달러로 확대됐다. 무역수지 적자액이 국내총생산^{GDP}의 6%에 달할 정도였다. 무역적자와 재정적자, 즉 천문학적인 쌍둥이 적자로 미국이 거덜 날 것이라는 여론이 들끓었다. 미국 의회는 환율조작을 통해 자국의 무역수지를 악화시키는 국가들에 보복조치를 하는 법안을 만들려고 계속 시도했다.

노벨상 수상자인 폴 크루그먼 교수나 워싱턴의 대표적인 싱크탱크 피터슨 국제경제연구소의 프레드 버그스텐 소장 같은 학자들까지 대중국 무역보복 조치를 공개적으로 지지하고 나섰다. 중국은 이에 강력히 반발하며 인위적인 환율조정은 없다는 완고한 입장을 견지했다. 1985년 플라자합의 당시 급격한 평가절상으로 장기침체와 잃어버린 20년을 겪은 일본의 사례를 강하게 의식하기 때문이다. 국제관계에서는 여론형성 이후 실제 입법으로 이어지는가가 가장 중요하다. 법치국가 미국이 다른 나라와의 관계를 얽어매기 위해서는 반드시 입법화를 진행해야 한다. 이것이 미국 의회의 작은 입법 청문회 같은 과정과 움직임을 소홀히 할 수 없는 이유다. 미국 의회와 산업계의 강경한 입장에도 불구하고 환율조작을 근거로 무역보복을 가하는 법안은 실제로 입법하지는 못했다.

세계무역기구WTO 체제에서 일방적인 관계란 성립하기 어렵다. 합법성 문제가 있기 때문에 환율문제를 제제로 연결시키는 데는 어려움이 있다. 현재 미국의 환율조작국 대응은 1988년 제정된 종합무역법에 기반을 두고 있다. 미국 재무부가 환율정책에 대한 감시를 강화하고, 조작 의심 사항이 생기면 환율조작 방지를 위한 협상을 개시하도록 하는 내용이 포함되어 있다. 미국 재무부의 중요 업무 중 하나가 달러 환율변동의 추이를 모니터링하는 것이다. 미국의 대외무역에서 화폐와 관련된 사항은 주요 책임 사안이다. 그런데 국제경제에서 환율의 움직임이 갈수록 중요해지다보니 미국 재무부의 평상시 모니터링도 강화되고 있다. 무역으로 본 손해가 쌓이지 않게 하기 위해 상대국가 환율조작 실태 꼼꼼히 조사한다.

한국의 경우 서울 있는 미국 대사관을 통해 용역을 주어서 관찰한다. 한국의 관련 공무원들을 만나고, 은행 사람들과 접촉하고, 심지어 언론의 경제기사 보도를 직접 수집한다. 이를 기초로 보고서를 작성해서 미국 재무부에 보고한다. 재무부 해당과의 직원들은 한국 외환당국이 원화가치를 어떻게 개입해서 조정하는지 모니터링하고, 분기별로 보고서를 낸다. 보고서를 낸 이후에도 연례적인 관리들의 접촉을 통해 미국의 의견을 개진한다. 미국 대통령이 바뀌더라도 재무부가 일하는 근본 방식은 바뀌지 않는다.

하지만 그동안에는 모니터링에 보복조치가 빠져 있어 실효성이 크지 않았다. 우리나라 기획재정부도 이런 점에서 여유가 있었다. 미국 재무부가 매년 두 차례 환율정책보고서를 발표했지만 별다른 관심을 받지 못하는 것도 이 때문이었다. 그런데 2016년 2월 24일 버락 오바마 대통령이 '베닛-해치-카퍼BHC 수정법안'에 서명하면서 분위기가 전혀 다른 차원으로 바뀌고 있다.

'BHC 수정법안'은 환율조작국을 미국의 정부조달계약에서 배제하거나 해당국에 대한 투자지원을 금지할 수 있도록 하고 있다. 환율조작을 하면 이제부터 말이 아닌 행동을 하겠다는 법률이다. 상대국에 실질적인 피해를 줄 수 있다는 것이다. IMF를 통한 감시 및 공식협의 요청도 가능케 했다. 미국의 종합무역법인 '슈퍼 301조'처럼 보복조치가 가능해서 '환율 301조'로 불리기도 한다. 무역에서 아무리 물건을 잘 만들고 수출해도, 화폐의 교환비율이 바뀌면 완전 도루묵이다. 무역은 환율과 형제이자 동전의 앞뒷면 같다. 환율정책은 무역정책을 뒷받침하기 위한 수단으로 작동하는 경우가 대부분이며 같은 메커니즘으로 작동한다. BHC 수정법안은 미국 무역대표부가 무역협상을 할 때 상대방이 환율조작국으로 지정됐는지를 고려하도록 지시하고 있다.

2017년 트럼프 정부가 들어서면서 이 같은 기조는 더 강화되는 국면이다. 미국 재무부는 대미 무역수지 200억달러 이상, GDP 대비 경상수지 흑자 비율 3% 이상, GDP 대비 2% 이상 달러매수 개입 중 3가지 조건 충족시 환율조작국으로 지정할 수 있다고 강조한다. 2가지 조건 충족시에는 관찰대상국에 지정한다고 한다. 여기에 지정되면 4가지 제재를 감행한다. 해당국에 대한 미국기업 투자시 금융지원 금지, 해당국 기업의 미국 연방정부 조달시장 진입금지, IMF를 통한 환율압박, 무역협정과의 연계 등이다. 세계에서 이처럼 상대국가를 환율조작이라고 일방적으로 매도해 무역정책에 불이익을 주겠노라고 엄포를 놓을 수 있는 나라는 미국밖에 없다. 이렇게 되면 미국기업의 한국투자나 한국기업의 수출이 위축되고, 원−달러 환율의 하락 압력이 거세진다. 한국은 이미 1988년에 환율조작국에 지정됐던 경험이 있다.

환율정책이 불투명해지면 현실적인 불이익을 받을 수 있는 시대가 됐다. 환율이슈도 결국은 일방적인 관계가 아니라 양국 상호관계의 신뢰와 질에 관련된 문제가 된 것이다. 2017년 미국 재무부는 환율보고서를 내고 한국을 환율조작국이 아닌 관찰대상국으로 분류했다. 제재를 당장 하겠다는 얘기는 아니라서 당분간 걱정할 사안은 아니지만, 마냥 안심할 상황도 아니다. 특히 대미 무역흑자 규모가 큰 독일·일본·대만뿐만 아니라 BHC 수정법안의 핵심 타깃인 중국까지 일괄적으로 환율관찰대상국으로 지정된 것은 유의해야 할 일이다. 미국이 환율관찰대상국 리스트에 올렸다는 것은 조만간 닥칠 무역·환율 전면전에 앞서 선전포고를 한 것이나 마찬가지다.

우리 정부는 수출확대에 총력을 기울이고 있다. 2010년 들어 정체하던 수출이 2015년부터 급격히 감소하면서 경기를 끌어내리고 있다. 이에 국내에서는 산업 구조조정을 추진하고 신산업 육성, 시장 다변화 같은 노력을 경주하고 있지만 쉽지 않다. 장기적으로 글로벌 경쟁력을 회복해 자연스레 수출을 늘리자는 계획이 합리적이다. 그러나 산업계와 정부 일각에서 환율을 수출의 도구로 꺼내 쓰자는 주장은 계속 나오고 있다. 급한 불부터 끄자는 정책판단이 작용하기 때문이다.

금융위기와 경기침체, 이로 인한 양극화를 겪으면서 수출 대기업에만 직접적인 혜택이 주어지는 누구를 위한 환율정책이냐는 비판이 끊이질 않고 있다. 장기적인 체질개선에 도움이 되지 않고 부작용만 커진 것을 경험했다. 안 그래도 반갑지 않은 불황형 흑자만 지속되는 형편이다. 정부의 환율정책에 대한 국민들의 신뢰가 낮아지고, 미국과도 통상마찰을 빚을 여지가 큰 상황이다. 수출을 늘리는 고환율 정책의 유혹은 득보다 실이 많을 수 있다. 우리 경제의 구조적 약점인 과도한 수출의존을 벗어나는 데도 도움이 되지 않는다. 어려울수록 거시적이고 중장기적인 안목으로 균형 잡힌 환율정책, 경제정책이 중요하다.

미스터 원won, 그는 누구인가?

일본의 대장성 재무차관 사카키바라 에이스케는 2000년대 국제금융시장에서 '미스터 엔MR. Yen'으로 명성을 날렸다. IMF 직후 우리나라 언론들은 당시 김용덕 재경부 국제금융국장을 '미스터 원Mr. Won'이라고 이름 붙였다. 이는 국제금융국장이라는 자리 자체가 그만큼 상징적이고 중요하다는 의미였다. 역대 이 자리를 거친 간 인물들은 달러-원 환율과 관련된 모든 국가 정책적 사항을 담당했다. 대한민국 리스크관리에 있어서 총 책임자였다. 국제금융계가 그 어느 때보다 한 치 앞을 가늠하기 어려운 형국에서 국가 명운이 달린 중대사를 다루었기에, 이들의 '뷰view'와 '판단'은 항상 중요했다. 우리나라가 IMF를 경험한 만큼, 역대 경제 부총리들은 국제

금융국장 인선만큼은 신중했다.

이 자리에는 국내외 금융시장을 아우르는 깊은 지식과 서울외환시장에서 국내외 투자가들과 전투를 치를 판단력과 배짱을 갖추지 않으면 기용되기 어려웠다. IMF를 거치면서 생긴 이 자리에는 다음과 같은 인물들이 거쳐갔다. 김용덕(전 금융감독위원장), 신동규(전 수출입 은행장), 권태신(전 OECD 대사), 최중경(전 산자부장관), 권태균(전 아랍에미레이트 대사), 허경욱(전 재경차관), 신제윤(전 금융위원장), 최종구(금융위원장), 최희남(IMF 이사), 송인창(ADB 이사), 그리고 2017년 현재는 황건일 국제경제관리관이 맡고 있다.

인도의 마하트마 간디는 평소 변덕이 죽 끓듯 했다. 옥중 면회 시간에 참모 중 한 사람이 간디에게 불만을 터뜨렸다. "선생님, 도대체 지시사항이나 하시는 말씀이 왜 매일 이렇게 달라지나요. 일관성이라곤 찾아보기 어렵군요." 싸늘한 침묵이 흐른 뒤 간디가 무겁게 입을 열었다. "이유를 말해줄까. 나와 우리를 둘러싼 환경이 '매일' 바뀌고 있기 때문이지."

국제금융국장들에게 시장에서의 선제적 대응과 변신은 늘 과제다. 이들이 실행하는 정책에 구체적으로 어떻게 반영되어 나올지는 외환딜러들을 비롯해 한국에 투자하는 전 세계 투자가들의 관심 대상이다. 환율뿐만 아니라 통화, 재정 정책 등에 있어서 해박한 전문성과 지식을 겸비하고, 시중의 평가나 반대에 연연해하지 않는 모습도 필요하다. 때에 따라 대외균형(환율·수출입)과 대내균형(성장·물가)을 적절히 조합하는 능동적인 능력을 보여야 할 때도 많다. 전체 경제정책과의 시차와 사이클, 타이밍을 맞추는 일도 중요하다. 시장의 움직임이 빠를수록, 과거의 패러다임으로 설명하기 어려운 상황에 직면할수록, 대응하고 헤치고 나가야 한다. 또한 외환시장 참여자들의 목소리에도 항상 귀를 기울여야 한다.

환율의 정치적 리스크

지난 2006년 9월경의 일이다. 국회가 재경부 외환당국자를 모두 호출해놓고 2003년 당시의 시장개입 정책과 관련해 보고를 받으며, 감사원 감사를 청구하는 문제를 놓고 논란을 벌었다. 그에 앞서 2004년도에 일부 야당의원들이 외환당국의 파생상품 개입에 대해 폭로전을 벌이기도 했다. 우리나라 달러-원에 관련한 외환정책은 사안 자체가 국가적 리스크 관리 뿐만 아니라 전 세계 투자가들이 지켜보는 사안이라 보안사항이 많다. 이는 외환시장이 정보 비대칭성이 심한 시장이라는 얘기다. 그런데 아무리 비공개라도 외환시장 개입사항을 속속들이 '여러 의원을 불러 모아놓고 논의한 일'은 그 자체만으로도 위험천만한 일이었다.

민주주의 사회에서는 모든 의제와 이슈가 당연히 의회에서 자유롭게 논의되어야 한다. 하지만 국내외 금융시장의 큰 판돈과 연결되어 있는 사안은 신중하고 또 신중해야 한다. 전 세계 그 어떤 나라도 외환시장 개입정책을 정치공세 대상으로 삼지 않는 것은 이러한 이유 때문이다. 당시 야당의 공세는 '한국의 외환보유고 운용'과 '외환시장 개입정책 방향', '현재 한국 정부의 환율 포지션'을 전 세계 헤지펀드들에게 보여줄 수 있는 기회의 장을 제공했다. 상어 떼가 피 냄새를 맡고 몰려들 듯, 해외투자가들은 우리나라의 모든 인적 정보망을 가동하고 대리인들을 통해 무슨 수단을 써서라도 정보획득에 혈안이 될 것이다.

전문가들의 영역이어야 할 외환시장 개입정책 '공과功過' 가리기와 '포폄 褒貶'이 자칫 얼치기 정치인들이 청문회를 주도하면서 전 세계 투기꾼들의 커다란 돈벌이 사육제로 전락할 수 있는 위험에 노출시킨 셈이다. 아무리 청문회라도 무책임한 의원들의 한건주의가 낳은 리스크가 국가적으로 확대될 뻔했다. IMF를 겪은 탓인지, 우리나라에서는 외환시장 이슈가 곧잘 정치논쟁으로 번진다. 선진국에서는 상상도 할 수 없는 일이다. 당국이 외환시장에 개입하는 고도의 정책적 행위가 언론보도나 국회의 비판대상이 될 수 있다는 얘기는 책임 공무원들을 위축시키기도 한다.

전경련과 중소기업협동조합중앙회 등이 목소리를 키우는 일도 다반사다. 외환당국의 환율 안정 운용, 환변동보험 보험료 추가인하 등 정부의 특단의 대책을 촉구하는 것이다. 기업의 채산성이 급속히 악화되어 중소기업의 연쇄도산이 우려된다는 주장이다. 대기업들뿐만 아니라 중소기업들도 재경부의 행동을 촉구하는 볼멘소리를 내놓고 있다. 같은 정부 안에서도 다른 부처의 목소리가 터져 나온다. 산업자원부 무역담당 국장이 기자간담회에서 "외환시장에 개입해야 한다"며, 기획재정부 국제금융국을 향해 촉구한다. 외환정책 당국자 입장에서는 백가쟁명을 감수해야 하는 셈이다. 주무부처인 재경부의 환율정책 고민은 더 커진다.

모든 주장을 들어주는 것도 간단하지 않다. 외환당국 입장에서는 지난 2004년의 악몽이 있다. 당시 무턱대고 외환시장에 개입했다면서 "당국의 무리한 역외시장 개입 후유증… 거액 손실 누가 책임 질거냐" "외환시장 개입 따른 통안 증권의 엄청난 이자부담은 어떻게 할래" 심지어는 "정부가 국민 세금으로 대기업 수출만 도와주는 앞잡이 노릇만 하냐" 식의 야당 의원과 언론의 비판은 일상사다. 환율정책 담당 공무원들이 야당 의원 사무실을 찾아다니며 "그것은 이런 측면이 있습니다"라고 해명해봤자 아무도 알아주지 않는 아픔이 있는 것이다.

이처럼 외환당국의 결정에는 경제적·시장적 차원의 리스크뿐만 아니라 '정치적 리스크'까지 더해지면서 외환당국자들을 옥죄고 있다. 경제 부총리를 포함한 그 어떤 기획재정부 공무원이 국회와 언론에게 욕먹으면서까지 '에이전트 프라블럼$^{agent\ problem}$(직책상 조직의 대리인으로서 발행하는 문제)'을 극복하고 씩씩하게 시장에 나설 수 있을까 의문이 생긴다.

9장

기업과 개인의 환율

Preview

Q1. 기업들은 환율리스크를 어떻게 대처하고 있나?

Q2. 환율이 부동산에 영향을 미치는 메커니즘은?

Q3. 전세값과 환율의 상관관계는?

Q4. 고령화가 환율에 미치는 영향은?

기업들의 환율 예측

scene #1

2010년 8월, 국내 유명 대기업 산하 경제연구원 대회의실에 연구원 전원이 집합한 가운데 원장이 무겁게 입을 열었다. "그동안 각 파트에서 연구한 내용을 토대로 '더블딥(이중 침체)' 여부에 대해 결론을 냅시다." 침묵이 흘렀다. 이 연구원은 그동안 청와대, 정부부처, 국회, 정보기관, 언론, 금융기관에 분석과 전망자료를 제공하며 권위를 인정받은 곳이다. 그런데 최근까지 미루던 더블딥과 관련된 보고서를 뒤늦게 내기로 했다.

미국 유수 대학교수 출신인 간판 이코노미스트 A수석연구원이 프로젝트 빔을 띄우고 최근까지 수집한 자료를 설명했다. 데이터 스트림Data Stream을 비롯한 정보회사 자료와 외국 투자은행IB에서 일하는 친구로부터 입수한 자료에 자신의 분석모형까지 가미한, 형형색색의 차트와 데이터의 화려한 쇼가 한바탕 펼쳐졌다. 미국의 실업률 추이, 신규주택판매건수, 기존주택판매량, 모기지 연체율, 모기지 차압률, GDP 대비 쌍둥이 적자 추이, 구매관리지수, 설비가동률, 제조업지수, 가계 디레버리징, 파산신청건수, 선행지수, 동행지수에 대한 설명이 50분 넘게 이어졌다. 발표자 목소리는 활기찼지만 여기저기 지루해하는 표정들이 나타났다.

부원장이 시큰둥하게 말을 끊고 지적했다. "결론적으로 현재까지 나온 지표로는 미국의 민간 자생력은 전혀 발견되지 않는다는 얘기군요." 이때 앞자리에 앉았던 B연구원이 거들고 나섰다. "미국 못지않게 중국도 문제입니다. 위안화는 5년 이내 20% 절하될 것으로 보이고…." B연구원의 설명이 마무리되기 무섭게 C연구원이 치고 들어와 유럽 재정위기에 대해 늘어놓았다. 두 시간이 흘렀다. 시계를 보던 부원장이 연구원들에게 결론을 재촉했다. "구구절절 말하지 말고 더블딥이 발생할 가능성을 구체적인 수치로 제시해보세요." A연구원이 대답했다. "더블딥 가능성 40% 정도로 봐야 합니다." A연구원의 응답에 회의실이 조용해졌다.

하지만 원장은 고개를 갸웃하면서 결론을 능청맞게 비틀었다. "비관적으로 표현하지 말고, 우리 연구소는 더블딥이 발생하지 않을 가능성 60%로 해서 보고서를 작성해 발표합시다. 발생 가능성 40%나, 발생하지 않을 가능성 60%나, 같은 의미 아닙니까?"

scene #2

국내 간판 IT업체 사장이 자금담당 부장을 불러 근엄하게 물었다.

"내년에는 환율이 어디로 뛸까?"

자금담당 부장은 사장 면전에서 이렇게 대답하고 싶었지만, 꾹 참았다고 한다.

"개구리에게 물어보세요."

연말이 다가오면 수출업체 자금 담당자들은 내년 환율이 어떻게 움직일지 온 신경을 집중한다. 물건을 경쟁력 있게 만들어 수출을 아무리 잘한다고 해도 환율에서 깨지면 '말짱 도루묵'이기 때문이다. 하지만 사업계획을 세우느라 전문가의 전망도 들어보고 애널리스트 보고서도 정독해보지만 속 시원한 대답은 없다. 이렇게 전문가들의 시장전망이 원숭이보다 못하다는 것은 이미 여러 차례 입증된 바 있다.

버튼 멜키엘 프린스턴대 교수의 유명한 1973년도 보고서 〈월가에서 배우는 랜덤워크 투자전략A random walk down wall street〉에 따르면 환율주가 등 가격변수 예측의 정확성은 원숭이, 전문가, 아마추어 순이었다. 연초와 연중에 나오는 전문가집단인 해외 IB들의 환율전망보고서를 연말에 다시 보면 창피할 정도다. 오차범위를 따질 수 없을 지경의 엉뚱한 전망이 대부분이다. 태평성대에도 어려웠는데 대내외가 온통 불확실성 투성인 오늘날에는 전망이 더욱 어려워지고 있다. 분명한 것은 환율 등의 가격변수가 각종 이벤트에 따라 큰 변동성을 가질 것이라는 점 뿐이다.

외환시장만 놓고 보면 수출입동향, 외국인들의 자금유입 규모가 수급에 가장 큰 재료다. 이와 관련해 각종 자본통제에 대한 범위와 실행 속도와 방향도 중요하다. 대외적으로는 미국의 경기 회복과 유럽, 중국의 거시경제 변수의 움직임도 살펴야 한다. 여기에 각종 지정학적인 변수와 시장 내부의 심리적 요인, 정부의 개입 등이 영향을 줄 것이다. 이런 복합적인 상황에서 환율 방향을 맞힌다는 것은 10차 방정식의 해법을 구하는 일보다 어렵다. 전문가들이 예측한다고 해도, '예측'이란 특정한 전제조건을 감안한 것으로 조건이 변하면 당연히 틀리기 마련이다.

예측은 승자와 패자가 한 번에 결판나는 일이 아니다. 끝없이 이어지는 연속 전투의 영역이다. 조지 소로스도 말했듯이 예측은 '맞히는 영역'이 아니라 '끊임없이 수정하고 대응'해야 하는 분야다. 한 차례 이벤트가 매듭지어진 이후에는 변수를 다시 해석하고 단기와 중기, 장기의 영역으로 재정비하고, 항상 새로운 싸움을 시작하는 각오를 다져야 하는 곳이 바로 시장이기 때문이다.

마이너스금리와 화폐개혁

2014년 유럽중앙은행ᴱᶜᴮ이 일본보다 금리를 더 낮춰 마이너스금리라는 강력한 칼을 빼들었지만, 반응은 심드렁했다. 경기회복에 '백약이 무효'인데 중앙은행의 전통적인 금리정책만으로 힘들 것이라는 예상도 많았다. 마이너스금리라도 개인과 기업 대출이 늘지 못할 것이라는 회의론이 팽배하다. 중앙은행이 기업에 이전된 위험을 대신 책임지주겠다고 공언한 격이지만, 실제로도 기업과 개인들의 자금수요가 없었다.

2000년 이후 세계적으로 현금통화, 즉 현찰잔액이 꾸준히 증가하는 것은 초저금리와 밀접한 관련이 있다. 특히 고액현찰 비중이 증가하고 있는 것에 주목할 만하다. 예컨대 미국 100달러 비율은 77%, 유럽 50유로 이상 고액권 발행비율은 90.4%에 달한다. 우리나라도 5만원권이 2009년에 첫 발행되었을 때는 28%에 불과했지만, 2014년 68%, 2017년 3월 말에 15억 6,300만 장을 기록하며 지폐 중 가장 많이 유통되고 있다. 시중에 고액현찰 보유가 많이 늘어난 것은 국세청의 과세가 강화된 데다, 금융소득종합과세 기준이 4천만원에서 2천만원으로 낮아졌고, 금융기관들의 금융정보분석원ᶠᴵᵁ 보고기준이 강화되면서 자산가들이 금융거래 내역 노출을 원치 않는 것과 무관하지 않다. 이러한 흐름은 금융위기 이후 전 세계적으로 안전자산 선호 경향이 강화되고 저금리로 화폐 보유성향이 높아진 것과 궤를 같이한다.

실질금리가 마이너스로 떨어진 지 오래고 각종 세무조사, 금융소득종합과세 하한선 조정, 금융정보분석원 자료의 국세청 공유, 공정거래위원회의 내부거래 조사 강화 등이 진행되자 한국의 부자들이 긴장하고 있다. 일부 강남 부자들 사이에서 현찰을 집에 보관하는 데는 쇠 금고보다 김치

냉장고가 제격이라는 노하우가 비밀리에 공유된 적도 있었다. 쇠 금고와 달리 김치냉장고는 온도와 습도 조절이 가능해 오래 보관하더라도 돈다발 낱장이 말라붙어 '떡'이 되는 현상이 없다고 한다. 안정성과 편의성이 입증되어 냉장고 판매량이 늘고 있다는 것이다.

5만원권으로 현금의 보관과 운반이 쉬워졌지만, 개인의 안방 장롱이나 기업 금고에 잠겨 지하경제에 악용될 수 있다는 염려도 그만큼 커진 셈이다. 일본의 초저금리와 유럽의 마이너스금리, 우리나라의 저금리 장기화 기조는 모두 고액권 중심의 화폐수요를 늘리고 있다. 이런 여건 속에서 우리 정부는 지하경제 양성화라는 어려운 국정과제를 수행해야 한다. 네발 달린 짐승인 '돈'은 눈치가 빠르고 겁이 많으며, 수익이 나는 곳이면 재빨리 냄새를 맡아 움직이는 살아있는 동물이다. 이 짐승을 조심스럽게 다루어 건강한 투자와 소비로 연결되는 물꼬를 터주어야 한다.

초저금리 기조가 장기화하면서 화폐개혁에 대한 루머도 자주 등장한다. 화폐가치의 변동 없이 기존 화폐단위를 일정 비율로 낮추는(액면절하) 리디노미네이션Re-denomination(통화의 액면을 동일한 비율의 낮은 숫자로 변경하는 것)에 대한 이야기도 떠돌았다. 실제로 우리나라는 1953년 구권 100원을 신권 1환으로, 1962년 구권 10환을 신권 1원으로 변경한 바 있다. 노무현 정권 인수위원회와 당시 한국은행에서도 도입 여부를 고민한 적이 있었다. 하지만 '장기적 이익보다는 단기비용이 크다'는 이유로 중단되었다.

화폐개혁은 그리 간단한 문제가 아니다. 물론 원화의 국제적 위상 제고, 불필요하게 큰 회계 단위를 쓰지 않는 데서 오는 편리함 등 유익한 측면이 있지만 엄청난 비용을 수반한다. 직접적인 비용인 신규 화폐 발행 비용, 기업과 금융권 전산 시스템 변경뿐만 아니라 실물투기 및 자금유출, 물가상승 압력, 경제적 혼란 등 간접적인 비용까지 고려해야 한다. 경제규모가 커질수록 사회 · 경제적 비용도 비례해서 커진다.

환테크에 눈뜨는 개인들

외환위기 시절 환율이 폭등할 시점에 환거래를 잘해서 떼돈을 번 개인들과 기업들의 이야기는 아직도 전설처럼 들려오고 있다. 1억원으로 달러를 산 뒤 며칠 새 2억원으로 불렸다는 것이다. 환율폭등으로 인한 엄청난 환차익이었다. 서울외환시장이 출렁거리면서 과거의 향수를 상기하며 은행창구를 기웃거리는 개인들이 많다. 환율이 출렁거릴수록 눈에 띄게 증감하는 것이 거주자 외화예금이다. 국내기업과 개인들이 금융기관에 달러 등의 외화로 예치하는 돈이다. 외화현찰 인출액이 1만달러 이상이면 국세청 통보 대상이지만, 입금액 제한은 전혀 없다.

기업들은 환율과 유가변동에 대비해 결제자금 확보 차원에서 외화예금을 보유한다. 예컨대 수출기업이 1억달러를 보유하고 있다면 원-달러 환율이 20원만 올라도 손쉽게 20억원을 벌 수 있다. 물론 반대의 경우 손실이 그만큼 크다. 요즘은 개인 외화예금 가입자의 경우 유학을 간 자녀한테 송금해야 하거나 해외출장이 잦은 '진짜' 달러 수요자들이 많다. 또한 외환위기를 한 번 겪은 탓에 경제 불안심리가 퍼지자 달러를 갖고 있으면 안전하다고 생각해 보험 차원에서 외화예금에 가입하는 사람도 있다.

환테크(또는 투기) 목적으로 외화예금을 갖고 있는 개인도 상당수인 것으로 알려졌다. 서울 강남 도곡동 타워팰리스 근처에 있는 시중은행 지점장의 얘기를 들어보면, 환율이 출렁거리면 문의가 쇄도한다고 한다. 특히 이 지역에 거주하는 큰손들은 환차익도 환차익이지만 보유자산 리스크관리 차원에서 관심이 높다고 한다. 2016년 들어 브렉시트다, 미국의 금리 인상이다 하면서 대외 불안감이 커지자 국내에서도 개인들의 달러예금 관심이 커지고 있다. 일부 큰손들은 '달러 사재기' 열풍에 동참하고 있다. 자산가부터 일반 시민에 이르기까지 달러매수 열풍이 불었다. 강남 지점의 웰스매니지먼트Wealth Management 센터에서는 브렉시트 직후 한 달 동안 외환 관련 상품 투자가 60배가 폭증하기도 했다.

2016년 기준으로 달러외화 예금금리는 1% 정도 된다. 일반 정기예금 금리가 1.25%인 것을 감안한다면 다소 낮지만, 앞으로 2~3년간 글로벌 금융시장 불안이 지속될 경우 안전자산에 대한 선호가 지속될 것으로 보인다. 예를 들어 달러-원 환율이 1,180원대에서 달러예금에 여윳돈을 환전해 가입하고, 향후 1,250원~1,300원선까지 환율이 오르면 달러예금은 환차익까지 더해 5~10% 수익도 가능해진다. 또한 주가가 급락장일 때 환율이 급등하므로, 주식 변동성을 상당히 커버해준다는 장점이 있다. 대외 여건이 불안한 장세에서는 안전빵인 것이다. 예컨대 코스피와 장기채권, 그리고 달러를 배분해서 대충 리밸런싱을 한다면 신경을 쓰지 않고도 안정된 장기 수익률을 노릴 수 있을 것이다.

달러예금의 다른 방식인 달러 RPRepurchase Agreements(환매조건부채권) 상품을 이용하는 것도 한 가지 방법이다. 증권사에서 RP에 투자해서 확정이자를 주는 상품이다. 보통 이자가 1% 내외이지만 수시로 특판이나 우대금리 상품이 출시되고 있다. 관심을 갖고 있다가 좋은 상품이 나올 때 가입하면 괜찮은 수익을 올릴 수 있다.

달러에 투자하는 또 다른 방식은 채권투자다. 달러채권에는 2가지가 있다. 국내기업이 외화조달 목적으로 발행하는 KPKorean Paper물 채권과 외국기업이 발행하는 달러채권이다. KP물 채권금리는 1~2%이고 외국기업의 채권금리는 3~4%이다. 외국기업 채권금리가 더 좋지만 투자기간이 길기 때문에 만기가 짧은 KP물에 투자하는 게 유리하다. 달러투자에 좀 더 공격적으로 높은 수익률을 원단다면 달러펀드, 달러ELS 등에 투자하는 방법도 있다.

저금리 시대에 금리 수익률뿐만 아니라 환전 차익까지 챙길 수 있는 달러투자는 선택의 폭을 넓혀준다. 하지만 은행에 가서 달러예금통장을 개설한다고 끝나는 일은 아니다. 시중에 나와 있는 상품이 정확히 어떤 것이 있고 리스크, 수익률, 투자기간 등을 비교해보는 것이 중요하다. 또한 달러예금을 하면 상당한 환전 수수료를 내야 한다. 예금 자체가 채권이나 주식처럼 이자수익이나 배당이 매년 나오는 것이 아니라는 것도 유의해야 한다. 하게 된다면 신경을 안 쓰고도 안정된 장기 수익률을 노릴 수 있을 것이다.

단순히 달러강세가 예상되니 달러예금에 가입했다가는 자칫 2~3년간 돈이 묶일 수도 있다. 환율의 방향성은 주변 여건의 급변으로, 새로운 재

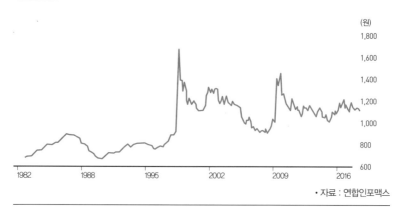

도표 30 1980년 이후 달러-원 환율 추이

(원)
1,800
1,600
1,400
1,200
1,000
800
600

1982   1988   1995   2002   2009   2016

• 자료 : 연합인포맥스

료의 등장으로 하루아침에 달라지기 마련이다. 한번 형성된 기조는 상당히 긴 기간 추세로 자리 잡을 수도 있다. 그래서 투자 이전에 환율의 방향성 예측을 할 수 있는 분석능력이 뒷받침되어야 한다.

〈도표 30〉을 보면 환율 그래프 자체가 우상향해 왔음을 알 수 있다. 과거에도 그랬으니 앞으로도 그럴 것이냐? 하지만 블랙 스완이 나타날 확률은 언제나 있다. 분명한 것은 우리가 죽을 때까지 달러의 기축통화 입지는 흔들리지 않을 거라는 것이다.

환율은 부동산에 어떤 영향을 미칠까?

부동산 투자는 그동안 시장금리, 정부의 부동산 정책방향과 국내 경제 동향만 잘 읽어도 성공할 기회가 많았다. 하지만 이제는 환율을 이해하지 못하면 성공하기 힘든 환경이 되었다. 부동산 시장 참여자들은 대개 부동산 시장과 환율은 거의 상관관계가 없다고 생각하는데, 현실은 다르다. 앞장의 손가락 다섯 개 이론에서도 살폈듯이 부동산 가격은 다른 가격변수와도 깊은 관계가 있다. 향후에는 부동산과 환율의 관계가 더욱 밀접해질 것으로 보인다.

환율과 부동산의 상관관계는 미국 금융위기 때와 일본 사례에서 극명하게 나타난다. 미국 금융위기의 출발점은 주택부문이었다. 서브프라임 모기지 사태의 핵심은 부동산과 주택문제였다. 미국과 일본에서는 보통 부동산 매매가가 20% 이상 내리면 달러화와 엔화의 가치가 변했다. 달러가 기축통화이고 엔화는 준기축통화임에도 불구하고, 자국의 부동산 시세의 가격하락에 환율이 떨어진 것이다. 일본의 잃어버린 20년은 부동산 가격의 거품이 꺼지면서 촉발됐다. 한국 원화도 마찬가지다. 달러와 엔화가 그 정도로 떨어졌는데, 한국의 부동산 가격이 크게 변한다면 원화 환율은 더 큰 하락세를 보일 공산이 높다. 반드시 그렇게 될 것이다.

우리나라는 가계에서 부동산 자산비중은 대략 80%이다. 가장 큰 소비지출 항목이자 재산의 전부라고 봐도 무방하다. 우리나라 주택시장은 채권과 주식시장보다도 훨씬 크다. 가계부채가 1천조원을 넘어서고, 가구당 부채가 5천만원 수준이다. 이 중에서 부동산 관련 대출이 약 60%를 차지하고 있다. 부동산 경기 자체는 환율뿐만 아니라 주가와 금리시장에도 영향을 행사할 정도로 크다. 통상적으로 부동산 경기 상승기에는 실물경제도 호황이라 원화가치가 상승하고 달러-원 환율은 하락한다. 그러나 부동산 경기가 불황기로 접어들면, 가계소비 여력이 떨어지고 기업의 채산성도 악화된다. 당연히 주가도 비실거리게 된다. 외국인들이 국내 주가에 흥미를 잃게 되면서 해외로 돈을 빼내게 된다. 달러-원 환율은 상승하게 된다.

환율이 상승하면 국내 큰손들을 위시한 투자가들의 외화예금 수요가 늘어난다. 시중 유동성은 점점 은행이 흡수한다. 불안할수록 사람들은 투자나 소비보다 예금에 더 집착한다. 시중 자금이 유통되기보다는 부동화되고, 부동산 시장은 더 힘든 상황을 맞게 된다. 기업매출이 줄고, 영업실적은 악화된다. 결국 기업은 자금난을 겪고 기업부도가 증가하고 실업률은 늘어난다. 종합주가지수가 하락하고 자산효과는 줄어든다. 부동산에 대한 수요가 감소해 부동산 가치의 하락 및 경매물건이 증가한다. 연쇄적으로 추가 환율상승이 이어지고, 부동산 가격은 추가로 떨어지고, 거품이 붕괴되는 과정에 돌입한다. 또한 환율은 주택건설 수주액과 반대로 움직이는 경향이 있다. 앞으로 부동산 재테크를 하기 위해서는 거시경제의 흐름과 환율의 움직임을 분석할 수 있어야 한다.

한국인에게 아파트는 어떤 의미인가?

한국 경제 성장사에서 아파트는 '이데올로기'이고 '욕망의 대상'이었다. 아파트가 처음 선보였을 때만 해도 단순한 주거용도 이상도 이하도 아니었지만, 시간이 흐르면서 사용가치보다 교환가치가 부각되는 자산Asset으로 변신해, 한국인의 삶을 송두리째 흔들어놓는 괴물이 됐다. 아파트라는 스펙트럼을 통해 본 한국의 산업화 과정은 전 세계 그 어느 곳보다 극적이다. 예컨대 개발연대의 상징물인 경부고속도로 개통(1969년)은 전국 아파트의 일일생활권을 의미했고, 서울지하철 1호선의 개통(1974년)은 아파트의 수도권 광역화로 이어졌다. 컬러 텔레비전 출시(1980년)를 계기로 전국 아파트 거실은 좀 더 넓고, 비싼 자재와 안락한 실내장식 기술이 결합하는 쪽으로 진화해갔다. 모든 성장과 개발의 주요 이벤트는 아파트가격의 상승으로 연결됐다.

아파트는 경제주체들의 선택뿐만 아니라 정치, 사회 등 모든 이슈를 용광로처럼 녹였다. 현재 한국경제의 뇌관인 가계부채는 아파트 소유자의 부채와 빈곤 문제이고, 초기 금융의 출발도 아파트의 매매에 따른 대출과 융자, 매입채권의 부산물이었다. 기업의 활동과 근로자의 임금인상 역시 아파트가격의 상승과 연동했다. 선거조차 아파트가격의 직간접으로 영향을 받아 휘둘렸다. 한마디로 한국 자본주의를 총체적으로 관통하는 키워드는 '아파트'였다.

이런 상황에서 아파트는 한국인에게 신분상승의 가장 중요한 사다리였다. 평수를 넓혀가기만 하면 노후가 보장된다고 믿었고 실제 그랬다. 과거에 투기는 극소수 층의 전유물이었지만 모든 국민이 집 투기에 뛰어들면서 자산버블의 부작용이 속출했다. 건강한 노동이 수반되지 않는 벼락부자, 불로소득과 떼돈이 출몰하면서 왜곡되고 뒤틀린 어두운 자본주의의 편향들이 나타났다.

그러나 가격의 불꽃놀이는 영원히 지속되지 않았다. 전 세계가 금융위기를 겪고 한국도 성장이 정체되면서, 특히 고령화까지 겹치자 가격의 상승, 즉 '욕망이라는 이름의 전차'는 마침내 40년 만에 멈춰 섰다. 불행히도 막차를 탄 것은 이 땅의 베이비부머인 50대들이다. 노후가 준비되지 않은 이들은 경제적으로 가장 절박하고, 이미 지난 대선에도 나타났듯이 정치적으로 가장 폭발력 있는 세대다. 이들은 선배들인 60~70대와 마찬가지로 아파트 평수 넓히기에 생애목표를 걸었지만, 거품이 꺼지자 하루아침에 하우스푸어House poor로 전락했다. 특히 중대형 아파트 가격의 침몰은 이들이 기대했던 노후 불로소득의 붕괴를 의미한다. 모든 자산가격의 팽창과 침체Boom & Bust에는 비밀이 숨어 있다. 더 큰 바보를 찾는 소위 폭탄 돌리기 제로 섬 게임은 아직 끝나지 않았지만, 대중들은 더는 현금흐름Cash flow이 나오지 않는 집과 토지, 빌딩은 쳐다보지 않게 됐다.

중기적으로 한국의 부동산 시장은 우울하고, 장기 혹은 초장기적으로는 더 그렇다. 산업화를 거쳐 금융화가 지속한 기간을 아파트 건설과 관련된 기승전결起承轉結의 과정이라고 할 때, 지금은 '결結'에 해당하는 시기이며 '아파트 자본주의'의 붕괴가 본격화되는 지점이다. 현재 시점에서 아파트가격 하락이 저지되고 있는 것은 경제주체들의 담합에 의지하는 바가 크다. 아파트를 소유한 개인들과 금융기관, 경기를 끌어올려야 하는 정부가 공모하여 시장가격 하락에 저항하는 국면이다. 하지만 이러한 담합체제는 경제구조의 부분별 침식에 의해 서서히 와해되지 않을 수 없게 되어 있다.

시장을 지배하고 있는 부동산 침체론

가격Price변수인 '주가 · 금리 · 환율 · 원자재 · 부동산'을 취재하는 기자 처지에서 가장 곤혹스러운 분야는 일물일가一物一價의 원칙이 적용되지 않는 부동산이다. 이 분야는 거래소Exchange가 존재하는 다른 가격변수에 비해 펀더멘탈과 시장심리의 조합이 훨씬 복잡하고 변화를 예측하기가 힘들다. 부동산시장 예측과 관련해 가장 중요한 것은 일반 국민의 부동산 가격에 대한 '컨센서스'다. 현재 시장의 특징은 비관론자가 완전히 대세를 장악하고 있다는 점, 그리고 이들의 '뷰'가 앞으로 크게 바뀔 조짐을 보이지 않는다는 것이다. 전문가들이 지적하는 대세 침체론의 구체적 배경은 이렇다.

무엇보다 한국경제가 고성장 국면이 끝나고 중장기적 저성장 국면에 들어간 점이다. 지난 40년간 부동산 폭등은 고성장 국면이기에 가능했다. 1988~2009년 사이에 서울의 아파트는 400% 이상 상승해 연간소득 대비 9.4배(주택가격을 가계 연간소득으로 나눈 배수)에 이르렀지만, 도시 근로자 가구 평균소득 증가는 이에 훨씬 못 미쳤다. 향후 저성장 국면은 소득 측면에서 어려움을 가중시키므로 부동산가격에 가장 큰 악재다.

두 번째는 인구구조의 변화다. 2014년 이후 전체 700만 명인 베이비붐 세대의 은퇴가 본격적으로 시작됐다. 이들은 은퇴 후 평균 30~40년을 별 소득 없이 살아야 한다. 우리나라는 국민의 전체 자산 중 부동산 비중이

79%로 세계에서 가장 높다. 가진 게 아파트 한 채뿐인 이들은 은퇴 후 부동산 자산의 역모기지 또는 중소형으로의 전환, 전세로의 이사 등이 불가피하다. 당연히 대형 평수의 가격하락은 시장 분위기를 주도하게 된다.

세계 최고 수준의 저출산도 문제다. 2015년부터는 생산가능인구 중 34~54세의 인구도 줄어들기 시작했다. 전체 가구 수 중 1인가구가 2012년 기준으로 25% 이상으로, 향후 10~20년간 증가할 것으로 보인다. 1인가구는 노인층 및 독신가구의 증가가 대부분이다. 2013년 기준으로 65세 이상 노인인구는 613만 명에 달했고, 앞으로도 급속히 늘어날 전망이다. 이는 소형 평수 외에는 중형 이상 아파트의 수요가 지속적으로 감소할 수밖에 없다는 것을 의미한다.

비관론의 마지막 근거는 금융적 측면이다. 가계 및 기업 유동성 악화 위험이 커지는 것이 부동산시장을 설상가상으로 만들고 있다. 가계부채는 GDP 대비 100%를 넘어섰다. 더는 빚을 내 중대형 아파트를 살 여력이 없는 상태다. 화폐 통화 차원에서도 어렵다. 정부가 향후 고육책으로 담보인정비율LTV, 총부채상환비율DTI 규제를 풀어 부동산 하락을 막고자 하겠지만, 세계적인 경기침체에는 크게 효과가 없다는 게 문제다.

현재 수도권을 중심으로 아파트가격 하락 속에 일부 지역이 반짝하고 있지만, 이러한 현상은 일본과 같이 소폭상승 및 하락이 반복되는 양상으로 봐야 한다는 게 중론이다. 대세상승으로 착각하면 안 된다는 얘기다. 또 일부 지방에서 2009년부터 투기수요가 몰려가 주택대출이 많이 증가했지만, 이는 부동산 상승의 '마지막 불꽃'이라고 봐야 한다는 지적이 나오고 있다. 또한 이런 대세 침체기에도 가격 폭등기에 나타났던 지역별·평수별 양극화가 지속될 것이다.

전셋값은 어떻게 환율과 연결되는가?

전셋값과 환율이 무슨 관련이 있냐고 할지도 모르겠다. 이 책 앞에서 살펴봤지만 정도의 차이만 있지 모든 가격변수 간에는 서로 영향을 주고받는 직간접적인 연결고리가 형성되어 있다. 전세가격도 마찬가지다. 국내적인 이유가 복합적으로 잠재되어 있지만, 좀 더 크게는 외생변수이자 국제경제 동향인 환율과 연결되어 있다. 수도권 일부 지역의 전세금 급등은 부동산 문제가 아니라 금융 문제이기도 하다. 전세금은 세입자 처지에서 볼 때 이자가 없지만 집주인이 돌려준다는 신뢰가 전제된 일종의 원금보장형 예금이다.

전세가격이 오를 경우 금리의 기회비용에 대한 인내심은 세입자마다 차이가 있다. 하지만 전세라는 상품이 소비조절이 되지 않는 생필품과 유사한 성격이기에, 집주인의 인상요구에 세입자들이 대체로 수용하는 구조다. 학군과 직장에 따라서 선호지역일 경우 이 상품은 수요에 대한 가격탄력성이 크다는 특징이 있기 때문이다. 집값이 오르내릴 때 손익에 직접 영향을 받는 집주인과 달리, 전세 세입자는 원금손실 걱정이 크게 없다. 수요와 공급에서 금융상품 같은 메커니즘이 강하지만 동시에 미묘한 차이가 나는 이유이기도 하다.

집주인들은 전세금을 은행에 예치해놓고 항상 세입자의 요구에 준비할 정도로 자비롭지 않다. 현재 금리가 워낙 낮은 탓도 있지만, 하우스푸어가 아니더라도 집주인은 전세금으로 받은 돈을 사업자금으로, 또는 투자로, 자녀교육비 등으로 돌려쓰고 있다. 대부분 후속 전세입자의 돈을 받아 기존 전세입자의 요구를 돌려막는다는 계산하에 유동성을 보유하지 않고 있다. 따라서 전세가격의 지속적인 상승으로 인해 수요가 멈춰서는 때가 오면, 집주인은 상당한 유동성 충격에 노출될 수 있다.

예컨대 전세금 오름세가 꺾일 즈음에 은행으로부터 집살 때 대출받은 원금을 갚으라는 독촉이 닥치면 집주인들은 설상가상이 된다. 소위 '하우스푸어 트라우마'가 본격 노출되는 시점이다. 이 경우 집주인은 내줄 돈이 없어 전세가격 인하에 나서지 않을 수 없다. 반면에 잠재 전세 수요자들은 오히려 더 떨어질 것으로 예상하고 전세매수에 가담하지 않은 채 지켜보게 된다. 이로 말미암아 연쇄적인 소위 '역전세난'이 촉발될 수 있는 것이다. 이렇게 전세입자와 집주인의 유동성 긴장 관계는 묶여 있다고 볼 수 있다. 이들의 유동성 문제는 하나의 연결고리로 이어져, 한쪽 부분에서 문제가 생겨 불이 붙으면 전체로 번져 연쇄적으로 침몰하는 구조다.

대부분 아파트 집주인들이 하우스푸어인 상황에서 역전세난까지 덮치면 가계부채 후폭풍의 도미노는 통제하기 어려운 수준으로 번질 가능성이 크다. 전세금이 어디까지 오를 것이냐는 문제에 대해 전문가들은 이것이 일종의 금리게임이며, '사자Buy' 측에서 감내할 수 있는 탐색비용과 매매비용 등이 더해진 수준에서 정해질 것이라고 한다. 이는 과거 경제사에서 보듯이 가격은 '오버슈팅'되면 반드시 내재가치로 수렴한다는 오랜 철칙에 기인하며, 전세금만 예외적으로 무한정으로 계속 오를 수 없다는 얘기다.

현재 시장참가자들이 전세대금이 앞으로 계속 오른다는 모멘텀 편향을 믿고 있지만, 가격상승 방향성의 관성이 지속되지 않을 것이라는 경고다. 가옥의 임대료는 대체로 임대료가 시장금리의 1.4배 또는 1.5배 정도가 적정 지점이라고 추산되고 있다. 이는 가격발견과 거래비용, 기회비용을 고려한 수준이다. 마찬가지로 전세의 기회비용, 즉 이자비용이 은행 대출금리를 지나치게 넘어선다는 것은 위험신호라는 얘기다.

고령화가 원화가치에 미치는 영향

전 세계 주요 국가의 정책 당국자들이 고령화로 힘거워하고 있다. 백약이 무효다. 고령화 문제는 장기적으로 한 국가의 경쟁력을 훼손한다. 국가경쟁력의 약화는 원화의 약세를 초래할 수 있는 재료다. OECD 국가들 중 고령화 정도와 차별화에 따라 해당 국가 통화의 중장기적인 약세와 강세에 영향을 받게 될 것이다. 장기적으로는 이민과 저출산 대책을 통한 해결방법과 절차에 따라 각국의 경기상황과 성장률이 차별화될 것으로 보인다. 우리나라도 마찬가지다. 국가경쟁력은 화폐의 가치에 반영된다. 고령화에 대응하는 방식과 차별화된 정책은 미래 원화의 가치에 고스란히 반영될 것이다.

'블링블링'한 모습의 광화문과 종각에서 5분만 걸어 탑골공원 쪽으로 가면 보도블록 색깔부터 어두워진다. 건물과 골목의 벽은 얼룩이 묻은 회색빛이다. 보행자 중에 젊은 연령층은 찾아보기 어렵고, 행인 대부분은 60~70대 고령자들로 단조로운 점퍼 차림에 무표정한 모습이다. 골목의 가게나 식당 안으로 들어서면 분위기는 더 칙칙하고 지저분해진다. 공원 주변의 노인센터에는 벌써 몇 년째 비가 오나 눈이 오나 새벽부터 무료급식을 기다리는 고령자들이 줄을 늘어서 항상 장사진이다.

주변의 거리 벤치와 뒷골목에는 거동이 느린 수많은 남성 노인들이 삼삼오오 모여 장기를 두거나 잡담하고, 홀로 신문을 보거나 멍하게 생각에 잠겨 있다. 살고 있는 동네와 사무실이 가까워 이 지역을 20여 년간 걸어 다니면서 노인들과 거리 풍경 변화를 살피는 게 습관이 됐다. 최근 들어 이곳은 경기침체와 고령화의 빠른 진전으로 점점 더 을씨년스러워지는 느낌이다. 한국은 세계 최고 속도로 고령화되는 국가다. 일본이 35년 걸렸던 고령사회를 한국은 26년 만에 화끈하게 달성할 전망이다.

1960년대 한 해에 100만 명씩 태어나던 아기들이 2000년대에 들어 연 50만 명으로 줄더니, 2017년 들어 이제는 30만 명도 겨우 턱걸이하는 지경이다. 아기 울음소리가 멈춘 나라, 베이비붐 세대들이 무섭게 늙어가는 나라, 대한민국이 직면한 가장 큰 도전이 아닐 수 없다. 2015년에 이미 생산가능인구는 정점을 쳤다. 아직은 노동임금 단가가 가장 낮은 상태이지만, 앞으로 젊은 인구가 줄어들어 노임 단가의 상승세가 불가피해진다. 생산인구의 비중은 2030년에는 더욱 악화되어 60% 정도로 줄고, 2060년이 되면 50%로 줄어든다.

반면에 노인인구 비중은 40%로 늘어나고 미래의 꿈나무인 유소년 인구는 10%대로 뚝 떨어진다. 인구구조가 정삼각형에서 역삼각형으로 전환되는 극적인 시간이 진행되고 있다. 그 시기가 되면 종로 3가뿐만 아니라 서울의 모든 거리는 2명 중 1명 꼴로 60세 이상 노인들로 채워질 것이다. 길거리만 회색빛이 되는 게 아니라 정치, 사회, 경제, 문화 등 모든 분야의 모습이 뿌리부터 달라질 것이다.

노동인구 감소는 기업의 신규고용과 퇴직 등 생산관리에 큰 변화를 수반하게 된다. 일할 젊은 사람이 없는데 성장이 담보될 리가 만무하니 실물경제는 시간을 두고 서서히 골병든다. 처음에는 감속성장이 일상화되다가 차츰 마이너스 성장으로 곤두박질하게 된다. 고령화에 따른 연금시장의 변화로 금융산업 재편은 말할 것도 없다. 사회보장 및 복지정책도 대대적인 조정이 불가피하다. 연금납입자는 적은데 수혜자만 늘어나는 구조는 필연적으로 사회 안정성을 깨진다.

전문가들은 우리 사회가 앞으로 30년간 저출산과 고령화로 인구 '빙하시대'가 올 것으로 예상하고, 이런 변화가 생활주변에서부터 무섭게 느껴질 것이라고 경고하고 있다. 일본의 경우 2016년 기준으로 인구가 매년 30만 명씩 줄고 있다. 인구가 줄어드니 빈집이 심각한 사회문제가 되고 있다. 820만 채가 빈집인 상태다. 밤이면 으스스할 지경이다. 2023년에는 1,400만 채가 빈집으로, 전체 가구의 20%를 차지하게 될 것이라고 한다. 이는 어쩌면 소름끼치는 한국의 미래일 수도 있다.

에필로그

"현재 벌어진 일이 앞으로 어떻게 될지 '장기전망'을 하는 일은 부질없다. 장기적으로 볼 때 모든 인간은 죽기 때문이다." 존 메이나드 케인스 John Maynard Keynes는 대공황이 한창이던 1930년대에 주변 지인들이 경제가 장기적으로 어떻게 되겠느냐고 질문해오면 이렇게 대답했다. 그러면서 그는 "시장Market은 당신의 인생에서 지급능력이 유지되는 시간 동안보다 훨씬 더 오래 비이성적으로 움직일 것"이라고 말했다. 당시 대공황 이후 경제회복은 한 인간의 생애 차원보다 아주 먼 장래의 일이며, 금융과 실물 시장이 예상보다 더 길게 예측하기 어려운 돌발상황을 반복할 것이라는 우울한 예언이었다. 이는 환율의 예측에서도 마찬가지다.

"노후에 무슨 일을 할 것인지 걱정하지 마라. 대신 현재 하는 일에 두 배로 집중하라. 현재에 몰입하다 보면 미래는 자연스럽게 열린다. 현재 일에서 한눈팔면 미래도 없다. 미래에 뭐할지는 그때 가서, 현재 일에 몰입하듯 대응하면 된다."《인생론》을 쓴 톨스토이가 다시 태어난다면 오늘날 은퇴가 시작된 한국의 900만 명 베이비붐 세대(1955~1963년생)들에게 이런 충고를 해주었을 법하다. 현재 대한민국은 노후대책이라는 전대미문의 '공포의 유령'에 휩싸여 있다. 노후대책에 공포감을 조성하며 은퇴 이후에 월 200만원이네, 월 300만원이네 하면서 얼마 이상의 돈이 필요하다는 보험회사·증권사의 말은 진실일까? 혹여 그 회사들의 자산운용 자금 밑천을 대주고, 퇴직연금 보험 수탁고에 뒷돈을 기여하는데 이용당하는 것은 아닐까? 공포 마케팅에 겁먹는 있는 것은 아닐까?

금융기관의 환율과 경제예측이 얼마나 엉터리인지는 새삼스럽지 않다. 서브프라임이 어떻게 발생했는지, 금융위기가 어떻게 진행될지 월가의 내노라하는 금융기관들도 몰랐다. 국내 금융기관들을 무시해서가 아니라 이들은 월가 쪽 선수들보다 더 코끼리 장님 만지는 수준이다. 그런 사람들이 5년 후의 물가와 10년 이후의 환율과 금리의 예측을 할 수 있다고 보는 가? 수많은 재테크 전문가의 노후 대비 충고도 마찬가지다. 그들의 말이 부질없기는 매일반이다. TV와 신문에 나와서 조언하는 전문가들은 자신의 미래 불안으로 더 밤잠을 설치는 장본인들이다. 그들의 의견은 다만 직업적 의무 때문에 내뱉는 수사에 불과하다. 해답을 확신하고 떠드는 것이 아니다.

미래를 예측하고 계획을 세우는 것이 쉽지 않다는 것은 모든 이가 경험한다. 불가측성에 휘둘리고, 자유의지대로 진행되지 않았던 게 대부분의 인생사다. 자신이 계획해서 태어난 사람이 있겠는가? 계획해서 죽는 경우도 흔치 않다. 예측한 대로 아파본 적이 있는가? 계획된 상대와 결혼하고, 예상과 한 치 오차도 없이 직장을 잡았는가? 하다 보니, 어찌 엮이다 보니, 우연과 필연의 날줄과 씨줄 위를 걸어오다 보니, 랜덤 워킹random walking 속에서 각자 여기에 이른 것이 아닐까?

미래에 무엇을 할 것인가 하는 고민은 실제로는 '돈'과 '인간관계' 때문이다. 이 대목에서 간과하기 쉬운 진실은 행복의 본질이 '돈'에 있는 것이 아니라 '관계'에 있다는 점이다. GDP 1만~1만5천달러를 달성할 때까지는 행복과 돈이 '커플링'하지만, 1만5천달러 이후에는 행복과 돈이 '디커플링'한다. 이후부터는 '관계'가 중요해진다. 깊고 지속적인 행복감은 '돈'이 아니라 '관계'가 가져다주기 때문이다.

자동차를 큰 것으로 바꾸면 효용은 일주일 정도다. 평수 큰 집으로 이사를 하면 행복감이 한 달이면 끝난다. 하지만 배우자 또는 자녀, 친구와 동료와의 '관계'는 지속적으로 더 중요하다. 이들 가까운 관계가 흐트러지고 갈등이 생기면 돈이 아무리 많아도 스트레스를 없앨 길이 없다. '관계'에서 얕고 넓은 대인관계는 갈증만 더해주고 공허감만 키운다. 가까운 사람들과의 좁고 깊은 관계가 행복감에 더 중요하다. 따라서 노후에 무엇을 할 것인지 노심초사하기보다, 현재 퇴근길에 가족과 함께 나눌 작은 케이크를 사는 행동이 더 중요하다. 가까운 친구, 동료, 상사, 후배와 따뜻한 메시지 한 줄 교환하는 것이 미래의 돈에 대해 걱정하는 것보다 행복을 여는 열쇠다.

물론 화폐와 돈, 환율에 대한 공부는 평생 하면서 말이다.

부록

환율용어 사전

1. 기업 환노출 관리, 어떻게 하나?

'환노출 관리'는 예상치 못한 환율변동에서 초래되는 환리스크를 극소화하거나 환차익을 극대화하기 위하여 대내외적인 관리전략 및 기법의 일체를 뜻한다. 환노출 관리의 형태는 기업의 영업성격이나 영업환경 및 환노출의 성격, 환리스크에 대한 수용태도 등에 따라 결정된다. 일반적으로 환노출 관리 전략에는 환리스크를 줄이는 방어적 전략과 환차익을 늘리는 적극적 전략, 그리고 혼합형이 있다.

관리기법으로는 2가지가 있다. 첫 번째는 외환시장·금융시장을 통해 환리스크를 전가시키는 대외적 관리기법External Technique이다. 이 기법은 외환시장을 통한 기법으로는 선물환 거래Forward Exchange Transaction, 금융시장거래Money Market Transaction, 통화스왑, 통화선물, 통화옵션, 할인팩토링, 환율변동 보험 등을 이용한다.

두 번째는 기업이 내부적으로 자산/부채 관리와 가격정책, 생산관리를 통해 환리스크를 관리하는 대내적 관리기법Internal Technique이 있다. 이 기법은 매칭Matching, 레깅과 리딩Lagging & leading, 네팅Netting, 가격정책Pricing, 자산&부채의 관리Asset & Liability Management, 포트폴리오의 다양화, 환차손 적립 등의 방법이 있다.

(1) 대내적 관리기법

① 매칭Matching : 외화자금의 흐름, 즉 자금의 유입과 지급을 통화별 만기일별로 일치시킴으로써, 외화자금 흐름의 불일치에서 발생할 수 있는 환차손 위험을 원천적으로 제거하는 환리스크 관리기법이다. 매칭은 거래자들 간에 이종통화거래가 지속적으로 이루어지고, 특히 환노출 관리체제가 중앙집중관리 형식을 취하고 있는 경우 보다 용이하게 활용될 수 있다. 매칭에는 통화별로 자금의 수입과 지출을 일치시키는 자연매칭 방법과 동일 통화 대신에 환율변동 추세가 유사한 여타 통화의 현금수지와 일치시키는 평행적 매칭의 2가지 방법이 있다. 이 기법은

간단히 이야기해서 달러가 들어오기도 하고 나가기도 하는 어떤 업체가 있을 경우, 들어올 돈과 나갈 돈을 계산하여 관리한다는 것이다. 국내 종합상사들이나 철강회사, 자동차회사 등에서 많이 이용하는 방법이다.

② 리딩Leading, 래깅Lagging : 환율변동에 대비하여 외화자금 흐름의 결제시기를 의도적으로 앞당기거나Leading, 늦추는Lagging 방법이다. 환율변동에 따른 환차손을 극소화하거나 환차익을 극대화시키기 위한 소극적인 환노출 관리 기법이다. 예를 들어 수출업자의 자국통화가 평가절하될 전망이라면, 선적 및 환어음의 매각을 지연시킴으로서 수출대전의 수취를 지연시키려 할 것이다. 반대로 수출업자의 자국통화가 평가절상이 예상되면 수출대전 수취를 앞당기려고 할 것이다.

리딩과 래깅은 수출입 업체들의 향후 전망에 따라 실시하게 되며, 투기적인 요소가 내포되어 있다. 따라서 과도한 래깅과 리딩은 환투기를 불러와 국제거래의 질서를 저해할 위험이 있어 각국은 이를 외환관리의 대상으로 하고 있다.

③ 네팅Netting : 다국적기업의 본사와 지점 간 또는 지사 간에 발생하는 채권/채무 관계를 개별적으로 결제하지 않고, 일정기간 경과 후 이들의 채무/채권을 상계한 후 차액만을 정기적으로 결제하는 제도다. 여러가지 파생의 상황이 나타날 수 있지만, 기본적으로 단어 그대로 해석하는 것이 이해가 쉽다. Netting, 즉 플러스(+)하고 마이너스(−)해서 남은 것만 처리한다는 것이다. 어찌 보면 당연한 것 아닌가 싶을 것이다. 사실 우리나라 대기업 중에서도 같은 날 같은 은행에 A계열사는 달러매입 주문을 내고, B계열사는 달러매도 주문을 내는 일이 허다했었고 현재도 그렇다.

④ **가격정책**Pricing Policy : 원래는 기업의 판매관리 · 구매관리의 일환으로

판매수익의 극대화 또는 구매비용 극소화를 위한 가격결정 및 가격선택 정책을 말했다. 환리스크 관리수단으로서의 가격정책은 ① 수출입상품 가격의 조정시점과 조정폭을 결정하는 가격조정과 ② 수출입상품 가격을 어떤 통화로 표시하여 거래할 것인가를 결정하는 거래통화 선택문제로 요약할 수 있다. 달러-원이 향후 강세를 나타낼 것이라고 예상하는 경우 수출업체들은 달러로 계약하는 것이 유리할 것이다. 혹은 대금의 절반은 원화로, 나머지 반은 달러로 가격을 책정하는 등 여러 방식을 이용할 수 있다. 하지만 수출입 업체 간에 의견과 이해가 맞아야 가능하다.

이외에도 자산·채무 관리, 포트폴리오의 다양화 등을 이용하여 환노출을 관리하게 된다. 이 방법들은 모두 외화자산 및 채무, 투자 등에 있어 향후 환율의 예상에 따라 적절한 방법을 찾는다는 전제로 시작된다. 그런 점에서 앞에서 열거한 것과 연관성이 있다고 할 수 있다.

⑤ 할인Discounting : 수출업자가 수출환어음을 어음 만기일 이전에 은행에 할인매각하여 수출대금을 조기에 회수할 수 있는 방법이다. 자국통화의 평가절상이 예상되는 시점이거나 만기 전에 자금이 필요한 경우 흔히 이용한다. 예를 들어 연불수출(수출대금의 선금만을 받거나 또는 전액을 외상으로 공급하여 일정기간에 그 대금을 분할하여 결제하는 것)처럼 수출업자가 수출품 선적 이후 환어음을 매각하지 못하고 만기까지 보유하는 동안 발생할 환율변동 위험을 피하기 위해, 어음만기 이전에 환어음을 은행에 매각하는 것이다.

할인에 의한 수출대금의 조기수령은 할인료 등의 비용이 소요된다. 그러므로 수출업자는 이들 비용과 환율변동에 따른 예상 환차손익, 그리고 자금사정 등을 고려하여 할인여부를 결정해야 한다.

⑥ 팩토링Factoring : 외상매출채권을 상환청구권 없이 매입하여 동매입채권을 대가로 전대금융을 실행하며, 채권만기일에 채무자로부터 직접

회수하는 단기금융의 한 형식이다. 환리스크 관리를 위한 팩토링은 수출상이 수출환어음을 은행에 매입해 추심결제하는 방식 대신, 팩토링 업체에게 외상매출 채권을 매각하고 팩토링 업체가 동 대전을 수입상으로부터 직접 회수하는 방법이다. 이는 수출업자가 수출대전 입금 전에 팩터링 회사로부터 단기금융을 이용함으로써 수출대전을 사전 이용하고 환리스크를 피할 수 있는 이점이 있다. 이 경우 환율변동에 따른 예상환차손익과 팩토링 비용 등을 고려해야 한다.

(2) 대외적 관리기법

① 환율변동보험

결제기간 1년 이상의 중장기 수출에 동반되는 환차손을 보상하기 위한 보험 제도다. 결제기간이 1년 미만인 단기 수출입거래에 수반된 환리스크는 선물환 거래를 통하여 쉽게 헷징할 수있지만, 중장기 수출거래에서는 환율예측의 불확실성이 증대되엉 선물환 거래의 이용이 어렵다. 그래서 이용하는 것이 환율변동보험이다. 무역보험공사(구 수출보험공사)가 2000년 2월 도입한 환변동보험은 기업이 환율변동으로 입게 되는 손실은 보상해주고 이익은 환수하는 보험이다. 특히 환위험 관리여건이 취약한 중소 수출기업이 환위험을 손쉽게 헤지할 수 있다. 하지만 아직은 중소기업들이 적극적이지 않다.

환변동보험의 기본구조는 무역보험공사가 보장하는 환율(보장환율)과 결제시점의 환율(결제환율) 차이에 따른 손익만을 정산하는 것으로 차액결제선물환 NDF 거래와 유사하다. 선물환 방식의 환변동보험 중 일반적인 수출거래형의 경우 보장환율이 결제시보다 높으면 공사가 환차손에 대해서 보장하고, 보장환율이 결제시보다 낮으면 공사가 환차익을 환수한다. 보험을 계약한 수출기업은 미화, 엔화, 유로화 중 어느 통화로 수출대금을 받든지 원화로 고정시킴으로써 영업이익을 확보하고 환율등락에 따른 환차손익을 제거한다.

이 보험은 최장 5년까지 계약이 이어질 수 있어 장기 헤지도 가능하다. 보험료는 신용평가에서 '중간' 정도의 등급을 받은 중소기업이라면 6개월 동안 100

만달러당 400달러(0.04%)의 보험료만 내면 된다. 그래서 다른 환위험 헤지 상품에 비해 절차와 비용이 간소하다. 일반적으로 선물환^{Forward}이나 선물^{Futures} 거래시 계약이행 관련 증거금, 담보 등이 필요하다.

② 선물환시장 헷징

선물환거래는 외환거래 당사자들이 미래 일정 시점에서 인수·인도할 환율을 지금의 시점에서 미리 정하는 것이다. 선물환 거래를 통해 환리스크를 회피하는 데 드는 비용을 선물환 헷징^{HEDGING} 비용이라고 하고, 통상 현물환율과 선물환율의 격차 즉, 스왑 스프레드로 계산된다. 선물환 헷징은 보통 상품의 수출입 거래에 수반되는 환리스크 뿐 아니라 자본거래 특히 해외포트폴리오 투자에서 발생하는 환리스크를 효율적으로 방어하는 수단으로 광범위하게 활용되고 있다.

특수 골프공을 미국에 수출하는 제조기업이 있다고 하자. 현물환율이 1,300원, 3개월짜리 선물환이 1,370원이라고 가정하자. 3개월짜리 양국의 금리를 미국 달러 6%, 원화 15%라고 해보자. 미국 유명 골프업체인 켈러웨이와 개당 100달러씩 총 1억달러어치 수출계약을 맺고, 수출대금을 3개월 이후에 받기로 했다고 하자. 그럼 이제부터는 환율노출이 된 것이므로, 환노출 관리를 결정해야 한다. 어쩌면 3개월 후 환율이 1,400원쯤 될 것이라는 기대로 아무런 조치 없이 그냥 놔둘 수도 있겠다. 그런데 3개월 후 환율이 1,400원 이상으로 상승하는 게 아니라 하락하게 된다면? 끔찍할 것이다. 아무것도 안 하는 것도 방법이라면, 재빨리 쓰레기통에 넣어야 할 방법이다.

그 다음은 선물환 헷징을 해버리는 방법을 생각할 수 있을 것이다. 선물환율이 1,370원으로 예상되어 1,400원보다는 낮아 조금 속상할지 모르지만, 환위험이 확실하게 제거된 거래라는 점에서 좋은 방법이다. 하지만 3개월 후 환율이 2,000원이 되더라도 계약된 금액은 1,370원이니 실제로 발생된 이익은 모두 포기해야 한다. 만약 이때 회사 오너가 이러한 사실을 거론하며 문책한다면 과감하게 사표를 쓰는 게 나을 지도 모르겠다. 환리스크 헷지에 대한 개념이 없고,

반대의 경우를 감안하지 않고 부하 목 조르기를 하는 그런 오너가 운영하는 회사라면 곧 망할지도 모른다. 과장이라고? 기업에서는 이런 일이 비일비재하게 벌어진다.

물론 회사 환율예측의 신뢰 정도에 따라 적절한 환리스크 관리가 적용되어야 할 것이다. 향후 환율이 1,400원 이상이 될 것이 확실하고 공격적인 환거래를 할 수 있다면, 환커버뿐만 아니라 선물환 투기를 이용할 수도 있다. 시장의 선물환 환율이 1,370원이고 회사의 예상환율은 1,400원이니 도리어 선물환을 매입하는 것이다.

또 한 가지 방법으로 시장에서 현물환으로 1억달러를 빌린 후 팔아버리는 것이다. 3개월 이후에 달러가 들어올 테니 먼저 쓰자는 것이다. 이렇게 하면 환율은 1,300원에 결정이 되고 1억달러에 대한 6%의 이자를 지불해야 할 부담이 생기지만, 3개월 먼저 10%짜리 원화를 사용할 수 있다. 물론 환율의 문제에 있어 3개월 후 환율이 1,000원이 되던 3,000원이 되던 이미 1,300원에 달러를 팔아버린 이후이니 아무 관계가 없다(이자금액 제외). 이는 처음 달러를 빌릴 때 사전 계산하여 만기 원리금 금액을 1억달러로 맞추어 놓는 방법 등을 썼다고 예상하고 무시한다.

2. 스와프라는 발명품

우선 통화스와프를 쉽게 설명하면 "오늘 사고 미래에 팔고"이다. 예를 들어 오늘 1,300원에 달러를 사고 3개월 후 1,370원에 100만달러를 파는 계약을 체결했다고 해보자. 이 결과 오늘부터 3개월 동안 우리는 6%짜리 달러를 사용하는 반면, 상대방은 10%짜리 원화를 사용하게 되겠다. 이것이 3개월 후 달러를 비싸게 파는 이유가 되는 것이다. 이것이 스왑 스프레드이다.

통화스와프는 단기적 환리스크의 헷지보다는 중장기 환리스크의 헷지에 주로 이용된다. 은행권에서는 중장기적인 머니마켓Money Market의 관리에도 많이 사용한다. 일방적인 한쪽의 신용공여가 필요한 것이 아니기 때문에 의외로 은행권의 자금대출 방법으로 많이 사용되기도 한다. 달러를 빌려주면서 이에 대한 보증으로 원화를 맡기는 형식이 되는 것이다.

현재 한국자금중개를 통해 국내에서 몇몇 중개사들이 이를 중개하고 있지만, 일부 외국계 기관 이외에는 크게 이용하지 않고 있다. 일반적으로 통화스와프는 채권Bond발행과 연계되어 거래되는 경우가 많은데, 차입자가 각기 자신에게 유리한 국제금융시장에서 기채한 후 통화스와프를 통해 필요한 통화로 교환함으로써 환위험 및 이자율위험 없이 차입비용을 절감하기 위해 사용하고 있다.

외환거래에서 초기 파생상품 거래기법인 스와프는 외환의 이해에 대단히 중요한 개념이다. 외환시장이 최초로 생긴 이후 딜러들이 고민에 고민을 거듭해 고안하고 다음어서 정착된 개념이다. 특별한 지식이 아니고 딜러들에게는 상식이지만, 이것을 이해하면 딜러들이 하는 얘기의 절반 정도는 따라 잡게 된다. 외환업무가 발생하는 중소기업 관계자들도 이 스와프라는 개념만 정확하게 이해한다면, 실제로 외환의 깊숙한 부분을 이해했다고 할 수 있다.

스와프란 필요에 따라 거래 상대방과 거래조건 등을 바꾸는 거래다. 일반적으로 "결제일이 서로 다른 외환매입 거래와 매도거래를 동시에 하는 환 포지션 조정거래"라고 풀이한다. 다음 예를 보자. H전자는 오늘 수출대금을 100만달러 지급해야 한다. 그런데 1년 후에 100만달러의 수입대금이 들어오기로 되어 있다. 이럴 때 딜러라면 어떻게 처리하겠는가? 여러 가지가 있다.

첫 번째 방법을 보자. 오늘 달러 100만달러 산다. 그리고 수출대금 결제를 한다. 1년 후 달러가 들어오면 시장에 내다 판다. 가장 쉬운 방법이다. 대부분의 중소기업들이 하는 방식이지만, 좋은 선택은 아니다. 외환거래의 가장 큰 목적은 환위험 방지다. 오늘 100만달러를 1,400원에 사고 1년 후 환율이 1,900원이 되면 즐겁겠지만, 1년 후 환율이 1,000원이 되지 말라는 보장이 없다. 1년 내내 수입·수출해 보았자 환차손으로 모두 털어 넣어야 하는 결과가 생길 위험이 있다. 그럼 다음 방안은 무엇이 있을까?

두 번째는 빌리고 빌려주는, 어렵게 이야기해서 LOAN & DEPOSIT을 이용하는 것이다. 오늘 100만달러를 은행에서 빌려온다. 그 돈으로 수출대금을 지불하고 1년 후 수입대금이 들어오면 받아서 은행에 갚으면 된다. 아주 간단하고 가장 훌륭한 방법이 된다. 물론, 최선은 아니다. 두 번째 방법은 나는 남을 믿는데 남이 나를 믿지 않을 경우에는 어떻게 하느냐에 대한 문제가 있다. 그렇다면 어떻게 해야 할까?

외환매매는 환율의 사자/팔자(비드/오퍼)가 그대로 제시되면서 거래를 유도하지만, 외환스와프는 스왑레이트라는 것을 제시한다. 스왑레이트를 구하는 계산식은 좀 복잡하다. 제대로 이해하기도 힘들고 계산식은 알 필요도 없다. 간단하게 말해 스왑레이트는 것은 현물환과 선물환의 스프레드 차이로 만들어진다. 그렇다면 이러한 스왑 스프레드를 어떻게 만드는 것일까?

우리에게 다소 어색하지만 달러-엔의 거래로 생각해보자. 현재 엔-달러의 현물환율은 140이라면 1개월짜리 스왑레이트가 어느 정도일까? 스왑레이트를 결정하는 것은 단지 '이자율 차이'라고 생각하고 만들어보자. 현재 달러의 1개월 이자율이 5%, 엔화의 이자율은 1%라고 가정하자. 100만달러의 달러와 그에 상응하는 엔화의 이자수익을 따져보자. 먼저 달러의 경우, '100만달러×5%/12=4,166.67'달러다. 엔화는 100만달러를 엔화로 바꾸면 140,000,000엔이니, 140,000,000×1%/12=약 116,667엔이다. 그러므로 약 833.33달러이다. 이자율 차이가 5배이니 이자금액 차이가 5배 정도 나는 것이 정상이다.

스왑레이트는 이를 기준으로 만들어진다. 달러-엔 거래에서 달러를 '현물환 매입, 선물환 매도' 하는 스왑거래라는 것은 달러를 그 기간 동안 사용한다는 뜻이 된다. 또 달러를 '현물환 매도, 선물환 매입' 하는 스왑거래를 한다는 것은 기간 동안 상대 통화인 엔화를 사용한다는 뜻이다.

앞의 예에서 100만달러를 일주일 동안 각기 사용함으로써 기대되는 이자수익의 차이는 3,333.34달러, 엔화로는 466,667엔 정도 된다. 이를 환율에서 조정이 되도록 계산해보자.

현물환율이 140일 경우 선물환율은 130에 가까울까 150에 가까울까? 달러가 기준이고, 100만달러어치의 엔화를 1개월 동안 보유하게 되는 쪽이 환율에서는 이익을 봐야 공평하다는 것을 이해하면 선물환율을 결정하는 데 특별한 어려움이 없을 것이다. 140에 달러를 사고, 나중에 140 이상으로 달러를 팔게 되면 달러를 산 쪽만 신나는 거래가 될 것이다. 그렇기 때문에 당연히 130에 가까울 것이다. 이 경우 달러는 엔화에 대하여 디스카운트^{Discount} 통화라고 한다. 반대로 엔화는 프리미엄 통화라고 이야기한다. 헷갈린다면 이자율이 싼 것이 프리미엄 통화라는 점을 기억하자.

이제 산수를 해보자. 100만달러를 달러 대 엔화 환율 140엔으로 계산하면, 140,000,000엔이 된다. 100만달러 거래에서 환율이 어떻게 되어야 466,667엔의 차이가 날까? 답은 139.53 정도가 된다. 즉 현물환 140에 선물환 139.53이 정상적인 거래인 것이다. 환율의 차이인 -0.47이 기준이 되는 스왑 스프레드가 되는 것이다.

3. NDF시장의 이해

역외선물환^{NDF, Non-Deliverable Forward} 시장은 달러-원 거래가 한국 외에서 거래되는 시장이다. 원화와 달러화는 연변에서도 환전할 수 있고, 괌에서도 바꿀 수 있다. 어디나 암시장 상인은 있으니까. 기관들 간에 중개사를 통해 거래가 이루어지는 역외선물환 거래는 서울이 아닌 홍콩이나 싱가포르 소재의 브로커 회사들을 통해, 한국의 역내가 아닌 역외에서 매매되는 달러-원 거래를 말한다. 역외에서 거래되다 보니 체결된 이후 정산을 원화로 하지 않고 달러로 한다. 서울외환시장에서의 거래와 마찬가지로, 미래의 가치등락을 예상해 선물환거래를 하는 점에서는 같다. 그러나 만기에 약정통화를 상호지급^{delivery}하지 않고 국내시장 기준율에 따라 달러화로만 차액정산하는 것이 다른 점이다. 이른바 차익결제선물환 시장이다.

딜러들이 많이 쓰는 용어 중 하나가 NDF다. 신문기사나 뉴스를 보면 NDF란 용어가 많이 보일 것이다. NDF 때문에 환율이 올랐네 내렸네 하는 해설 기사까지 등장한다. 또 'NDF Fixing'이라든지 'Sell Fixing', 'Buying Fixing', 그리고 역내^{Onshore}, 역외^{Offshore}라는 말도 심심찮게 등장한다. 이 용어들은 그리 오래되지 않은 개념이라 아직 적절한 한자말이 없다. 그래서 외환시장에서는 차익결제선물환 또는 역외선물환이라고 부르거나 그냥 NDF라고 부른다.

NDF거래는 왜 생겼을까? 간단하다. 원화가 완전하게 국제화되지 않았기 때문에 필요해 생긴 것이다. 달러-원 거래가 어느 정도 자유화되면서 지속적인 자본자유화에 따라 국제시장의 원화에 대한 관심이 높아지기는 했다. 1996년 초반부터 홍콩과 싱가포르의 브로커 회사에서 NDF시장이 형성된 뒤, 현재는 그 유용성 때문에 활발한 거래가 이뤄지고 있다.

외환자유화 조치가 시행되기 전까지만 해도 NDF는 한국의 바깥, 즉 역외에서 역외 세력들끼리만 매매가 이뤄졌다. 당시는 역외 거래자가 직접 역내 거래자에게 주문을 내지 못했다. 이는 반대로도 마찬가지였다. 이 때문에 1997년 하반기에 IMF 위기를 겪던 시점에서는 역외 NDF환율이 역내보다 무려 100원 이상 높게 거래되는 등 역내시장과 역외시장 간 거래에서 가격왜곡 현상이 생겼다. 당시 외신들을 통해 역외환율이 월등히 높다는 기사가 국내에 전달되면서 역내환율을 끌어올리는 역할을 했다. 이렇게 간접적인 영향을 주고받았지만 물리적으로 두 시장은 철저히 따로 움직였다. 그러던 것이 1999년 4월 1차 외환자유화로 선물환거래에 대한 실수요증빙이 폐지되면서 역외시장과 역내(국내) 시장 간의 연결이 가능해졌다. 유동성이 없는 역외거래에서 갈증을 느끼던 역외세력이 하루 20~30억달러가 거래되는 국내외환시장에 본격적으로 들어오는 채널이 뚫린 것이다.

여기서 아리송한 문제가 대두된다. 한국 밖에 있는 것(역외 거래자)과 한국 안에(역내 거래자)에 있는 것이 왜 차이가 나느냐이다. 이는 우리나라처럼 작고 폐쇄적인 시장에서는 외환관리법상 문제가 무엇보다 크기 때문이다. 역내와 역외의 구분은 외환거래를 하는 기관이나 사람이 국내에 들어와 있느냐 아니냐, 즉 거주자냐 비거주자냐 따라 결정된다. 금융기관을 예를 들면 JP모간체이스 싱가폴 지점이나 씨티은행 홍콩지점은 역외이며, HSBC 서울지점은 역내 거래자가 된다. 따라서 역내 거래자라고 해서 국내은행만을 말하는 것은 아니다. 역내 거래자는 ㈜서울외국환중개나 ㈜한국자금중개 같은 서울외환시장 브로커에 직접

거래주문을 낼 수 있지만, 반면에 역외거래자는 역내거래자에게 전화나 로이터의 딜링머신으로 주문을 낼 뿐이다. 외환관리법상 서울외환시장의 양대 브로커 회사에 직접 접촉할 수 없다.

기업체도 마찬가지다. 국내기업이나 외국기업의 한국 현지법인은 역내이며, 국내에 들어오지 않은 외국기업은 역외다. 그러나 기업체의 거래여부는 거래방식에 따라 역내외 구분이 모호해지는 경우가 있다. 대우그룹의 경우 해외 현지법인들의 외환거래의 모호성에서 보았듯이 은행들이 고객보호차원에서 감추고 있기 때문이다.

역내외 거래방식의 구분은 결국 거래주문을 상호지급delivery할 때 현선물 방식을 택했느냐, 아니면 NDF로 했느냐의 차이이다. 지금은 역내외 거래자 누구나 어떤 거래방식이든 자유로이 선택할 수 있다. 외환거래를 역외 NDF와 역내 현선물환으로 따져가며 구분하는 것은 NDF 거래의 경우 만기환율 확정Fixing 문제 때문이다. 또 NDF거래는 수급요인으로 작용해 국내 외환시장에 영향을 끼치기 때문에 중요하게 챙겨봐야 할 사안이다.

4. 정산환율이란?

NDF 거래에서는 'NDF Fixing'이란 말을 많이 사용한다. 이는 NDF 거래에 대해 만기정산하기 위한 환율결정을 말한다. 예를 들어 10월 1일 역외의 A은행의 매수요청이 들어와 역내의 B은행이 NDF 1개월물로 1억달러를 A은행에 매도했다고 가정하자. 만기일Value date이 10월 1일이면 그 하루 전날인 9월 30일이 정산일Fixing date이 되며, 9월 30일의 기준율MAR; Market Weighted Moving Average Rate이 정산환율Fixing Rate로 적용된다. 9월 30일 기준율은 9월 29일 외환시장의 가중평균환율(각 레벨마다 거래량과 환율을 곱한 뒤 가중 평균한 가격, 서울외국환중개가 장마감 이후 익일 기준율을 고시함)이 되기 때문에 10월 1일 만기분에 대한 Fixing이 실제로는 9월 29일 처리된다.

즉 9월 29일에 9월 30일 기준율을 예상하면서 거래를 하게 되는데 기준율을 짐작하기 어려운 오전장 초반에는 NDF Fixing 물량이 나오지 않는다. 그러다가 기준율 수준에 대한 윤곽이 어느 정도 잡히는 오전장 후반부터는 기준율 이상으로 환율이 상승하면 Sell Fixing이 쏟아지고, 기준율 이하로 환율이 하락하면 Sell Fixing이 약해진다. 반대로 Buying Fixing의 경우에는 기준율 이하로 환율이 하락하면 Fixing 매수세가 강하게 유입되지만, 기준율 이상으로 환율이 상승하면 Fixing 매수세가 추격매수에 나서지 않는다. 그러나 Selling Fixing이 있을 때 기준율 이하로 내려간 환율이 추가로 급락하게 되면, Sell Fixing 처분에 주저하던 은행들이 손절매도Stop-Loss 스타일로 처분하는 경우도 종종 있다.

앞서도 설명한 바 있지만 이처럼 만기일에 기준율을 중심으로 거래의 변화가 이뤄지는 것을 기준율 플레이MAR Play라고 한다. 이렇게 기준율 플레이가 성행하는 것은 기준율보다 높게 Sell Fixing을 처리하면 환차익을 얻을 수 있지만, 기준율보다 낮게 Sell Fixing을 처리하면 환차손을 보기 때문이다.

기준율을 이야기했으니 조금만 더 전문적인 기준율 거래에 대해 알아보자.

기준율 시장Mar Market이란 거래 만기일 전일Fixing date 기준율로 거래손익을 고정해 결정Fixing하는 역외선물환NDF 거래자를 위해 만들어진 시장을 말한다. 보통 NDF 거래자들은 Fixing date 전일, 익일 예상되는 평균환율로 달러를 매입 또는 매도했으나 환위험에 노출되어 있다. 이러한 환위험 노출을 방지하기 위해 Fixing date 2영업일전에 브로커를 통해 양방을 서로 매치match시킴으로 서로 간의 환위험 노출을 막게 됐다. 이를 기준율 거래라 한다. 거래 메커니즘은 Fixing Date 2영업일 전 거래금액과 거래 상대방을 확정시키고, Fixing Date 1영업일 전 장마감 후 발표되는 익일 기준율로 거래환율을 확정한다. 이렇게 하는 이유는 Fixing Date 2영업일전에 거래 상대방을 찾지 못하는 경우 거래자들은 Fixing date 전일 예상되는 평균환율로 달러를 매입 또는 매도해야 하기 때문이다.

5. 실질실효환율이란?

우리 정부는 내부에 적정환율이 얼마인지 늘 계산해서 참고한다. 정부와 한국은행이 내부적으로 변동하는 외환시장 내외부의 변수들의 움직임에 따라 항상 실질실효환율이라는 것을 구해 놓는다. 국가경제 전체적으로 최적화된 환율의 수준을 구해놓고, 이를 참고해서 외환시장 운영에 대응한다는 얘기다. 내부적으로 실질실효환율에 대한 조사와 평가를 하고 있지만 공개적으로 밝히지는 않는다. 한국은행이 추정해놓은 실질실효환율에 대해 외환딜러들과 기업체에서는 항상 알아내려 하며 관심을 쏟는다.

우리가 외환시장에서 매일 고시하는 국제간 통화 환율은 명목환율NER; Nominal Exchange Rate이다. 그러나 명목환율은 비교국 간 물가변동을 반영하지 못하는 문제점이 있기 때문에 실제 구매력까지 반영해 조정한 환율을 실질환율RER; Real Exchange Rate이라 부른다. 실질환율에 한 나라와 외국 간의 각종 종합적인 경제변수들을 조정해 도출해낸 환율이 소위 '실질실효환율REER; Real Effective Exchange rate'이다.

그러나 실질실효환율의 경우 여기에 투입되는 변수인 양국의 성장, 물가, 무역, 임금, 투자, 생산, 금리 등이 상황에 따라 늘 가변적이다. 오늘날에는 양국 간의 문제만이 아니라 다수 국가 간의 상대적인 요인이 부각되고, 뿐만 아니라 조사 주체의 주관적인 변수 가중치 차이와 적용시점의 차이로 인한 '타임랙' 발생하고 있다. 특히 요즘은 환율 자체가 정치·사회·심리적인 요인까지 가세하는 바람에 말 그대로 실질적이고 실효성이 있는 절대 환율 수치를 제시하기가 어렵다. 그래서 늘 논란의 대상이 되고 있다.

어떻게 미국을 다시 위대하게 만들 것인가
불구가 된 미국

도널드 트럼프 지음 | 김태훈 옮김 | 값 15,000원

《불구가 된 미국》은 트럼프가 본격적으로 대선행보를 시작하면서 자신의 정책 비전을 담아 출간한, 미국 대통령 선거에 대비한 책이다. 총 17개의 장에 걸쳐 보건법, 총기법, 기후변화, 중동정책, 교육과 에너지정책 등 다양한 정치적 이슈에 대해 자신의 정치적 이념과 정책을 설명한다.

가치투자자로 거듭나다
워런 버핏과의 점심식사

가이 스파이어 지음 | 이건 옮김 | 신진오 감수 | 값 15,500원

이 책의 저자 가이 스파이어는 워런 버핏과의 점심식사의 순간들을 가감 없이 진솔하고 생생하게 그 날의 식사 자리에서 서로 나눈 이야기를 자세히 묘사하고 있다. 또한 워런 버핏과의 식사를 통해 배운 교훈을 정리하여 독자들과 나누고자 책에서 자세히 진술하고 있다. 자신만만한 풋내기 투자자로 시작한 저자가 어떻게 투기꾼으로의 모습을 벗어버리고 가치투자자로 거듭났는지에 대해서도 공유하고 있기도 하다.

앙드레 코스톨라니의 돈을 다루는 방법
돈이란 무엇인가

앙드레 코스톨라니 지음 | 서순승 옮김 | 값 15,000원

《돈이란 무엇인가》는 투자라는 지적모험을 떠나는 주식투자자들을 위한 안내서이면서, 투자자나 투자가를 꿈꾸는 모든 사람들에게 유용한 길라잡이가 되어줄 것이다. 그 길안내가 정확히 어디어디를 거쳐 가라고 얘기하지는 않겠지만 때로는 자랑하듯이, 때로는 만담처럼, 때로는 진지하게 자신의 경험을 들려줄 것이다.

데이비드 드레먼의
역발상 투자

데이비드 드레먼 지음 | 신가을 옮김 | 값 26,000원

수많은 매체와 전문가들이 역발상 투자를 빈번하게 언급하고 있고 널리 알려진 대중적인 투자법처럼 인지되어있다고 할 수 있지만 대개의 경우 역발상 투자법의 성공률이나 검증가능한 과학적 투자방법을 제시하지는 않는다. 그러나 데이비드 드레먼은 역발상 투자의 유용성에 대해 30년이 넘는 연구를 통해 역사적 데이터로 뛰어난 투자성공률을 확인해주고 있다.

주식시장의 캔들차트와 사께다 전법의 창시자
거래의 신, 혼마

혼마 무네히사 원저 | 이형도 편저 | 값 16,000원

이 책은 혼마 무네히사의 투자비법서《혼마비전》을 국내 최초로 소개하는 책으로, 이번 개정판에서는 특히 혼마 무네히사의 자취를 따라 직접 취재, 촬영해 자료를 보완함으로써 현장감을 더했다. 이 책은 그의 투자 기술뿐만 아니라, 상도의 정신과 투자의 정도에 이르는 길을 제시해 줄 것이다.

한 권으로 끝내는 기술적 분석의 모든 것
차트의 기술

김정환 지음 | 값 22,000원

《차트의 기술》에서 저자는 국내외의 다양한 투자 사례와 해박한 동서양의 인문지식으로 누구나 쉽게 이해할 수 있도록 설명한다. 최근 기본적 분석과 기술적 분석에 이어 제3의 분석법으로 각광 받고 있는 심리적 분석법을 그 사례를 통하여 설명하고 있어 독자들의 이해를 높이고 있다.

주식시장에서 살아남는
심리투자 법칙

알렉산더 엘더 지음 | 신가을 옮김 | 값 25,000원

금융시장에 '심리투자'라는 새로운 해법을 제시함으로써 이 책의 저자 알렉산더 엘더 박사는 세계적 베스트셀러 작가 반열에 올랐다. 현직 트레이더이며 트레이딩 소프트웨어의 개발자임과 동시에 투자자 양성기관의 창립자이자 강사로서 지금도 열정적으로 활약하고 있는 그는 심리투자의 3가지 핵심을 논리적이고 설득력 있게 제시하고 있다.

알렉산더 엘더의 신 심리투자기법
나의 트레이딩 룸으로 오라!

알렉산더 엘더 지음 | 조윤정 옮김 | 값 25,000원

이 책에서 엘더는 확신을 갖고 시장에 들어가 수익을 내고 시장에서 나오기 위해서는 전략뿐만 아니라 자금과 시간까지 관리해야 한다고 말한다. 초보자들에게 시장을 속속들이 이해할 수 있도록 지식을 제공할 뿐 아니라 전문가들에게는 전문적인 조언과 검증된 거래기법을 활용하여 수익을 높이도록 해줄 것이다.

최고의 트레이더들과 나눈 대화
시장의 마법사들

잭 슈웨거 지음 | 임기홍 옮김 | 값 26,000원

이 책은 짐 로저스, 에드 세이코타, 리처드 데니스, 윌리엄 오닐, 폴 튜더 존스, 토니 살리바 포함 17명의 시장의 마법사들이 구사하는 매매기법은 다양하다. 월가를 뒤흔든 전설적인 투자자들을 직접 인터뷰하여 그들이 어떻게 항상 시장에서 높은 수익을 올릴 수 있었는지 그들의 생생한 경험담과 그들만의 비법, 시장을 보는 관점 등을 가감 없이 전달하고 있어 시장 참여자들에게는 교본과 같은 책이다.

연평균 수익률 70%, 90%, 그리고 220% 시장을 이기는 마법을 찾아서!
주식시장의 마법사들

잭 슈웨거 지음 | 김인정 옮김 | 값 21,000원

잭 슈웨거는 인터뷰에서 진실한 마법사들의 이야기와 주목할 만한 조언들을 찾아내 독자에게 선물한다. 또한 강세장에 올라타고 약세장과 함께 싸워 이기며 최고 자리에 올라서는 방법에 관해 업계 내부에서 공유하는 정보를 제공한다. 그리고 트레이더들이 자기만의 트레이딩 방법을 어떻게 찾아냈으며, 그것을 최적화시키기 위해 투자한 시간과 노력의 흔적을 추적한다.

주식, 선물옵션, 상품, 외환시장의세계 최고 투자자 17인에게 배우는 투자비결
새로운 시장의 마법사들

잭 슈웨거 지음 | 오인석 옮김 | 값 27,000원

《새로운 시장의 마법사들》은 "어떻게 투자에 성공할 것인가?"보다 "어떻게 진정한 투자자가 될 것인가?"에 대한 답을 재미있게 제시한다. 한 치 앞을 내다볼 수 없는 지금의 주식시장 상황이야말로 기본과 원칙으로 돌아가기 위한 최적의 타이밍이다. 그 기본과 원칙으로 돌아가는 해답이 바로 이 책에 있다.

주식, 선물옵션, 상품, 외환시장의 전설적 트레이더 15인의 통찰력과 전략!
헤지펀드 시장의 마법사들

잭 슈웨거 지음 | 에드 세이코타 서문 | 박준형 옮김 | 값 29,000원

손쉽게 시장을 이길 수 있는 비밀병기는 없다. 자신의 트레이딩 기술을 개선하기를 원한다면 〈헤지펀드 시장의 마법사들〉 15인에게서 최고의 비밀을 얻어낼 수 있을 것이다. 또한 15인의 인터뷰를 통해 발굴한 보석 같은 투자 비결 40가지는 투자자라면 반드시 지켜야 할 최고의 투자 원칙이 될 것이다.

슈퍼개미 이세무사의 성공을 부르는 밸런스 주식투자

삼박자 투자법

이정윤 지음 | 값 18,500원

전형적인 '흙수저' 출신인 저자는 《삼박자 투자법》에서 주식투자자로서 성공하기 위해 자신이 어떤 투자법을 사용하고, 어떻게 스스로 주식투자 트레이닝을 해왔는지를 정리하고 있다. 이 책은 저자만의 투자법인 '삼박자 투자법'을 설명하는 책이면서, 진정한 주식투자자가 되기 위한 트레이닝법도 정리하고 있다.

12인의 투자자에게 배우는 투자원칙

거장들의 투자공식

고이즈미 히데키 지음 | 김하경 옮김 | 값 14,500원

이 책은 벤저민 그레이엄, 필립 피셔, 워런 버핏, 피터 린치, 윌리엄 오닐, 짐 로저스, 존 케인스, 존 템플턴, 존 네프, 등 저명한 투자자 12명의 투자법과 투자 스토리를 정리한 책이다. 간단하면서도 읽기 쉽게 잘 요약되어 있다. 단순히 유명 투자가를 피상적으로 다룬 것이 아니라, 방대한 내용을 객관적이면서 핵심적으로 잘 정리해놓고 있다.

내일의 주가가 보이는

전자공시 100% 활용법

이래학 지음 | 값 17,500원

기업공시에는 '우리 회사 실적이 좋아질 것이다' 혹은 '우리 회사가 어려움에 처해 있다'식의 정보는 없다. 기업공시를 해석하고 걸러내야만 주가를 예측할 수 있는 정보를 찾아낼 수 있다. 《전자공시 100% 활용법》은 기업공시를 읽고 해석해, 투자에 활용할 수 있는 숨겨진 고급정보를 찾도록 도와주는 기업공시 해석 가이드이다.

재무제표로 좋은 주식 고르는 법

이강연 지음 | 값 20,000원

주식투자를 하려고 한다. 검토하고 있는 기업이 1분기 재무제표를 공시했는데, 영업이익이 전년대비 30%나 올랐다고 한다. 주식을 사야 할까? 아마도 이 의문에 명쾌한 답은 없을 것이다. 투자결정은 숫자 하나만 보고 이루어지기도 하지만, 보통은 더 많은 정보가 필요할 때가 많기 때문이다. 이 책은 이러한 의문에 '답을 찾을 수 있는 방법'을 알려준다.

숫자의 진짜 의미를 읽어내는
재무제표 분석법

캐런 버먼, 조 나이트 지음 | 이민주 옮김 | 값 16,500원

《숫자의 진짜 의미를 읽어내는 재무제표 분석법》은 재무제표가 어떻게 작동하는지 알고 싶어 하는 누구에게나 숫자의 이면에 숨겨진 의미를 찾는 쉽고 시사적인 길을 제시한다. 단순히 재무제표를 읽는 것에서 나아가, 기업의 성장성과 경영현황을 읽어내고 분석하는 실제적인 방법을 제공한다.

투자자 워런 버핏은 잊고, 경영자 워런 버핏을 보라
버크셔 해서웨이

로렌스 커닝햄 지음 | 오인석 옮김 | 값 16,500원

1965년 지방 소도시의 초라했던 기업이 세계에서 가장 비싼 주식의 회사이면서 뉴질랜드 같은 웬만한 나라 국내총생산과 맞먹는 규모의 거대투자지주 회사가 된 이면에는 어떤 이야기와 비밀이 있을까? 과연 워런 버핏의 투자자로서의 능력만으로 이루어진 결과인가, 아니면 우리가 잘 모르고 드러나지 않았던 그의 경영자적인 능력에서 그 이유를 찾을 수 있을 것인가?

현명하게 펀드 고르는 법
좋은 펀드 나쁜 펀드

신관수 지음 | 값 14,500원

《좋은 펀드 나쁜 펀드》는 펀드투자를 잘해서 수익을 내는, 한마디로 돈이 되는 펀드를 고르고 관리하는 방법을 다룬다. 모르고 시작하려니 겁부터 나는 재테크를 시작하는 사람들을 위해 왜 지금 당장 펀드투자를 시작해야 하는지, 좋은 펀드의 기준은 무엇인지, 좋은 펀드를 어떻게 관리해야 수익이 나는지에 대한 저자의 노하우를 집약하고 있다.

20분 만에 끝내는 재무제표 보는 법
하버드 재무제표 수업

하버드 비즈니스 리뷰 지음 | 백승우 옮김 | 값 12,500원

《하버드 재무제표 수업》은 이 복잡하고 거대한 재무제표를 쉽고 빠르게 읽게 해주는 핵심을 담아냈다. 재무제표를 시작하는 사람들이 중요한 재무 개념을 체계적으로 이해하고, 이를 바탕으로 재무제표를 읽고 업무 능력을 향상시키도록 도와주는 것이다. 이 책을 통해 기업의 경영상태를 혼자서도 분석할 수 있는 기초를 얻을 수 있을 것이다.

와튼스쿨 제레미 시겔 교수의 위대한 투자철학

주식에 장기투자하라

제레미 시겔 지음 | 이건 옮김 | 신진오 감수 | 값 27,000원

제러미 시겔 교수는 '장기투자의 대상으로는 주식만큼 위험이 낮고 수익이 높은 자산은 없다'는 명제를 처음 제시하고 이를 체계적으로 증명한 사람이다. 《주식에 장기투자하라》는 출간과 동시에 세계적인 베스트셀러가 되었으며, 주식투자자라면 꼭 읽어야 할 필독서로 꼽힌다. 이 책은 200년 가까운 주식시장 데이터를 바탕으로 주식투자 불변의 법칙을 제시하고 있다.

3차 인터넷 혁명이 불러올 새로운 비즈니스

미래 변화의 물결을 타라

스티브 케이스 지음 | 이은주 옮김 | 값 15,500원

우리는 현재 중대한 시점에 서 있으며, 이 전환기에 더 나은 미래를 만들기 위해서는 스티브 케이스가 속했던 1차 인터넷 혁명의 역사를 고찰하고, 이 경험을 토대로 3차 인터넷 혁명을 준비해야 한다. 《미래 변화의 물결을 타라》는 성공한 기업인의 창업 스토리를 뛰어넘는 미래 선언서이자 미래 준비서이다. 미국 인터넷 역사를 창조한 스티브 케이스의 통찰력과 그가 얻은 교훈이 담겨 있다.

켈리공식으로 카지노와 월가를 점령한 수학자 이야기

딜러를 이겨라

에드워드 소프지음 | 신가을 옮김 | 안혁 감수 | 값 16,500원

53년 전 미국의 한 수학자가 라스베이거스를 돌며 자신의 이론은 증명한 이야기를 담은 책이다. 이 전설의 수학자는 바로 '역사상 최초로 시장을 이긴 투자자' 또는 '퀀트의 아버지'라 불리는 에드워드 소프. 수학적 지식을 활용하여 게임에서 자신에게 확실한 우위를 가져다주는 이론을 고안하고 카지노를 상대로 이기는 게임을 해 이론을 입증한 것이다.

알렉산더 엘더가 알려주는 매도의 모든 것

언제 매도할 것인가

엘렉산더 엘더 지음 | 신가을 옮김 | 오인석 감수 | 값 29,000원

《언제 매도할 것인가》는 세계적 베스트셀러 《심리투자법칙》의 저자이자 트레이더들의 스승인 알렉산더 엘더 박사가 이익매도, 손절매도, 공매도, 선물매도 등 매도에 관한 모든 것을 알려주는 책이다. 엘더 박사는 수익을 실현하고 손실을 제한하는 법을 누구나 쉽게 알 수 있도록 설명하고 있다.

실전투자대회 2회 우승, 120일 하향 매매기법, 갭 매매기법 전격 공개

실전투자 절대지식

김형준 지음 | 값 25,000원

'실전투자 절대지식'이라는 말에서 짐작할 수 있듯이 저자 김형준은 자신의 실전투자 필살기를 전부 전작에서 이미 일반투자자들에게 자신의 생생한 주식투자 경험을 바탕으로 시장에서 이기는 법을 전해왔다. 저자는 개정증보판인 《실전투자 절대지식》에서 자신의 투자 비밀이었던 기법을 전격 공개하였다.

경직된 사고를 부수는 '실전 차트 패턴'의 모든 것

차트 패턴

토마스 N. 불코우스키 지음 | 조윤정 옮김 | 값 24,000원

저자는 25년 동안 주식 매매를 하면서 실제로 자신이 분석한 차트 패턴으로 거래해 매번 놀라운 수익을 거뒀다. 그는 이 책에서 게으른 사람이 흉내도 못 낼 부지런함과 성실함, 그리고 도무지 믿기지 않을 정도의 분석력으로 3만 8,500개 이상의 차트들을 조사, 연구하고 패턴들을 시뮬레이션하여 엄밀한 과학적 수치들을 제시한다.

찰스 다우상 수상

거래량으로 투자하라

버프 도르마이어 지음 | 신가을 옮김 | 값 22,000원

저자 버프 도르마이어의 혁신적인 연구 결과의 산물로, 거래량을 통해 주가를 확인하고, 해석하고 선행하는 방식을 알려주고 있다. 그는 《거래량으로 투자하라》에서 수많은 전통적인 거래량 지표를 살펴보고 자신만의 획기적인 접근법들을 소개하며, 그 방법들을 어떻게 실제로 적용하는지를 정확하게 보여주고 있다.

제시 리버모어 매매기법 완벽 해설

피라미딩 전략

제시 리버모어 지음 | 이은주 옮김 | 리처드 스미튼 해설 | 값 18,000원

제시 리버모어는 주식시장 역사에 한 획을 그은 위대한 투자자였다. 철저한 개인주의자였으며, 가장 성공한 개인 투자자로 꼽히고 있다. 《피라미딩 전략》은 제시 리버모어가 직접 쓴 《주식 매매하는 법》을 기반으로 제시 리버모어 최고의 권위자인 리처드 스미튼에 의해 현대에 맞게 그의 투자 기법을 재조명하고 있다.

대한민국 환율의 비밀

초판 1쇄 발행 2017년 11월 24일

지은이 최기억
펴낸이 이형도

펴낸곳 (주)이레미디어
전화 031-919-8511(편집부), 031-919-8510(주문 및 관리) | 팩스 031-907-8515
주소 경기도 고양시 일산동구 무궁화로 20-38 로데오탑 302호 | 홈페이지 www.iremedia.co.kr
카페 http://cafe.naver.com/iremi | 이메일 ireme@iremedia.co.kr
등록 제396-2004-35호

책임편집 최연정 | 디자인 박정현 | 마케팅 한동우

ISBN 979-11-88279-04-3 03320

이 도서의 국립중앙도서관 출판예정도서목록(CIP)은 서지정보유통지원시스템 홈페이지
(http://seoji.nl.go.kr)와 국가자료공동목록시스템(http://www.nl.go.kr/kolisnet)에서
이용하실 수 있습니다. (CIP제어번호: CIP2017015596)

· 책값은 뒤표지에 있습니다.
· 잘못된 책은 구입하신 서점에서 교환해드립니다.

＊이 책은 한국출판문화산업진흥원의 출판콘텐츠 창작자금을 지원받아 제작되었습니다.